Flight Attendant Duties & Regulations

객실승무 관리업무

수정판

Flight Attendant Duties and Regulations,
Second Edition

Yoo Moon Ju
Kim Bo Hee
Lee Sung Hee
Kim Ji A

ISBN-13: 978-89-6218-591-1

Cengage Learning Korea Ltd.
14F YTN Newsquare 76 Sangamsan-ro
Mapo-gu Seoul 03926 Korea

Cengage is a leading provider of customized learning solutions with employees residing in nearly 40 different countries and sales in more than 125 countries around the world. Find your local representative at: **www.cengage.com.**

To learn more about Cengage Solutions, visit **www.cengageasia.com.**

Printed in Korea
Print Number: 01 Print Year: 2025

Flight Attendant Duties & Regulations

2판

객실승무 관리업무

수정판

유문주 · 김보희 · 이성희 · 김지아 지음

Cengage

Australia • Brazil • Canada • Mexico • Singapore • United Kingdom • United States

저자 소개

유문주
한국항공대학교 경영대학원 박사
한국항공대학교 항공경영대학원 석사
인하대학교 불어불문학 전공
대한항공 항공객실승무원 23년 근무(수석사무장으로 퇴임)
대한항공 객실훈련원 근무
현) 인하공업전문대학 항공운항과 교수 / 한국항공경영학회 이사 / 한국항공전략연구원 연구위원

김보희
인하대학교 서비스경영공학 박사
세종대학교 관광대학원 항공 · 서비스경영 석사
인하대학교 일어일본학 전공
대한항공 항공객실교관 근무
인하공업전문대학 항공운항과 겸임교수
현) 대한항공 객실사무장

이성희
인하대학교 경영학 MBA 석사
대한항공 객실훈련원 전임강사 근무
대한항공 항공객실 심사관 근무
인하공업전문대학 항공운항과 겸임교수
현) 대한항공 객실선임사무장

김지아
한국항공대학교 항공경영학 석사
경희대학교 사학 전공
에미레이트 항공사 근무
대한항공 항공객실교관 근무
인하공업전문대학 항공운항과 겸임교수
현) 대한항공 객실선임사무장

객실승무 관리업무 2판 | Flight Attendant Duties & Regulations

2판 1쇄 발행 | 2023년 8월 31일
수정판 1쇄 발행 | 2025년 8월 28일

지 은 이 | 유문주, 김보희, 이성희, 김지아
발 행 인 | 탄록민(TAN LOCK MIN), 마이클 조셉 케이힐(MICHAEL JOSEPH CAHILL)
편집기획 | 김민정
발 행 처 | 센게이지러닝코리아㈜
등록번호 | 제313-2007-000074호(2007.3.19.)
주 소 | 서울시 마포구 상암산로 76 YTN 뉴스퀘어 14층
이 메 일 | asia.infokorea@cengage.com
홈페이지 | www.cengage.co.kr

ISBN-13 | 978-89-6218-591-1

정가 25,000원

머리말

많은 항공사에서 객실 서비스의 품질을 결정하는 요인은 결국 인적 자원이라는 것을 인지하여 경쟁력 있는 인재 육성에 대한 관심과 노력을 기울이고 있다. 특히 각 항공사는 고객에게 고품격 서비스를 제공하기 위해 최일선에서 활약하게 될 객실 승무원의 업무 역량 구축에 초점을 맞추고 있다. 회사별로 다소 상이한 부분이 있으나, 신입 승무원 입사 교육 이후 실제 비행 근무 시 개인별 승무원 업무 역량 강화를 위한 관리 감독 책임은 비행 현장 총책임자인 객실 사무장에게 있다.

수년간의 많은 비행 경험과 지식을 인정받아 회사에서 객실 사무장으로 보임을 받는다는 것은 이처럼 동승 승무원에 대한 인력 관리 업무를 비롯한 비행의 많은 중요한 업무에 대한 책임이 있으며, 더불어 비행 중 직면하는 매 순간 회사가 정한 올바른 선택을 해야 한다는 것을 의미한다. 객실 사무장이 반드시 수행해야 할 업무 및 비정상 상황 해결에 대한 판단 기준은 거의 명확히 같은 맥락으로 정해져 있음에도 불구하고 실제로 객실 사무장의 업무에 대해 인지하고 있는 일반 승무원은 그리 많지 않다. 각 대학 및 항공사에서 객실 직무와 관련된 많은 교육 훈련을 실시하고 있지만, 객실 사무장의 업무에 대한 교육은 사실 객실 사무장 보임 후 이루어지기 때문이다.

저자가 객실 라인 팀장으로 근무하며 다양한 승무원들과 비행을 경험했다. 그중 본인에게 주어진 Duty만 수행하면 된다는 마인드로 좁은 시야를 갖고 편협하게 업무에 임하는 승무원과 함께 일할 때면 늘 아쉬운 마음이 컸다. 역지사지의 마음으로 일반 승무원으로서의 근무 당시를 돌이켜 생각해 보니 저자도 때론 객실 사무장의 지시에 '왜(Why)'라는 물음을 갖고 답답함을 느낀 경우도 있었음이 기억났다.

반면 특이 상황 발생 시 업무처리 능력이 탁월하여 적극적으로 해결하는 승무원은 다른 업무 숙련도에 있어서도 많은 부분 우위에 있었는데, 이는 객실 서비스에 전반적인 프로세스와 객실 사무장의 업무에 대한 이해도가 높아서 타의 모범이 되기에 충분했다.

이렇듯 다양한 업무 능력을 가진 개개인의 승무원을 관리하며 모두에게 수준 높은 업무 능력을 기대한다는 것은 결코 쉬운 일이 아니었다.

그리하여 이 책은 수년간 객실 승무원 라인 팀장으로 근무한 경험을 바탕으로 객실 승무원이라면 반드시 알아야 할 사항들과 더불어 팀 관리자의 시각으로 비행 전반을 기술함으로써 많은 객실 승무원들의 시야를 넓히고 업무의 전문성을 높이는 데 도움이 되고자 한다.

학습자의 이해도를 높이기 위해 각 장을 비행 준비 시부터 비행 종료 시까지 팀장의 업무에 대해 체계적으로 설명하여 시점별 객실 승무원의 일반 업무와 함께 관리자의 책임 및 직무에 대해서도 학습이 가능하도록 하였다. 또한 비행 업무 시 발생했던 상황별 특이 사항에 대한 객실 관리자의 해결 방안에 대해서도 기술하여 비행 현장 업무에 즉시 적용할 수 있도록 하였다.

항공 객실 승무원이 되길 희망하여 이 책으로 학습할 학생들을 위해서 객실 라인 팀장의 업무에 대해 보다 전문적이고 세분화된 내용을 통해 기본 역량에 대한 잠재력을 높이고자 하였으며, 현직에 있는 객실 승무원들 또한 객실 관리자(팀장)의 업무에 대해 참고할 수 있도록 가능한 한 세세하게 기록하였다.

이는 객실 승무원으로서 근무 시 빠르게 변화하는 승객들의 수준 높은 기대 만족도 변화, 혹은 승객 개인별 상황에 따른 요구에 대한 적합한 업무 수행과 특이 사항에 대한 보고의 방향성에 대해서도 살펴볼 수 있을 것으로 기대된다.

특히 이 교재가 객실 승무원을 준비하는 일반인들은 물론 항공운항과 학생들에게 객실 승무 업무에 대해 포괄적이고 전문적인 시야를 갖게 하여 경쟁력 있는 전문 인재로 거듭나 꿈을 향해 더 높이 날아오르는 데 도움이 되길 바라며, 더 나아가 현재 객실 승무원들의 업무력 향상에도 도움이 되어 고급 인력 자원을 관리하고 양성하는 데 보탬이 될 수 있길 진심으로 소망한다.

마지막으로, 이 책을 출판하는 데 있어 많은 도움을 준 센게이지러닝코리아(주) 권오영 차장님, 김민정 대리님, 인하공업전문대학교 교수님들을 비롯하여 사진 촬영에 기쁘게 응해 준 인하공업전문대학 항공운항과 2019학번 2학년 학생들, 임승범, 백종일 님을 비롯한 사랑하는 가족들 그리고 인생의 희로애락 매 순간을 함께해 긍정적인 영향력으로 삶의 좌표가 된 ㈜대한항공에 온 마음을 담아 감사의 인사를 전하는 바이다.

저자 유문주, 김보희, 이성희, 김지아

차례

01

CHAPTER

객실 승무 기준

CHAPTER 01

1. 객실 승무원의 자격

1) 교육 및 훈련

객실 승무원은 비행 근무 중 비상 상황 발생 시 필요한 조치를 취할 수 있는 지식과 능력을 갖추어야 하며 이를 습득하고 유지하기 위해 객실 승무원 안전 훈련 매뉴얼(Cabin Crew Training Manual)에 명시된 소정의 교육 훈련(초기 훈련, 기종 전문 훈련, 정기 훈련 또는 재임용 훈련)을 이수하고 심사에 합격한 자여야 한다. 안전 훈련을 포함한 신입 전문 훈련 과정을 이수하고 심사에 합격한 자만이 신입 승무원으로서 근무할 수 있는 자격이 부여된다. 또한, 객실 승무원은 직급과 경력(근무 연한)에 따라 각 항공사별 소정의 교육 과정(상위 또는 보수 교육)을 이수하여 심사에 합격해야 한다.

TIP

훈련의 종류

- 신입(Initial) 안전 훈련
- 정기(Recurrent) 안전 훈련
- 재임용(Re-qualification) 안전 훈련
- 리더십(Leadership) 훈련
- 훈련 교관 훈련
- 심사관, 감독관 훈련
- 상위 클래스 전문 훈련 등

＊리더십 훈련: 각 항공사마다 사무장 훈련, 선임 객실 승무원 훈련 등 명칭이 다를 수 있다.

연합뉴스

First Class Photography / Shutterstock.com

2) 객실 승무원의 신체 및 건강 조건

객실 승무원은 항공기 탑승 근무에 적합한 신체 및 건강상 기준에 의해 선발된다. 선발된 객실 승무원은 항상 비행 근무 시 적합한 건강 상태 유지를 위해 노력해야 한다. 만약 부상이나 질환 등 신체 건강상의 사유로 근무에 적합하지 않거나 건강상의 조건이 미비할 경우에는 승무원 자격이 일시 정지되거나 상실될 수 있다. 회복 후 근무로 복귀할 때에는 항공보건팀의 점검을 반드시 받아야 한다. 더불어 객실 승무원은 근무에 적합한 건강상태를 유지할 수 있도록 적정 체중을 유지해야 하며, 타인에게 혐오감을 주는 외적 손상 또는 병리적 훼상이 있을 경우에는 회복 시까지 승무 자격이 일시 정지된다.

TIP

항공보건팀

각 항공사별로 항공업계 종사자의 건강 상태를 관리하는 부서이다. 항공의료 전문의가 항공기 근무를 주로 하는 운항 승무원이나 객실 승무원의 건강 상태를 정기적으로 검진하며, 비행 근무 시 적합한 신체나 건강 상태를 관리한다.

또한 병약 승객 운송 시 해당 승객의 탑승 여부를 판단하기도 한다.

2. 객실 승무원의 직급 및 직책

1) 객실 승무원의 직급

'직급'이란 직무의 등급이다. 일의 난이도나 종류, 책임의 정도 등에서 상당히 비슷한 직위를 한데 묶은 최소단위의 구분으로 동일한 직급에 속하는 직위에 대해서는 임용 자격, 시험, 보수 등의 인사 행정에 있어 동일한 취급을 받는다.

객실 승무원의 직급은 일반 직원의 명칭과 상이하다. 근무의 특성을 살려 총 6단계로 구성되어 있으며 각 직급별 호칭을 별도로 정하는데, 이 또한 항공사마다 다르다. 예를 들어, K 항공사의 직급 체계를 살펴보면 다음과 같다.

일반직 직급	객실 승무원 직급	해당 Rank	체류 연한	비고
부장	객실 승무 1급	CP(Chief Purser) 수석사무장	–	
차장	객실 승무 2급	SP(Senior Purser) 선임사무장	4	
과장	객실 승무 3급	PS(Purser) 사무장	4	팀장, 부팀장 가능
대리	객실 승무 4급	AP(Assistant Purser) 부사무장	3	
사원	객실 승무 5급	객실 승무 5급 FA(Flight Attendant), 승무원	3	학사 이상 졸업자
	객실 승무 6급	객실 승무 6급 FA(Flight Attendant), 승무원	2	전문학사 졸업자

※ 남녀 동일하게 FA로 변경되었다.

▲ 대한항공의 직급 체계

신입 승무원으로 입사하면 전문학사와 학사의 자격에 의해 객실 승무 5급과 6급으로 나뉜다. 이때 일반직의 경우에는 사원이라는 명칭을 쓰지만, 승무원의 경우에는 일반 승무원이 되고 FA(Flight Attendant)로 코드가 부여된다. 각 직급별로 체류 연한이 있으며, 체류 연한이 경과하게 되면 상위 단계로 진급할 수 있는 자격이 부여된다. 각 항공사별 승급 연한에 따라 개인의 업무 평가를 토대로 승급 여부를 결정할 수 있다.

또한 항공사마다 현지 승무원의 채용을 통해 각 국적별 승객의 편리한 항공 여행을 돕는다. 대한항공사의 경우에는 중국, 일본, 몽골, 러시아, 홍콩, 우즈베키스탄, 태국, 말레이시아 등의 현지 승무원을 채용하고 있다. 이러한 현지 승무원의 직급 체계는 일반 승무원의 직급 체계와 다르며 각 나라별 계약 조건에 따른다.

Rank	체류 연한
CR(Chief Supervisor)	-
PR(Supervisor)	4
SR(Senior)	3
JR(Junior)	3

▲ 대한항공 현지 승무원의 직급 체계

2) 객실 승무원의 직책

직책이란 직무상의 책임을 의미한다.

TP	팀장(Team Purser)
TA	부팀장(Team Assistant Purser)
FF	상위 클래스(FR, PR) 업무를 수행할 수 있는 승무원
YY	이코노미 클래스(EY) 업무를 수행하는 승무원으로 상위클래스(FR, PR) 업무는 수행할 수 없다.

▲ 대한항공의 국제선 승무원의 직책

항공사에 따라 승무 인력을 팀제로 운영을 하거나 개별적으로 보유하고 있는 승무 자격 코드에 따라 스케줄 근무를 하는 경우가 있다. 팀제를 운영하고 있는 K 항공사의 경우에는 회사로부터 팀장(TP)과 부팀장(TA)의 직책이 부여되고 이들은 팀의 관리자로서의 역할을 담당하게 된다. 관리자로 임명된 자는 팀의 리더로서 회사 전반에 관련한 정책 및 지시 공지 사항에 대해 팀원들에게 적극 전파하며, 회사 생활 전반에 관한 팀원들의 관리에 대한 책임을 갖는다.

팀에서 팀장(TP)과 부팀장(TA)의 직책을 부여받은 팀 관리자 또는 본부 내 발령 및 공지를 통해 예비 팀장(Ready Team Purser: RTP)으로 임명을 받은 자는 비행 근무 시 동승 승무원의 안전하고 쾌적한 비행 근무의 총책임을 가지게 된다.

국제선	국내선
객실 사무장 객실 부사무장 일반 승무원	객실 사무장 일반 승무원

▲ 대한항공 객실 승무원의 승무 직책

직책은 팀의 관리자로 부여받은 직책과 비행 근무 시 승무 직책이 다를 수도 있다. 비행 근무 시에는 본인에게 부여된 스케줄대로 근무를 하게 되는데, 해당 편수에 동승한 승무원 중 가장 높은 직급의 사무장이 해당 편수의 객실 사무장의 역할을 수행하게 되고, 두 번째로 높은 직급의 승무원이 객실 부사무장의 역할을 담당하게 된다. 객실 사무장은 반드시 TP나 TA의 자격을 갖추어야 하지만 객실 부사무장의 역할을 담당하게 되는 승무원의 경우에는 반드시 TA 자격이 필요한 것은 아니다.

TIP

K 항공사 객실 사무장 Duty 배정 기준

국제선 및 국내선 운항편에서 객실 사무장 Duty는 객실 라인팀제 직책상의 라인팀장(TP)이 수행함을 원칙으로 한다. 만일 객실 라인팀장이 탑승하지 않는 비행 편의 경우에는 객실 라인 부팀장(TA)이 객실 사무장 Duty를 수행한다.

동일 직책자가 2인 이상인 경우에는 다음 순서에 의해 객실 사무장 Duty를 수행한다.

① 최상위 직급자

② (동일한 직급인 경우) 승격 연도가 빠른 자

③ (승격 연도가 같은 경우) 고유 번호가 빠른 자

직급 직책

S/N	Employee Number	Employee Name	Mail Box	Rank	Seniority	Team No.	Duty
1	880994*	LEE, IL SUN	CP	TP	8	0708	FLY
2	995289*	LEE, HEE MIN	PS	TA	6	0708	FLY
3	005719*	CHOI, HYUNJUNG	AP	FF	4	0708	FLY
4	007042*	JANG, MINJI	AP	FF	11	0709	FLY
5	025352*	MUN, SUNGJOO	AP	FF	11	0708	FLY
6	105084*	KANG, YEONJAE	AP	FF	11	0708	FLY
7	995503*	SON, KYOUNGJIN	AP	FF	11	0708	FLY
8	085226*	KANG, HYOYEON	FA	FP	8	0708	FLY
9	105206*	YU, EUNJIN	FA	FP	8	0109	FLY
10	105235*	CHOI, YOUNG MI	FA	FP	8	0708	FLY

▲ K 항공사 동승 승무원 명단 예

3. 객실 승무원의 임무

비행 중 객실 승무원의 주 임무는 승객의 안전성 및 쾌적성 확보이며, 이러한 비행 안전 및 서비스에 관련한 임무는 각 항공사별 매뉴얼에 따른다.

■ 안전에 대한 책임

객실 승무원은 기장과 협조하여 항공기의 안전 운항을 위해 승객 안전과 비상탈출에 관한 임무를 수행해야 하며, 안전하고 쾌적한 비행 환경을 조성·유지하는 데 대한 책임을 진다.

■ 서비스의 책임

객실 승무원은 객실 서비스 정책이 실현되고 항공사별 제반 규정과 서비스 절차가 준수되어 승객에게 최상의 서비스가 제공되도록 최선을 다해야 한다.

1) 직책별 상시 임무

(1) 객실 사무장의 임무

■ Duty Assignment

객실 사무장은 사전 학습, 객실 및 합동 브리핑, 여객/운송 부문, 기내에서 얻은 정보(Information) 등 비행 근무를 위해 수집한 모든 정보를 바탕으로 회사가 정한 규정 안에서 최고의 고객 만족을 위한 서비스 계획을 정한다. 비행 중 동승 승무원들의 서비스 역량을 통찰함으로써 객실 서비스가 지향하는 목표에 이를 수 있도록 해야 한다.

객실 사무장이 해당 비행 편의 Duty를 배정하고 확정할 때에는 예상 탑승객 수, 총비행시간, 각 객실 승무원의 자격과 경력, 업무 숙련도 등을 고려하여 최고의 업무 효율을 기할 수 있도록 업무를 할당한다. 차상위 업무 수행 능력 배양을 위해 승무원 간에 적절한 업무 순환이 이루어지도록 한다.

■ 객실 브리핑 주관

객실 사무장은 비행에 필요한 정보를 효과적으로 전달하여 해당 편수의 서비스 방향성을 구체적으로 제시하고 객실 브리핑을 통해 객실 사무장에 대한 신뢰감을 부여할 수 있도록 주관한다. 분위기를 부드럽게 만드는 간단한 말로 브리핑을 시작하고 상황에 따라 질의 응답 및 답변에 대한 피드백을 적절히 사용하여 동승 승무원의 비행 집중도 및 비행 준비 정도를 확인할 수 있다.

■ Welcome/Farewell 인사

객실 사무장의 FR/CL 및 상위 클래스 주요 승객에 대한 개별 인사는 매우 중요한 업무이다. 승객 탑승 시점 또는 이륙 직후 실시하는 Welcome 인사는 먼저 자기소개를 한 후 승객의 성명 및 직위에 맞는 호칭을 하며 승객의 여행 목적에 맞는 정보를 소재로 간단한 대화를 주고받는다. 승객 모두에게 동시에 일률적 인사를 하기보다는 승객의 상황에 맞추어 자연스럽게 실시한다. 만약 대화 도중 승객의 요구 사항에 대해서는 담당 승무원에게 알리고 적절하게 지시하여 서비스의 품격을 높일 수 있도록 한다. Farewell 인사는 착륙 전 적절한 시기에 항공사 이용에 대한 감사의 마음을 담아 실시한다.

TIP **클래스 약어**

- FR/CL: First Class
- PR/CL: Prestige Class
- EY/CL: Economy Class

■ 객실 사무장 서비스 Duty 수행 기준

비행 근무 시 객실 사무장은 상위 클래스를 포함한 전체 객실 서비스를 주관하며 전체적인 기내 서비스의 템포를 조절하고 승객의 서비스 만족도를 확인한다.

■ 운항 승무원과의 Communication 업무

객실 사무장과 운항 승무원의 의사소통은 안전한 비행을 위해 매우 중요한 업무이다. 운항 승무원과 객실 사무장의 상시 협의가 이루어져야 할 업무는 다음과 같다.

- 승객 탑승 전 항공기 비상/보안 장비 점검 실시 확인 후 이상 유무 보고
- 승객 탑승 준비 완료 보고
- 승객 탑승 완료 보고
- Push Back 준비 완료 보고
- 이륙 준비 완료 보고
- 비행 중 필요시
  - 비행 업무 전 객실 설비의 기능 점검 확인
  - 비상 장비 및 보안 장비 점검 결과 보고
  - 항공기 입출항 서류 및 Ship Pouch 관리
  - Irregularity, 안전 관련 사항(Turbulence, 정상/비정상/비상 상황 등)이 발생하여 승객에게 안내가 필요한 경우, 기내 방송문에 있는 '기내 방송 운영 절차'에 의거하여 기내 방송 실시
  - VIP, CIP(Commercial Important Person) 및 Special Passenger에 대한 처리
  - 비행 중 발생하는 비정상 상황 점검, 해결 및 보고
  - 비행 종료 후 특이 사항, 인계 사항, 기재 사항, 보고 사항별 확인 및 조치
  - 기내 설비 불량 관련 사항 확인 및 객실 일지(Cabin Log: CL) 기재
  - 해외 체재 시 승무원 관리 및 현지 지점과의 업무 연계

(2) 객실 부사무장의 임무

객실 부사무장은 객실 사무장을 보좌하고, EY/CL 기내 서비스 수행의 책임이 있으며, 동승 승무원 관리와 통제의 실무자로서 적절한 판단 능력을 갖추어야 한다.

객실 사무장의 임무 수행이 불가능한 경우 객실 부사무장은 객실 사무장의 업무를 대신하여 수행해야 한다. 객실 부사무장은 객실 브리핑 준비 및 입출항 절차 점검, 객실 승무원의 비행 준비 상태를 확인하고 해당 비행이 2 Class 이상으로 운영될 때에는 EY/CL의 서비스 총괄 업무를 맡는다. 서비스용품 탑재 확인 및 보고, 수습 승무원의 훈련 지도 및 평가 또한 객실 부사무장의 임무이다. 비행 근무 중 할당된 업무 및 객실 사무장으로부터 위임받은 업무를 수행하며 기타 다음과 같은 업무를 진행한 후 객실 사무장에게 보고한다.

TIP

Class 운영 Role

각 항공사별로 항공기에 장착된 좌석(Seat)의 Type에 따라 Class를 나누어 운영하고 있다. K 항공사의 경우 일등석 좌석이 설치된 구역을 First Class, 이등석 좌석이 설치된 구역을 Prestige Class, 일반석 좌석이 설치된 구역을 Economy Class로 구분하여 3 Class로 운영하고 있다. 하지만 해당 편수에 예약 상황에나 기종에 따라 설치된 좌석과 상관없이 Prestige Class와 Economy Class로 운영하는 경우에는 2 Class, 전 좌석을 Economy Class로 운영하는 경우에는 1 Class(Mono Class) 운영이라고 일컫는다.

- 객실 부사무장의 업무 후 보고 사항
  - EY/CL에 탑승한 VIP, CIP, TWOV(Transit Without Visa. 무비자 환승 승객), UM (Unaccompanied Minor), 유아 동반 승객, 한가족 서비스, 장애 승객 등 특별한 도움이 필요한 승객의 담당자 지정 및 확인
  - 기내 면세품 판매 업무 지원 및 완료 상황 점검
  - EY/CL 입국 서류 배포 및 기타 서류 작성 지원 확인
  - 도착 전 면세품, 보세품 보관 및 Sealing 상태 확인
  - 비행 종료 후 기내 유실물, 분실물 확인
  - 기내 설비 Squawk 사항 파악

(3) 일반 승무원

본인에게 할당된 업무 및 항공사 매뉴얼에서 규정된 사항을 공통적으로 수행한다.

(4) 현지 승무원

승무 업무 및 해당 언어권 승객의 의사소통을 담당하며 비행 중 해당 국가 언어 안내 방송을 실시한다.

Thiago B Trevisan / Shutterstock.com

4. 객실 승무원의 일반 근무 규정

근무 규정은 객실 승무원의 근무에 관계되는 제반 사항을 정함으로써 원활하고 효율적인 객실 업무를 수행하게 하는 데 목적이 있다.

근무에 관한 사항은 규정에 의해 그 범위가 정해지며, 그 외 사항은 취업 규칙 및 기타 각 항공사에서 정한 규칙에 따른다. 각 항공사는 소정의 절차 및 심의를 거쳐 근무 규정을 제정하고 필요시 개정할 수 있으므로 객실 승무원은 최신 지시 공지 사항과 같은 개정 사항에 즉각적인 업데이트가 필요하다.

1) 상시 일반 준수 사항

(1) 개인 정보 수정의 의무

객실 승무원은 전화번호, 실거주지 주소, 이메일 주소를 회사에 등록해야 한다. 변경 시에는 각 항공사 웹사이트에 접속하여 개인 정보를 즉각 수정해야 한다. 개인 정보 변경 시 회사에 즉시 알려야 하는 이유는 원활한 승무 스케줄 운영과 승무원 정보(승무 자격, 연락처) 관리 및 처리의 이유로 즉각적인 업데이트가 필요하기 때문이다. 예를 들면 객실 승무원이 변경된 전화번호를 수정하지 않아 비정상 상황 발생 시 긴급 연락을 받지 못하는 상황이 발생되거나 거주지가 변경되었음에도 주소를 갱신하지 않아 회사가 정한 기준과 상이한 교통비가 발생되기도 한다. 또한 이러한 상황에 대한 모든 책임은 개인 정보를 변경하지 않은 해당 승무원에게 있다.

(2) 관세 규정 준수

객실 승무원은 회사 공문서 외의 타인의 부탁에 의한 개인적인 서신, 물품을 대신하여 비행 근무 시 임의로 운반할 수 없다. 또한 출입국 시 관세법에 저촉되는 물건의 반·출입이 금지되어 있으며 해당 Station 입국 시 당국의 관세 규정에 맞는 승무원 면세 허용량을 숙지하며 이를 준수해야 한다. 참고로 우리나라의 경우는 승무원의 신분으로 한국 입국 시 면세 규정은 USD 150 이하로 동일 품목을 두 개 이상 구입해서는 안 된다.

(3) 건강관리 의무

객실 승무원은 신체적으로 근무에 적합한 상태의 신체를 유지해야 하며, 정기적으로 연 1회 해당 부서에서 신체검사 및 기초체력 테스트를 받도록 되어 있다. 더불어 아래와 같은 건강관리 근무 규정을 숙지하도록 해야 한다.

- 임신, 질병, 수술, 약물 복용, 헌혈 또는 스쿠버 다이빙 등은 비행 근무의 적합성에 영향을 주는 요인으로 비행 근무 배정되기 전에 고려되어야 한다. 이러한 요인으로 인해 비행 근무에 부적합할 경우는 객실 승무원은 회사에 알려야 하며, 회사는 비행 근무에 투입하지 않는 등의 적절한 조치를 취해야 한다.
- 회사는 임신 휴직, 병가 요청에 대해 의사의 진단서나 질병 확인 등을 요청할 수 있다.
- 비행 근무 24시간 이내에 헌혈 또는 스쿠버 다이빙을 금지한다.
- 비행 근무 출발 12시간 이내에 알코올 성분의 음료를 마셔서는 안 되며 상기 조건에 있는 승무원에게 알코올 성분의 음료를 제공해서도 안 된다.
- 향정신성 물질을 복용하지 않는다.
  : 알코올 및 향정신성 약물 복용 후 그 영향이 남아있는 상태에서 비행이 불가하며, 영향이 남아있는 상태라고 판단 시, 회사에 보고하고 필요시 비행 근무 제외 등의 적극적인 조치를 취해야 한다.

TIP

스쿠버다이빙을 비행 근무 24시간 이내에 금지하는 이유?

관절과 피부 등에 통증, 시각장애, 저림, 마비, 의식불명, 피로 등 압력 차로 인한 감압증의 증상이 뒤늦게 나타나는 경향이 있으므로 회복을 위해 스쿠버다이빙 후 비행기 탑승 대기시간을 제한한다.

TIP **비행 근무 12시간 이내에는 알코올음료를 복용하지 못하도록 제한하는 이유?**

알코올 분해 및 회복을 위해 비행기 탑승 대기시간을 제한한다.

(4) 음주에 관한 규정

객실 승무원은 비행 근무 중(편승 포함)이거나 대기 근무(RF 포함) 중일 때, 할당된 항공기가 출발하기 전 12시간 이내에는 알코올 성분이 함유된 음료를 복용해서는 안 된다. 또한 해당 조건의 승무원에게 알코올성 음료의 제공이 불가하며 유니폼을 입은 상태에서 음주는 엄격히 금지된다.

(5) 개인 정보 보호에 관한 의무

객실 승무원은 고객에 관한 제반 기록을 비밀로 해야 하며 외부에 공개를 금지하고 비행 근무중에도 승객의 정보가 담긴 SHR(Special Handling Request) 취급 시 유의해야 한다. 개인적인 서신을 위해 회사의 주소를 사용하는 것은 금지되며, 승무원 신분으로 회사의 사전 승인 없이 일체의 매스컴 및 홍보 활동이 금지되어 있다. 회사 신분증을 양도하거나 회사 웹사이트의 비밀번호를 타인에게 공개해서도 안 된다.

TIP **승무원 신분으로 회사의 사전 승인 없이 매스컴 활동이나 홍보 활동을 금지하는 이유는?**

- 직원 개개인은 회사를 대표하므로 승무원은 곧 회사의 이미지이다.
- 승무원 신분은 곧 회사의 이미지라는 인식을 가지고 모든 대화나 행동에 주의해야 한다.
- 언론에 기사 제공 및 인터뷰, 제복 착용 사진 촬영 등 언론에 노출 시에는 반드시 사전에 회사로부터 승인을 받아야 한다.

TIP **SHR(Special Handling Request)**

해당 편수의 고객에 관한 제반 기록이 담긴 서류로서 보통 SSR(Special Service Request)라고 하며 항공사에 따라 용어가 다를 수 있다.(K 항공사 기준 SHR)

(6) 기용품 및 회사용품 사용 규정

기내에서 서비스하는 용품은 회사의 자산이므로 개인의 목적을 위해 임의로 사용해서는 안 된다. 또한 기용품은 모두 보세품으로 세관법상 기내가 아닌 곳에서는 유통, 판매할 수 없다. 허가되지 않은 회사의 물품이나 용구를 개인적 판단에 의해 임의로 사용해서는 안 되며 항공기 외부로 반출 시 사규에 의해 처벌받을 수 있다.

2) 해외 체류 시

(1) 건강관리

비행 근무에 임할 때에는 항상 최상의 컨디션이 될 수 있도록 모든 객실 승무원은 호텔 내에서 충분한 휴식을 취해야 하며 시차 관리에 신경을 쓰는 등 건강관리에 주의를 기울여야 한다.

(2) 현지 친지 방문

객실 사무장은 해외 체재 규정에 의거하여 동승 승무원의 현지 친지 방문을 허락해야 하며, 허락할 경우 귀환시간, 비상상황 발생 시 연락 방법 등을 주지시켜 문제가 발생되지 않도록 한다. 더불어 다음 비행을 위한 충분한 휴식을 취할 수 있도록 귀환 시각을 결정하여 통보한다. 주로 이용하는 교통수단의 파업 또는 천재지변이 일어난 지역의 친지 방문은 삼가도록 권유할 수 있다.

(3) 기타

객실 사무장은 해외 체류 시, 호텔 Room 배정, 귀환 시간, 팀 모임 관리, 타 팀원 및 비조직 승무원과의 융화와 조정에 대해 총괄적으로 책임진다. 객실 승무원들은 다음과 같은 기본 규칙을 지켜 불미스러운 일에 해당되거나 연루되지 않도록 각자 노력해야 한다.

- 비상연락망을 항상 유지한다.
- 비상상황 발생 시 보고 체계에 준하여 즉시 보고한 후 조치받을 수 있도록 해야 한다.
- 서로 사생활이 최대한 보장되도록 불필요하게 간섭해서는 안 되며 상호 인격을 존중하는 분위기가 유지되도록 해야 한다.
- 객실 승무원 간에 예의를 지키며 해외 체류 시 객실 승무원으로서의 품위를 유지해야 한다.

5. 비행 시 근무 규정

1) 근무의 정의

객실 승무원으로서의 근무란 근로기준법 등 노동관계법상의 '근무'의 의미와는 조금 상이하다. 다시 말해 회사가 객실 승무원에게 요구하는 모든 임무를 수행하는 것을 말하며, 구체적으로는 비행 근무를 포함하여 편승 근무, 대기, 교육 훈련, 지상 근무 등이 모두 객실 승무원의 '근무'에 속한다. 또한 객실 승무원이 회사의 요구에 따라 근무를 시작한 시간부터 근무가 끝나는 때까지의 시간을 근무시간이라 한다.

2) 비행 근무

비행 임무를 위하여 객실 승무원이 회사가 정한 장소에 출두한 시간부터 해당 임무가 종료된 시간까지를 비행 근무시간으로 산정한다. 즉, 해당 편 브리핑 시작 시각부터 도착지 공항에 항공기가 완전히 정지한 시각까지를 비행 근무시간으로 산정하는데 이때 공항 대기시간과 휴게시간은 포함되지만 호텔에서의 휴식시간은 제외된다.

3) 비행시간 산정 기준

비행시간은 최초로 항공기가 이륙하기 위해 움직인 시각부터 비행 완료 후 항공기가 완전히 정지한 시각까지를 비행시간으로 산정하는데 비행이 양 월에 걸친 경우에는 해당 편 출발 공항의 현지 일자를 기준으로 산정한다.

Abdul N Quraishi – Abs / Shutterstock.com

예) KE012 LAX/ICN

2020년 07월 30일 00시 20분(현지 시간) 출발

2020년 08월 01일 05시 10분(한국 시간) 도착

→ 비행시간 12시간 50분은 7월 비행시간으로 산정된다.

4) 근무 할당

객실 승무원의 근무는 근무 할당표(Monthly Schedule)에 의거하며, 근무 할당표에는 승무, 편승, 공항 대기, 지상 근무 및 휴일, 휴가, 자택 대기, 교육 등이 포함된다. 근무 할당은 운항 스케줄이나 승객 예약 상황에 따라 변동되기도 하므로 객실 승무원은 근무 할당표를 수시로 확인할 책임이 있다. 객실 승무원은 근무 할당표에 할당된 근무를 사전 승인 없이 이행하지 못하면 징계의 대상이 되며, 승무원 상호 간의 임의 대직(Schedule Swapping)을 할 수 없고, 대직 절차는 항공사에서 정한 별도의 규정에 의한다.

Actual (Current Month)	Extra (Current Month)
61:03	3:16

2023.02

Sunday	Monday	Tuesday	Wednesday	Thursday	Friday	Saturday
29	30	31	1 DO	2 ADO	3 KE0177 ICNHKG 1953-2306	4 KE0178 TVL HKGICN 0047-0503
5 ADO	6 OFC 0830-1730	7 DO	8 KE0053 ICNHKG 2035-0926 LO HNL -	9 LO HNL -1125 KE0054 HNLICN 1245-	10 KE0054 HNLICN -1825	11 ATDO
12 ATDO	13 ATDO	14 KE1083 GMPCJU 1123-1229 KE1714 CJUCJJ 1437-1541 KE1719 CJJCJU 1624-1733 LO CJU -	15 LO CJU -0630 KE1704 CJUCJJ 0728-0835 KE1707 CJJCJU 0924-1034 KE1216 CJUGMP 1313-1438	16 PVC	17 KE0901 ICNCDG 1218-1905 LO CDG -	18 LO CDG -
19 LO CDG -1940 KE0902 CDGICN 2058-	20 KE0902 CDGICN -1652	21 ATDO	22 ATDO	23 KE1105 GMPCJU 1246-1352 KE1246 CJUGMP 1518-1627 KE1179 GMPCJU 1741-1851 KE1310 CJUGMP 1942-2054	24 YVL	25 YVL
26 YVL	27 YVL	28 YVL	1	2	3	4

▲ 근무 할당표 예시

5) 비행시간

객실 승무원의 개인별 최대 비행시간은 1개월에 120시간, 3개월에 350시간, 1년에 1,200시간을 초과하지 못한다. 하지만 긴급 착륙, 재해, 회피 등 부득이한 사유로 승무원의 교대가 불가능한 경우 승무 제한시간을 초과하더라도 다음 예정된 승무를 완료한 후 회사에 보고하고 다음 스케줄 조치를 받는다.

객실 승무원의 승무시간 기준 등
(시행규칙 제128조)

① 항공운송 사업자는 법 제56조 제1항 제1호에 따라 객실승무원이 비행 피로로 인하여 항공기 안전 운항에 지장을 초래하지 아니하도록 월간, 3개월간 및 연간 단위의 승무시간 기준을 운항 규정에 정해야 한다. 이 경우 연간 승무시간은 1천 200시간을 초과해서는 아니 된다.

② 제1항에 따른 승무를 위하여 해당 형식의 항공기에 탑승하여 임무를 수행하는 객실승무원의 수에 따른 연속되는 24시간 동안의 비행 근무시간 기준과 비행 근무 후의 지상에서의 최소 휴식시간 기준은 별표 19와 같다. 다만, 천재지변, 기상 악화, 항공기 고장 등 항공기 소유자 등이 사전에 예측할 수 없는 상황이 발생한 경우 비행 근무시간 등의 기준은 국토교통부 장관이 정하여 고시할 수 있다.

6) 승무 인원 할당

객실 승무원 탑승 인원은 효율적인 서비스 업무 수행, 클래스별 서비스 수준 유지 및 비행 안전을 고려하여 항공사가 정한 기준에 의거하여 결정되지만 승객의 비행 안전 확보를 위한 최소 탑승 승무원 수는 승객 좌석 50석당 1명으로 기준한다. 하지만 기종별, 노선별 객실 승무원 탑승 인원 및 편성 기준은 항공사별로 정하는 바에 의한다.

장착 좌석 수	객실 승무원 수
20석 이상 50석 이하	1
51석 이상 100석 이하	2
101석 이상 150석 이하	3
151석 이상 200석 이하	4
201석 이상	5명에 좌석 수 50석을 추가할 경우 1명씩 추가

▲ 항공법 시행규칙 제218조: 승무원 등의 탑승 등

7) 승무원 교체

객실 승무원에게 할당된 비행 근무시간이 기준을 초과한 경우 모(母)기지에서는 승무원 교체를 원칙으로 한다. 이때 비행 근무시간은 월별, 분기별 또는 1년 동안의 비행 근무 총 시간을 기준으로 하고 편승 근무시간은 여기에 포함되지 않는다. 하지만 기상 이변으로 인한 비정상 상황 등으로 인하여 다수의 편수가 근무시간 기준 초과가 예상되는 경우에는 우선순위를 결정하여 교체함을 원칙으로 하고 있으며 대기 승무원의 부족으로 인하여 승무원 교체가 이루어지지 못한 경우는 예외로 한다.

8) 휴식 및 휴일

(1) 비행 근무에 따른 휴식시간 부여

항공법에 의한 휴식시간 부여 기준

항공사는 객실 승무원의 비행 근무시간을 다음과 같이 적용하며 비행 근무에 따른 최소 휴식시간을 부여받지 못한 승무원에게는 비행 근무를 부여해서는 안 된다.

계획된 비행 근무시간	탑승 인원	지상 휴식시간
14시간 미만	최소 탑승 인원	10시간
14~16시간	최소 탑승 인원+1명	14시간
16~18시간	최소 탑승 인원+2명	14시간
18~20시간	최소 탑승 인원+3명	14시간

▲ 휴식시간 산정 기준표

객실 승무원은 계획된 비행 근무시간 직전에 최소 10시간 이상의 휴식을 취한 후 비행에 임할 수 있으며, 항공사는 이들에게 휴식을 취하도록 조치해야 한다.(운항기술기준 8.4.9.3) 또한 경우에 따라서 승무원의 휴식시간을 단축시킬 수도 있지만 이러한 경우엔 차기 휴식시간을 연장시켜 부여해야 한다.

회사의 요구에 의해 승무원이 비행을 위하여 또는 비행을 종료한 후 다른 지역으로 이동 시 지상 운송에 소요된 시간은 휴식시간으로 간주하지 않는다.

회사가 지정한 장소에 객실 승무원이 출두한 시각부터 예측불가 운항상황(Unforeseen Operational Circumstance. 회사가 통제할 수 없는 천재지변, 기상 악화, 항공기 고장, 항공교통 지연과 같이 예기치 않은 사건)이 발생할 경우 비행 근무시간을 2시간까지 연장할 수 있다. 단, 승객의 지연 도착, 객실 서비스 품목 등의 지연 도착 또는 승객의 위탁 수하물 및 화물, 우편물 등으로 인한 지연은 예측불가 운항 상황에 포함되지 아니한다. 또한 전쟁, 폭동, 감염병 발생 등의 위험지역 운항 시 현지 사정으로 인하여 지상 휴식시간을 부여받지 못한 경우나 본인 및 배우자의 직계존비속, 형제자매와 외조부모, 백숙부모의 위독이나 사망 혹은 본인 질병이 발생한 경우, 해당 국가에서 입국을 거절당한 경우 등의 특수한 경우와 같이 항공운송업자가 통제할 수 없고 승객과 객실 승무원 모두의 안전을 위해 불가피한 경우를 제외하고는 '지상 휴식시간' 기준에 따르되 위와 같은 예외적인 경우에는 해당 객실 승무원을 편승(Deadheading)에 준하는 형태로 근무하도록 변경한다.

항공사별 휴식시간 산정 기준(K 항공사 기준)

국제선의 경우 모기지에 돌아왔을 때 모기지를 떠난 시점부터 총승무시간(편승 근무 포함)의 2배 이상의 휴식을 부여한다.

예) KE725 1520 ICN KIX 1715/KE726 1840 KIX ICN 2030
→ 비행 근무시간: 1시간 55분 + 1시간 50분 = 3시간 45분
→ 휴식시간: 3시간 45분 × 2 = 7시간 30분 이상 부여

단, 모기지 이외의 지역에서 연속 36시간 이상의 휴식을 취한 경우에는 출발 편(Outbound)의 승무시간은 휴식시간 산정을 위한 총승무시간 산출 시 제외한다.

예) 출발 편: 20200801 KE621 0745 ICN MNL 1100
도착 편: 20200803 KE622 1230 MNL ICN 1720
→ 현지 체류시간: 49시간 30분(36시간 초과)
→ KE622편만 승무시간으로 휴식시간 산정

이러한 기준은 비정상 상황이 발생되었거나 근무시간을 초과할 때 휴식시간을 부여하

기 위한 지표로 삼고 있으며 대부분의 항공사는 이러한 기준 대비 승무원의 피로도를 감안하여 충분한 휴식시간을 부여하고 있다.

(2) 휴일 산정 기준

휴일은 연속 7일 근무 기준으로 24시간의 휴식을 부여해야 한다. 즉, 연속으로 7일을 근무하게 되면 8일째 되는 날은 24시간의 휴식시간, 즉 하루의 휴일을 보장받게 된다. 승무원의 개인적인 사정에 의한 병가, 휴가 등은 항공사가 정한 취업 규칙에 따르게 되며, 회사는 업무상 필요할 때는 휴일 또는 휴가 중이라도 Duty를 명할 수 있다.

승무원 피로관리(Fatigue Management)
(운항기술기준 8.4.9)

• 8.4.9.1 적용(Applicability)
이 절은 항공운송사업의 운항 분야에 종사하는 운항승무원, 객실승무원 및 운항관리사의 승무·비행근무 및 휴식기준에 적용된다.

• 8.4.9.2 비행근무편성 기준의 준수(Compliance with Scheduling Requirements)
가. 국토교통부 장관은 다음의 경우 규정된 비행 근무시간 제한을 초과하더라도 규정된 비행 근무시간 제한 기준을 준수한 것으로 간주한다.
1) 해당 비행이 규정된 제한시간 내에 정상적으로 종료될 것으로 계획되었으나,
2) 운항증명 소지자가 통제할 수 없는 상황(악기상, 고장, 항공교통관제, 천재지변, 비상사태, 긴급사태 등)으로 인해 항공기 출발 이후에 1)호에 따른 계획된 시간 내에 목적지 공항에 도착이 불가능하게 된 경우

• 8.4.9.3 비행근무 및 지상 휴식시간(Duty and Rest Periods)
가. 운항증명 소지자는 운항승무원, 객실승무원 및 운항관리사의 피로관리를 위하여 다음 각 호의 사항을 준수하여야 한다.
1) 운항승무원 및 객실승무원의 비행 근무는 별표 8.4.9.3에서 정한 기준을 초과하여 편성하여서는 아니 된다.

2) 운항관리사의 근무시간은 연속 24시간 내 연속 10시간을 초과토록 하여서는 아니 된다. 다만, 근로기준법 제54조에 따라 제공된 휴게시간은 근무시간에 포함되지 아니한다.

3) 규정된 휴식시간 중에 있는 운항승무원에게 항공기 운항을 요구하여서는 아니 된다.

4) 운항승무원, 객실승무원 및 운항관리사가 계획된 비행 근무시간 직전에 충분한 휴식을 취할 수 있도록 조치하여야 한다.

5) 운항승무원, 객실승무원 및 운항관리사에게 연속되는 7일의 기간 동안에 연속되는 24시간의 휴식을 부여하여야 한다.

나. 운항승무원, 객실승무원 및 운항관리사는 다음 각 호의 사항을 준수하여야 한다.

1) 별표 8.4.9.3에서 정한 비행근무에 따른 최소휴식시간을 갖지 못한 자는 항공운송사업을 위한 비행근무에 종사하여서는 아니 된다.

2) 규정된 휴식시간 동안에 운항증명 소지자가 부여하는 비행근무를 수락하여서는 아니 된다.

3) 운항승무원, 객실승무원 및 운항관리사는 계획된 비행근무시간 직전에 최소한 8시간의 휴식을 취하여야 한다.

4) 승무원은 비행근무 전에 주어진 휴식시간에는 충분히 쉬어야 한다.

다. 운항증명 소지자는 별표에서 정한 대로 승무원의 휴식시간을 단축시킬 수 있다. 이 경우 승무원의 다음 휴식시간은 연장되어야 한다.

주1. 운항증명 소지자의 요구에 의해 승무원이 비행을 위하여 또는 비행 종료 후 한 지역 내가 아닌 다른 지역으로 지상운송에 소요된 시간은 별표 8.4.9.3에서 정한 최소휴식시간으로 간주되지 않는다.

주2. 운항증명 소지자의 명에 의거 승무원이 모기지로 또는 모기지로부터 항공기에서 운송에 소요된 시간은 별표 8.4.9.3에서 정한 최소휴식시간으로 간주하지 않는다.

9) Crew Rest

객실 사무장은 장거리 비행 중 일정 시간 동안 승무원이 지정된 휴게 공간에서 쉴 수 있도록 Crew Rest를 부여할 수 있다. Crew Rest는 Scheduled Flight Time이 8시간 이상 또는 5시간 이상 8시간 미만인 경우 Crew Rest Bunk가 장착된 심야 비행에 한하여 객실 사무장의 판단하에 부여 가능하며 객실 승무원은 Rest 시 다음과 같은 사항에 따른다.

Jordan Tan / Shutterstock.com

▲ 객실 내 승무원 휴게 공간(Bunk)

- Bunk 내 Bed의 수가 충분한 경우 객실 승무원 전원은 Bunk 내에서 휴식을 취한다.
- Bunk 내 Bed의 수가 불충분한 경우 객실 승무원은 사전에 휴식 공간으로 지정된 좌석에서 휴식을 취한다.
- 사무장은 Crew Rest 조를 2개 조로 편성한다.
- Crew Rest 시에는 휴식을 취하고 있는 승무원의 신분이 노출되지 않도록 유의하며 근무조원은 Crew Rest 조 승무원의 담당 구역에 공백이 발생되지 않도록 만전을 기한다.
- Crew Rest 중 개인적인 여가 활동을 해서는 안 되며 다음 근무를 위해 충분히 휴식을 취한다.
- Crew Rest를 마치면 승무원은 자신의 용모를 점검한 후 근무에 임한다.

10) 편승

편승은 보통 Extra 혹은 Deadheading이라고 표현하는 것으로, 객실 승무원이 할당된 업무 없이 승무원 자격으로 공항과 공항 간을 자사 또는 타사 항공편으로 이동하는 것을 의미한다.

(1) 편승시간 산정 기준 및 제한

편승시간은 편승한 Flight의 비행시간으로 산정되며 편승시간은 최대 비행시간 산정에 포함하지 않으며 연속해서 16시간을 초과해서도 안 된다.

(2) 편승 시 지휘 계통

편승 시 편승 승무원의 지휘 책임은 편승 팀 사무장에게 있으며, 편승 팀에 객실 사무장이 없는 경우에는 최선임 승무원에게 책임이 있다. 비상시에는 해당 편 기장의 지휘를 받는다.

(3) 편승 승무원의 근무

편승 승무원은 해당 편 On-Duty 승무원과 동일한 요령으로 근무지에 Show-up해야 하며 사무장이 포함된 편승 팀은 동 팀의 사무장 주관하에 따로 지정된 브리핑 공간에서 브리핑을 실시하고, 사무장이 포함되지 않은 편승 팀은 해당 편의 객실 사무장이 주관하는 브리핑에 참석한다.

(4) 편승 승무원의 좌석 배정

직원 전용 발권 카운터 또는 지정 출국 카운터에서 탑승권을 발부받고 해당 편 탑승 시 탑승권을 지상 직원에게 제출한 후 편승 승무원의 총인원수를 확인하고 비행에 임한다.

(5) 편승 승무원의 합동 브리핑

편승 근무 시 합동 브리핑에는 참석하지 않는다.

(6) 편승 승무원의 탑승 및 출입국 규정

출국 시에는 해당 편 승무원에 이어 승무원 전용 출입구에서 출국 수속을 받으며 항공기 탑승은 승객 탑승 전에 완료되어야 하고, 하기 시엔 해당 편 승무원보다 우선하여 하기해야 한다.

11) 대기

대기(Stand-by)는 특정 비행 편수에 결원이 발생할 경우 이를 충원하기 위해 지정된 장소에서 대기하는 것을 의미하며, 공항 내 지정된 장소에서 대기하는 공항 대기와 거주지에서 대기하는 자택 대기로 구분된다.

(1) 공항 대기

- 공항 대기 근무는 대기 A, B, C조로 구분하여 실시되며 근무시간은 각 항공사에서 정한 기준에 따른다.
- 공항 대기 승무원은 출퇴근 시 반드시 Show-up 대장에 본인이 직접 서명하고 개인 핸드폰 번호를 기재하여 회사와 즉각적인 연락이 가능한 상태로 유지한다.
- 공항 대기 시에도 완전한 승무 복장을 갖추고 어떠한 형태의 승무(장거리 비행/편승 비행)에도 임할 수 있는 태세가 완비되어 있어야 하며 지정된 근무 장소를 이탈해서도 안 된다.

(2) 자택 대기

- 비행 당일 공항 대기 인원이 부족한 경우 자택에서 대기하고 있는 승무원에게 비행 근무가 부여될 수 있다. 따라서 자택 대기(Ready Flight: RF. 이하 RF) 승무원은 당일 장거리 비행 준비를 하고 정해진 시간까지 회사와 연락을 취할 수 있는 방법을 유지하며 자

택에서 대기해야 한다.

- RF 당일 대기 근무시간은 09:00~17:00까지이며, RF는 근무 일수에는 포함되나 근무시간으로 산정되지 않는다.
- 항공사는 비행 출발시간 최소 4시간 전에 RF 승무원에게 스케줄을 통보해야 하며, 비행 근무를 부여받은 승무원은 해당 편 비행 준비를 하고 회사가 지정한 장소로 출근해야 한다.

02

CHAPTER

비행 출발 D-1일

02 비행 출발 D-1일

주요 업무	객실 사무장	객실 부사무장	팀원
• 승무원 근무 배정	• 항공사별 업무 기준표를 참고하여 팀원 업무 배정 • 최소 탑승 인원 Jumpseat 공석 확인	• 객실 사무장이 확인한 업무 배정 확인 • 최소 탑승 인원 Jumpseat 공석 재확인	• 본인의 업무 확인 • 본인의 Jumpseat 위치 확인
• 항공기 설비 확인	• 해당 기종 IFE, 위성전화 등 설비 장착 현황 및 특성 확인	• 좌동	• 해당 기종 IFE, 위성전화 등 설비 장착 현황 및 특성/사용법 숙지

• 객실 승무원의 근무 배정은 각 항공사마다 정한 기준을 따른다. 하지만 각 항공사는 항공법에 의한 객실 승무원 최소 탑승 인원 및 항공법 시행 규칙 제218조 항공기 승무원의 **최소 탑승 인원**을 규정한다.
• 객실 승무원의 탑승 인원은 각 항공사 업무 규정에 따라 **효율적인 업무 수행**, **클래스별 서비스 수준 유지** 및 **비행 안전**을 고려하여 배정한다. **노선별**, **기종별** 객실 승무원 탑승 인원 및 편성 기준은 항공사별로 적용할 수 있다.

1. 승무원 근무 배정

승무원은 할당된 스케줄을 수행하기에 앞에 해당 편 객실 사무장에 의해 근무를 배정받게 된다. 근무 배정을 하기 위해서는 여러 가지 기준들이 적용되는데, 그중 '최소 탑승 인원'을 선정하는 것이 가장 중요하다. 최소 탑승 인원은 항공법에 근거하며 반드시 기준에 충족된 인원으로 배정되어야 한다. 이번 장에서는 최소 탑승 인원에 대한 기준과 최소 탑승 인원으로 배정된 승무원들이 착석하게 되는 Jumpseat, 기종에 따른 Duty 변화, 해당 편 승객 탑승률에 따른 승무원 감축 기준에 대해 알아 보자.

1) 최소 탑승 인원

(1) 항공법으로 정한 최소 탑승 인원

- **항공법 시행규칙**은 최소 탑승 인원으로 승객 좌석 50석당(또는 50석 미만) 최소 1명의 객실 승무원을 탑승시키도록 규정하고 있다.
- **항공법 시행규칙 제218조**(승무원 등의 탑승 등)
  여객 운송에 사용되는 항공기에 의하여 승객을 운송하는 경우에는 항공기에 장착된 승객의 좌석 수에 따라 그 항공기의 객실에 다음 표에서 정하는 수 이상의 객실 승무원이 탑승하여야 한다.

장착 좌석 수	객실 승무원 수
20석 이상 50석 이하	1
51석 이상 100석 이하	2
101석 이상 150석 이하	3
151석 이상 200석 이하	4
201석 이상	5명에 좌석 수 50석을 추가할 경우 1명씩 추가

항공법에는 각 기종별로 안전 업무를 수행하기 위한 최소한의 객실 승무원을 정하고 있다. 일반적으로 승객 좌석 수 50석당 최소 객실 승무원 1명씩 탑승하도록 규정하고 있으나 기종별로 최소 탑승 인원은 모두 상이하다. 항공기에 탑승하여 근무하는 승무원의 수는 국가별 혹은 항공사별로 조금씩 다르지만 대부분은 IATA(International Air Transport Association)와 ICAO(International Civil Aviation Organization)의 권고 사항을 따르기 때문에 큰 차이는 없다.

객실 승무원의 수(Required Cabin Attendant)
(운항기술기준 제9장 항공운송사업의 운항증명 및 관리 9.3.3.3)

운항증명 소지자는 승객 수송 시 요구되는 최소 객실 승무원을 탑승하도록 계획하여야 하며 기장은 이를 확인하여야 한다.

① 국토해양부 장관이 운항증명 소지자의 운항규정에서 정한 최소 객실 승무원 수와 다음 각 호에서 정한 수 중 더 많은 수를 적용한다.

1. 승객 좌석이 20~59석인 경우: 객실 승무원 1명
2. 승객 좌석 50석당 1명씩 추가

② 지상에 주기하고 있는 항공기에 승객이 탑승하고 있을 때 최소 객실 승무원(또는, 해당 항공기의 비상 탈출 절차에 대해 자격이 있는 자)의 수는 해당 편 운항에 필요한 인원의 1/2은 되어야 하나 최소 1명 이상이어야 한다.

주. 1/2한 결과 소수점이 나올 경우 소수점 이하의 수는 생략한다.

여객 운송에 사용되는 항공기는 항공기에 장착된 승객의 좌석 수에 따라 객실 승무원의 최소 탑승 인원이 결정된다. 객실 승무원 탑승 인원은 각 항공사 업무 규정에 따라 효율적인 서비스 업무 수행, 클래스별 서비스 수준 및 비행 안전을 고려하여 배정한다. 노선별, 기종별 객실 승무원 탑승 인원 및 편성 기준은 항공사별로 적용된다.

(2) 최소 탑승 인원의 Jumpseat 배정

객실 사무장은 해당 편 근무 하루 전, 배정된 항공기의 HL No.를 확인한 후, 해당 기종의 최소 탑승 인원(Minimum Staffing)을 확인하고 최소 탑승 인원에 해당되는 승무원의

Jumpseat 배정을 우선시한다. 그러고 나서 일반 승무원의 근무 경력과 근무 자격 등을 고려하여 나머지 Jumpseat를 배정하게 된다.

Jump seat	담당 비상구	비행 전 점검 (Pre-Flight Check)	운항 전/후 보안 점검	승객 탑승/하기 시 위치	비상구열 좌석 점검 Duty	승객 브리핑 실연	Decompression	Smoke/Fire Fighting	Evacuation Preparation	Emergency Landing	Emergency Ditching
DP	L1(R1)	L1(R1) 주변 비상장비	A Zone	L1(R1) 주변		R4/PA	PA/지시 및 확인, A Zone	PA/지시 및 확인, A Zone	PA/A Zone	L1(R1)	L1(R1), Board Slide/Raft
L2F	L2	L2 주변 비상장비	B Zone	L2 주변		07열 Right Aisle	B Zone	B Zone	Mid A To Mid B Zone (L)	L2	L2, Board Slide/Raft
L3	L3	L3 주변 비상장비	B Zone	L3 주변	41A, B, C	9열 Left Aisle	B Zone	B Zone	Mid B To Mid C Zone (L)	L3	L3, Board Slide/Raft
L4A	L4	L4 주변 비상장비	C Zone	L4 주변		28열 Left Aisle	C Zone	C Zone	Aft C Zone (L)	L4	L4, Board Slide/Raft
R2F	R2	R2 주변 비상장비	A Zone	R2 주변		01열 Left Aisle	A Zone	A Zone	Mid A To Mid B Zone (R)	R2	R2, Board Slide/Raft
R3	R3	R3 주변, Crew Rest Area 비상장비	B Zone	R3 주변	41G, H, J	28열 Right Aisle	B Zone	B Zone	Mid B To Mid C Zone (R)	R3	R3, Board Slide/Raft
R4A	R4	R4 주변 비상장비	C Zone	R4 주변		41열 Left Aisle	C Zone	C Zone	Aft C Zone (R)	R4	R4, Board Slide/Raft
R1	R1	R1 주변 비상장비	A Zone				A Zone	A Zone	A Zone	R1	R1, Board Slide/Raft
R2A			B Zone				B Zone	B Zone	B Zone	R2, Control R2 Area	R2, Board Slide/Raft
L1A			A Zone				A Zone	A Zone	A Zone	L1, Control L1 Area	L1, Board Slide/Raft
L4F			C Zone				C Zone	C Zone	C Zone	L4, Control L4 Area	L4, Board Slide/Raft
L2A			B Zone				B Zone	B Zone	B Zone	L2, Control L2 Area	L2, Board Slide/Raft
R4F			C Zone				C Zone	C Zone	C Zone	R4, Control R4 Area	R4, Board Slide/Raft

▲ B777-200(772S) 항공기 객실 승무원 업무 배정표

B777-200(772S) 항공기의 최소 탑승 인원 Jumpseat 배정을 예로 들어 보자. 이 표에서 DP(Duty Puser)부터 음영 처리된 부분에 해당되는 승무원(DP, L2F, L3, L4A, R2F, R3, R4A)이 최소 탑승 인원에 해당된다. 총 7줄이 음영처리되어 있으므로 B777-200 항공기의 최소 탑승 인원은 7명이다. 그러므로 7명에 해당하는 승무원의 Jumpseat를 우선적으로 배정하면 된다.

만약 B777-200 항공기에 승객이 만석으로 예약이 된 경우에는 더 많은 승무원을 필요로 하므로 총 13개의 Jumpseat에 승무원이 배정되게 되는데 예약 상황에 따라 승무원의 수는 결정되며, 8번째 줄인 'R1' Jumpseat부터 차례대로 추가되면 된다.

(3) 기종별 Duty Code

객실 승무원 탑승 인원 및 편성 기준은 각 항공사 규정에 따라 노선별, 기종별, 그리고 예약 승객 현황에 따라 상이하다. 객실 사무장은 해당 편의 Duty 배정 시 승객 수, 비행시간, 객실 승무원의 자격과 경력 등을 감안하여 최상의 업무 효율성을 고려하여 결정할 수 있다.

항공사별로 승무원의 운영 기준은 다르나 K 항공사 기준(장거리 노선)으로 살펴보면 다음과 같다.

B777-200(772K)

- Minimum Staffing(7명) 착석 위치: DP/L2F/L3/L4A/R2F/R3/R4A
- 3 Class 운영 시(13명) F/C/Y: 8/28/225

DP	FAL	FAR	FAG	CAL	CAG	CAR	YBG	YBL	YBR	YCG	YCL	YCR
L1	R1	R2	L1	R2	L2	R3	L2	L3	L4	R4	L4	R4

- 3 Class 운영 시(12명) F/C(C FWD)/Y(C AFT+Y): 8/14/239

DP	FAL	FAR	FAG	CAL	CAG	YBG	YBL	YBR	YCG	YCL	YCR
L1	R1	R2	L1	R2	L2	L2	L3	L4	R4	L4	R4

- 2 Class 운영 시(10명) C/Y(C+Y): 8/253

DP	FAL	FAR	FAG	YAL	YBG	YBL	YBR	YCG	YCL	YCR
L1	R1	R2	L1	R2	L2	R3	L2	L3	L4	R4

▲ 777-200(772K) 클래스별 운영에 따른 승무원 Jumpseat 배정 기준표

항공기 좌석 운영 기준 승무원 배정

우선 승무원은 스케줄을 편성하는 부서에 의해 해당 근무 편에 투입된 항공기를 기준으로 필요한 승무원 총인원이 산출되어 자동 배정이 된다.

예를 들면, 위의 표에서 B777-200(772K) 항공기가 투입된 노선에서 고객에게 항공기에 장착된 FR/CL 8, PR/CL 28, EY/CL 225 좌석을 기준으로 항공권을 판매했다면, 이 항공기는 3 Class로 운영되는 것이고 필요한 승무원 수는 총 13명이다. 이렇게 산출된 13명의 승무원은 자동 배정이 되며, 근무 일정에 촉박해서 승객의 예약 상황에 따라 승무원의 수가 가감되기도 한다.

두 번째 예를 들어 보면 다음과 같다. 이 항공기에 장착된 좌석은 첫 번째 예와 마찬가지로 FR/CL 8, PR/CL 28, EY/CL 225석이나 항공권을 판매하는 과정에서 EY/CL의 수요

가 225보다 많고, FR/CL의 수요가 없다면 FR/CL의 좌석은 PR/CL로 임의 사용되고, 해당 노선에 한하여 PR/CL과 EY/CL로 2 Class 운영이 된다. 이러한 경우 총 10명의 승무원이 필요하게 되는 것이다.

객실 사무장은 이러한 사항을 판단하여 기종에 맞는 인원이 투입되었는지 확인하고, 2차로 어떠한 형태로 Class가 운영되는지 Seat Configuration(좌석 운영 형태)을 확인하여 적절한 인원이 배정되었는지 확인한다. 그리고 마지막으로 예약 상황에 맞게 승무원이 배정되었는지 확인한 후, 최종적으로 확인된 인원에 맞게 최소 탑승 인원부터 Jumpseat를 배정하고 이후 다른 승무원의 Jumpseat를 배정하게 된다. 또한 객실 사무장은 확인하는 과정에서 부족하거나 과잉되는 승무 인력에 관해 회사 스케줄 배정 담당 부서에 연락을 하여 승무원 인원 가감에 관한 조치를 받을 수 있다.

승무원 감축 운영 시 승무원 Duty 배정 기준

항공사는 갑작스러운 기종 변경이나, 승객 예약 현황 감소 시 승무원을 감축 운영할 수 있다. 승무원 감축 운영에 따른 Duty 배정 기준은 승객 예약 기준에 따른 항공사의 기종별 탑승 인원 기준 세부 규정에 따른다.

AC Ver.	Config.			승무원 배정 인원	배정 인원 최대 탑승객 수												
					F			C				Y					
	F	C	Y		3	2	1	4	4	3	2	7	8	7	6	5	4
772K	8	28	225	승객 예약 상황	8	4	0		28	24	16				225	173	133
	8	14	239		8	4	0				14				239	174	127
		8	253								8			253	202	162	130
		36	225					36	32	24	16				225	173	133

▲ 중장거리 예약 승객에 따른 기종별 탑승 인원: K 항공사 기준

위의 표를 보고 해석해 보자.

772K 항공기가 3 Class로 운영이 되고 Seat Configuration이 8/28/225로 운영이 되는 편수에서 승객의 예약 상황이 FR/CL 2명, PR/CL 5명, EY/CL 212명이라고 한다면 근무에 필요한 객실 승무원의 수는 FR/CL 2명, PR/CL 2명, EY/CL 6명이 되는 것이다.

객실 사무장은 최종적으로 배정된 승무 인원이 예약 상황에 맞게 조정되었는지 확인한

후 근무 배정을 해야 하며 예약 상황은 항공기 출발 직전까지 변경되기도 한다. 따라서 객실 브리핑 시점에 추가적으로 확인하여 부족한 인원을 충당하여 비행 중 원활한 서비스가 이루어질 수 있도록 해야 한다.

2) 국내선

근무 배정에는 국제선과 국내선의 기준이 상이하다. 국내선은 예약 인원수와 상관없이 최소 탑승 인원을 기준으로 승무원 근무 배정이 이루어진다. 근무 배정에 앞서 국내 항공사가 취항하는 국내 도시 및 공항 Code에 대한 이해가 이루어져야 하며 국내선에 투입되는 항공기의 종류를 확인해 보도록 하자.

(1) 국내선 취항 도시/공항

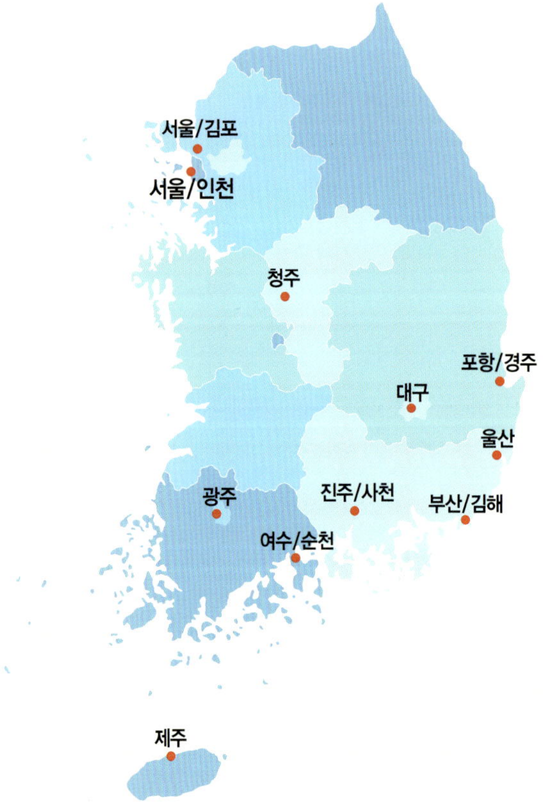

▲ 국내 취항 도시

K 항공사 기준 현재(2023년 8월 기준) 취항하고 있는 국내선은 다음 총 11개 도시이다.

서울/인천(ICN), 서울/김포(GMP), 청주(CJJ), 광주(KWJ), 제주(CJU), 여수/순천(RSU), 진주/사천(HIN), 부산/김해(PUS), 울산(USN), 대구(TAE), 포항(KPO).

코드	공항	도시
ICN	Incheon	Incheon
GMP	Gimpo	Seoul
PUS	Busan Kimhea	Busan
CJU	Jeju	Jeju
CJJ	Cheongju	Chengju
HIN	Jinju/Sacheon	Jinju
TAE	Daegu	Daegu
USN	Ulsan	Ulsan
KPO	Pohang	Pohang
KWJ	Gwangju	Gwangju
RSU	Yeosu/Suncheon	Yeosu

▲ 국내선 공항 3Letter Code 및 도시명

(2) 국내선 운영 항공기 기종

우리나라의 국토 면적은 3,948.62ha로 비행기 시속 약 800km/h로 비행을 한다고 했을 때 약 1시간 정도의 비행시간으로 서울/제주 구간을 비롯하여 각 도시 간 이동이 모두 가능하다. 따라서 국내선에 투입되는 항공기는 단거리 기종이 대부분이며 구간별 예약 상황에 따라 대형 기종이 투입되는 경우도 있다.

K 항공사 기준으로 단거리에 투입되는 항공기 기종은 다음과 같다.

B737-800

Kenken_spotter / Shutterstock.com

B737-900

Ryan Fletcher / Shutterstock.com

A220-300

Kenken_spotter / Shutterstock.com

B777-200

Ryan Fletcher / Shutterstock.com

(3) 최소 탑승 인원 근무

국내선은 투입되는 항공기의 최소 탑승 인원으로 운영되며 기종에 따라 3~7명이 근무하게 된다. 근무 배정 시 국내선의 객실 사무장은 'DP' Jumpseat에 착석하고, 나머지 승무원의 Jumpseat는 해당 편 객실 사무장이 업무 효율성을 감안하여 배정한다.

B737-900(73JP)

구분	내용
KAL A/C Mode	73JP
장착 좌석 수	총 159석(C12/Y147)
최소 탑승 인원	4명
최대 운항 고도	41,000ft
경제 순항 속도	836km/hr
최대 항속 거리	4,993km(5시간 59분)

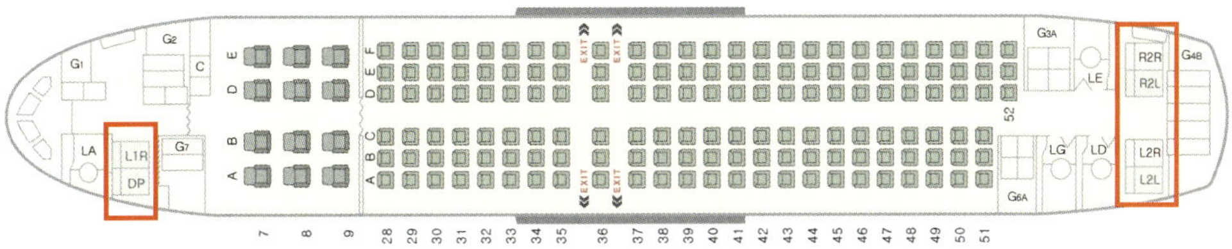

▲ B737-900(73JP) 도해도

Jump seat	담당 비상구	비행 전 점검 (Pre-Flight Check)	운항 전후 보안 점검	승객 탑승/하기 시 위치	비상구열 좌석 점검 Duty	승객 브리핑 실연	Decompression	Smoke/Fire Fighting	Evacuation Preparation	Emergency Landing	Emergency Ditching
DP	L1	L1 주변 비상장비	Fwd Cabin	L1(R1) 주변		L2/PA	PA(지시 및 확인), Fwd Zone	PA(지시 및 확인), Fwd Zone	PA, Fwd Cabin	L1	L1
L1R	R1	R1 주변 비상장비	Fwd Cabin	Fwd Cabin		07열 Aisle	Fwd Cabin	Fwd Cabin	Fwd Cabin	R1	R1
L2L	L2	L2 주변 비상장비	Aft Cabin	L3(R2) 주변		36열 Aisle	Aft Cabin	Aft Cabin	Aft Cabin	L2	Overwing Exit
R2L	R2	R2 주변 비상장비	Aft cabin	Aft Cabin	36,37 ABCDEF	28열 Aisle	Aft Cabin	Aft Cabin	Aft Cabin	R2	Overwing Exit
L2R			Aft Cabin	Aft Cabin		L2	Aft Cabin	Aft Cabin	Aft Cabin	Overwing Exit or L2	L1
R2R			Fwd Cabin	Fwd Cabin		R2	Fwd Cabin	Fwd cabin	Fwd cabin	Overwing Exit or R2	R1

▲ B737-900(73JP-8221/23/48/49/72/73) 객실 승무원 업무 배정표

B737-900(73JP)의 표에서 보는 바와 같이, 이 항공기의 최소 탑승 인원은 4명이며, 음영으로 표시된 Jumpseat(DP, L1R, L2L, R2L)에 착석하도록 객실 사무장이 Jumpseat 배정을 한다. 최소 탑승 인원 승무원은 도해도 뒷면의 업무 배정표를 참고하여, 음영 표시된 부분의 Duty를 수행한다.

3) 국제선

국제선의 업무 배정은 국내선과 달리 다양한 서비스 형태 및 부대 시설로 인하여 보다 복잡한 근무 배정이 이루어지며 승무원 개인마다 보유하고 있는 자격에 따른 다양한 코드 형태에 따라 근무 가능 구역이 구분된다. 사무장은 이러한 여러 가지 상황을 고려하여 적절하게 근무 배정을 할 수 있어야 한다.

(1) 국제선 취항 도시/공항

K 항공사 기준 현재(2023년 8월 기준) 취항하고 있는 국제선은 총 44개국 125개 도시이다.

▲ K 항공사 국제선 취항 도시

미주 STN 코드

APO Code	공항명	도시 Code	도시명	국가
LAX	Los Angeles	LAX	Los Angeles	USA
LAS	Mccarran	LAS	Las Vegas	USA
JFK	John F. Kennedy	NYC	New York	USA
ORD	O'hare	CHI	Chicago	USA
IAD	Dulles	WAS	Washington D.C.	USA
YYZ	Lester B. Pearson	TOR	Toronto	Canada
YVR	Vancouver	VAN	Vancouver	Canada
ATL	Hartsfield Atlanta	ATL	Atlanta	USA
DFW	Fortworth	DFW	Dallas	USA
SFO	San Francisco	SFO	San Francisco	USA
SEA	Tacoma	SEA	Seattle	USA
HNL	Honolulu	HNL	Honolulu	USA
GRU	Guarulhos	SAO	Sao Paulo	Brazil
MIA	Miami	MIA	Miami	USA
ANC	Ted Stevens	ANC	Anchorage	USA
IAH	George Bush	HOU	Houston	Canada
BOS	Boston Logan	BOS	Boston	USA

유럽 STN 코드

APO Code	공항명	도시 Code	도시명	국가
CDG	Charles De Gaulle	PAR	Paris	France
FCO	Leonardo Davinci Fiumicino	ROM	Rome	Italy
MXP	Malpensa	MIL	Milan	Italy
FRA	Main	FRA	Frankfurt	Germany

APO Code	공항명	도시 Code	도시명	국가
LED	Pulkovo	LED	St. Petersburg	Russia
ZAG	Zagreb	ZAG	Zagreb	Croatia
BCN	Elprat	BCN	Barcelona	Spain
BUD	Ferenc Liszt	BUD	Budapest	Hungari
LHR	Heathrow	LON	London	U.K.
SVO	Sheremetyevo	MOW	Moscow	Russian Fed.
VVO	Vladibostok	VVO	Vladibostok	Russian Fed.
IKT	Irkutsk	IKT	Irkutsk	Russian Fed.
TAS	Yuzhny	TAS	Tashkent	Uzbekistan
ZRH	Kloten	ZRH	Zurich	Switzerland
IST	Istanbul	IST	Istanbul	Turkey
TLV	Ben Gurion	TLV	Tel Aviv	Israel
LGW	London Gatwik	LON	London	U.K.
MAD	Madrid	MAD	Madrid	Spain
ORY	Paris Orly	PAR	Paris	France
PRG	Ruzyne	PRG	Prague	Czech
SPL	Schipol	AMS	Amsterdam	Netherlands
VIE	Vienna	VIE	Vienna	Austria

대양주 STN 코드

APO Code	공항명	도시 Code	도시명	국가
AKL	Auckland	AKL	Auckland	New Zealand
BNE	Brisbane	BNE	Brisbane	Australia
CHC	Christchurch	CHC	Christchurch	New Zealand
SYD	Sydney	SYD	Sydney	Australia

APO Code	공항명	도시 Code	도시명	국가
NAN	Nadi	NAN	Nandi	Fiji

동남아시아 STN 코드

APO Code	공항명	도시 Code	도시명	국가
BKI	Kota Kinabalu	BKI	Kota Kinabalu	Malaysia
BKK	Bangkok	BKK	Bangkok	Thailand
CEB	Cebu	CEB	Cebu	Philippines
CGK	Soekarno-Hatta	JKT	Jakarta	Indonesia
DPS	Bali Ngurah Rai	DPS	Denpasar Bali	Indonesia
HAN	Hanoi	HAN	Hanoi	Vietnam
HKT	Phuket	HKT	Phuket	Thailand
KTM	Tribhuvan	KTM	Kathmandu	Nepal
KUL	Subang-Kuala Lumpur	KUL	Kuala Lumpur	Malaysia
ROR	Airai	ROR	Koror	Palau
MFM	Macau	MFM	Macau	Macau
MNL	Ninoy Aquno	MNL	Manila	Philippines
PEN	Penang	PEN	Penang	Malaysia
PNH	Phnom Penh	PNH	Phnom Penh	Cambodia
REP	Siem Reap	REP	Siem Reap	Cambodia
SGN	Tansonnhat	SGN	Hochiminh	Vietnam
SIN	Chang I	SIN	Singapore	Singapore
TPE	Chang Kai Shek	TPE	Taipei	Taiwan
ULN	Ulaan Baatar	ULN	Ulaan Baatar	Mongolia
DAD	Da Nang	DAD	Da Nang	Vietnam
RGN	Yangon	RGN	Yangon	Myanmar

APO Code	공항명	도시 Code	도시명	국가
MAA	Chennai	MAA	Chennai	India
CNX	Chiang Mai	CNX	Chiang Mai	Thailand
CMB	Bandaranaike	CMB	Colombo	Sri Lanka
MLE	Male	MLE	MLE	Maldives
CRK	Clark Field	CRK	Clark	Philippines
CXR	Cam Ranh	CXR	Nah Trang	Vietnam
DLI	Lien Khuong	DLI	Da Lat	Vietnam
BOM	Chhatrapati Shivaji	BOM	Bombay	India
DEL	Indira Gandhi	DEL	New Delhi	India

중국 STN 코드

APO Code	공항명	도시 Code	도시명	국가
CAN	Baiyun	CAN	Guangzou	P.R. China
CSX	Changsa	CSX	Changsa	P.R. China
DLC	Zhoushuizi	DLC	Dalian	P.R. China
HKG	Hongkong	HKG	Hongkong	P.R. China
KMG	Kunming	KMG	Kunming	P.R. China
PEK	Beijing	BJS	Beijing	P.R. China
PVG	Pudong	SHA	Shanghai	P.R. China
SHA	Hong-Qiao	SHA	Shanghai	P.R. China
SHE	Shenyang	SHE	Shenyang	P.R. China
SYX	Sanya Pheonix	SYX	Sanya	P.R. China
SZX	Shenzhen	SZX	Shenzhen	P.R. China
TAO	Liuting	TAO	Qingdao	P.R. China
TNA	Jinan	TNA	Jinan	P.R. China

APO Code	공항명	도시 Code	도시명	국가
TSN	Binhai	TSN	Tianjin	P.R. China
URC	Diwopu	URC	Urumqi	P.R. China
WEH	Da Shui Po	WEH	Weihai	P.R. China
WUH	Wuhan	WUH	Wuhan	P.R. China
XMN	Xiamen	XMN	Xiamen	P.R. China
YNJ	Yanji	YNJ	Yanji	P.R. China
YNT	Yantai Laishan	YNT	Yantai	P.R. China
TXN	Tunxi	TXN	Huangshan	P.R. China
NKG	Lukou	NKG	Nanjing	P.R. China

일본 STN 코드

APO Code	공항명	도시 Code	도시명	국가
NRT	Narita	TYO	Tokyo	Japan
HND	Haneda	TYO	Tokyo	Japan
KIX	Kansai	OSA	Osaka	Japan
CTS	New Chitose	SPK	Sapporo	Japan
HKD	Hakodate	HKD	Hakodate	Japan
NGO	Nagoya	NGO	Nagoya	Japan
FUK	Fukuoka	FUK	Fukuoka	Japan
KOJ	Kagoshima	KOJ	Kagoshima	Japan
OIT	Oita	OIT	Oita	Japan
NGS	Nagasaki	NGS	Nagasaki	Japan
KMQ	Komatsu	KMQ	Komatsu	Japan
KIJ	Niigata	KIJ	Niigata	Japan
OKJ	Okayama	OKJ	Okayama	Japan

APO Code	공항명	도시 Code	도시명	국가
FSZ	Shizuoka	FSZ	Shizuoka	Japan
AOJ	Aomori	AOJ	Aomori	Japan
AXT	Akita	AXT	Akita	Japan

중동/아프리카 STN 코드

APO Code	공항명	도시 Code	도시명	국가
DXB	Dubai	DXB	Dubai	U.A.E.
RUH	King Khalid	RUH	Riyadh	Saudi Arabia
JED	King Abdulaziz	JED	Jeddah	Saudi Arabia
CAI	Cairo	CAI	Cairo	Egypt
NBO	Jomo Kenyatta	NBO	Nairobi	Kenya

(2) 국제선 운영 항공기 기종

국제선에 투입되는 항공기 기종은 항공사마다 보유하고 있는 기종이 상이하지만 노선에 따라 투입되는 기종은 각 기종마다 최대 항속 거리를 기준으로 중거리 혹은 장거리 비행에 투입이 된다. 예를 들면, B737-900 항공기의 경우 최대 항속 거리가 4,993km로 순항 속도 836km/hr로 비행했을 때 최장 5시간 59분 동안 비행을 할 수 있는 능력을 갖춘 기종으로 미주나 구주, 대양주와 같은 장거리 노선에는 투입할 수가 없다. 항공사는 이러한 항공기의 성능을 감안하고 노선에 따른 고객의 수요를 파악하여 적절한 항공기를 투입하게 된다.

국제선 노선에 투입되는 항공기 기종은 다음과 같다.

- B787 : B787-9, B787-10
- B777 : B777-200, B777-300
- B747 : B747-8i

Kenken_spotter / Shutterstock.com

▲ 드림라이너 B787-9

- B737 : B737-800, B737-900, B737-8
- A380 : A380-800
- A350
- A330 : A330-300, A330-200
- A220 : A220-300
- A321-200

(3) 최소 탑승 인원 근무

국제선에 경우에는 기종에 따라 최소 탑승 인원의 수가 3~16명이다.

객실 사무장은 'DP', 객실 부사무장은 'L2' Jumpseat에 착석하고, 나머지 승무원의 Jumpseat는 최소 탑승 인원을 선배정한 후, 근무 구역, 맡은 업무 등을 고려하여 적절히 배정한다.

Jump seat	담당 비상구	비행 전 점검 (Pre-Flight Check)	운항 전후 보안 점검	승객 탑승/하기 시 위치	비상구열 좌석 점검 Duty	승객 브리핑 실연
DP	L1	L1 주변 비상장비	A Zone	L1 주변		L1/PA
L2L	L2	L2 주변 비상장비	B Zone	L2 주변		28열 Right Aisle
L3	L3	L3 주변 비상장비	C Zone	L3 주변	42A, B, C	42열 Left Aisle
L4L	L4	L4 주변 비상장비	D Zone	L4 주변	52A, B, C	52열 Left Aisle
L5	L5	L5 주변 비상장비 Duty Free Showcase	D Zone	L5 주변		R5
UL1F	UL1	UL1 주변 비상장비	U Zone	UL1 주변		Fwd Stairs 상단
UL2	UL2	UL2 주변 비상장비	V Zone	UL2 주변	20A, B	11열 Left Aisle
UL3	UL3	UL3 주변 비상장비	W Zone	UL3 주변		20열 Left Aisle
R1R	R1	R1 주변 비상장비	A Zone	R1 주변		Fwd Stairs 하단
R2R	R2	R2 주변 비상장비	B Zone	R2 주변		01열 Right Aisle
R3	R3	R3 주변 비상장비 Crew Rest Area 비상장비	B Zone	R3 주변	42H, J, K	29열 Right Aisle
R4R	R4	R4 주변 비상장비	C Zone	R4 주변	52H, J, K	42열 Right Aisle
R5	R5	R5 주변 비상장비	D Zone	R5 주변		52열 Right Aisle
UR1A	UR1	UR1 주변 비상장비	U Zone	UR1 주변		07열 Right Aisle
UR2	UR2	UR2 주변 비상장비	V Zone	UR2 주변	20G, H	11열 Right Aisle
UR3	UR3	UR3 주변 비상장비	W Zone	UR3 주변		UR3
L2R			B Zone	B Zone		L2
L4R			C Zone	C Zone		L4
R2L			B Zone	B Zone		R2
R1L			A Zone	A Zone		R1
R4L			C Zone	C Zone		R4
UL1A			U Zone	U Zone		UL1
UR1F			V Zone	V Zone		UR1

▲ A380-800의 승무원 업무 배정표

예를 들면, 국제선에 운영되는 A380-800(388S)의 경우, 위의 표에서 보는 바와 같이 최소 탑승 인원은 16명이며, 음영으로 표시된 Jumpseat(DP, L2L, L3, L4L, L5, UL1F, UL2, UL3, R1R, R2R, R3, R4R, R5, UR1A, UR2, UR3)에 선배정한다.

국제선의 경우 국내선과 달리, 면세품 판매 담당 승무원이나 기내식 체크 담당 승무원과 같이 특정 업무를 부여받은 승무원에 한해 업무 동선을 고려하여 Jumpseat를 배정할 수 있다.

4) 업무 배정 조정 기준

(1) 업무 배정의 기본 원칙

객실 사무장은 사전에 수집한 승객 관련 정보, 운항 정보, 동승 팀원의 근무 경력, 업무 숙련도 및 장점 등을 충분히 고려하여 최고의 업무 효율을 기할 수 있도록 업무를 배정하되 업무 배정 및 조정에 대한 최종 권한과 책임은 객실 사무장에게 있다.

객실 승무원은 업무 배정표에 본인의 위치를 파악하고 Duty Code를 통해 근무 Class, 근무 Zone, 담당 직무를 확인할 수 있다.

KE901
2023.02.17 (FRI)
UTC:2023.02.17 FRI

ICN — 5626 MILES — **CDG**

Paris-Charles De Gaulle International Airport, Paris, France

GATE 232	STD 12:15 (+9:00)	STA 18:30 (+1:00)
CABIN BRIEFING 10:35	JOINT BRIEFING 11:30	BRIEFING ROOM T2 비행준비실 2번룸
FLT TIME 14:15	ACTUAL TIME 14:47	

COCKPIT CREW
KIM, IN HA(CAP) | IN, HA RO(CAP) | CHOI, JUN YEONG(F/O)
PARK, MIN JUN(F/O)

EXTRA CREW

▪ DUTY ASSIGNMENT　　＊DP – KIMNARA　, SP18 / 0110TM) / Duty Purser Confirmed

DUTY	RANK	TEAM	NAME	J/S	DUTY	RANK	TEAM	NAME	J/S	DUTY	RANK	TEAM	NAME	J/S
FAL	AP17	0110	이익준	L1	FAG	AP14	0920	한이상	R1					
CUL	AP19	1039	안정원	UL	CUG	AP10	0110	김은영	UR					
CBL	FA12	0110	장겨울	L2	CBG	AP06	0110	이유린	R2	CBR	FA14	0110	오윤아	R2
YCL	FA14	0110	채송화	L3	YCG	PS19	0618	박연호	L3	YCR	FA19	0110	강기쁨	R3
YDL	FA16	0107	김준완	L4	YDG	FA99	0916	최효주	L4	YDR	FA13	0110	김상희	R4
YEL	FA16	0110	장하민	L5	YEG	PS16	0110	이소윤	L2	YER	FA17	0110	박준영	R5

＊승원팀장 2분기 강조 사항: 승객 가시권 내 행동 주의 및 기내 위생 철저히 할 것.
＊브리핑은 종이 대신 휴대폰으로 준비할 것.

• Purser's Comment

ANN	FAL	ANN.Monitoring	ALL
In-Flight Sales	YCG, ALL	TASER	YBG, FAL
Catering Seal CHK	FAG, CUG, CBG, YDG	BRFG Sheet (Galley)	
SPCL Meal Tag	YDG	Extra Crew	
Headcount	DP, YEG, YCG		

▲ 객실 승무원 업무 배정표–브리핑 시트

예를 들면, YCR(SS19, 0110TM, 강기쁨) 승무원인 경우 본인의 이름이 어디에 속해 있는지 확인한 후 본인의 근무 위치와 담당 업무를 파악할 수 있다.

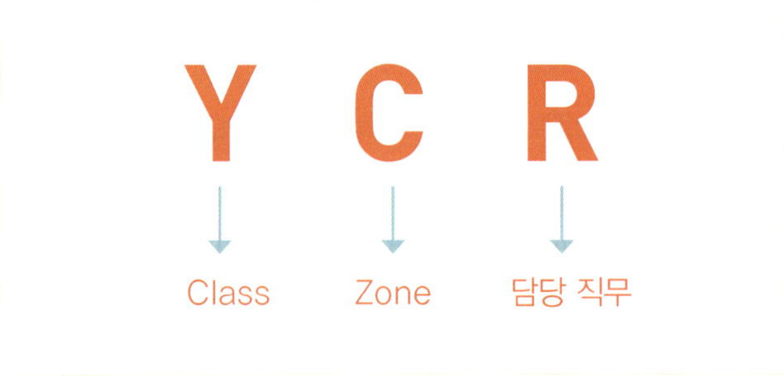

▲ Duty Code 식별법

YCR인 경우, Y는 EY/CL(Economy Class), C는 항공기 C 구역, R은 Right 오른쪽 담당 승무원임을 의미한다.

더 자세히 예를 들면, 'FAL'의 Duty Code는 First Class의 A Zone, L Side 업무를 담당함을 의미하고, 'YDG'의 Duty Code는 Economy Class의 D Zone, Galley(주방) 업무 담당으로 해석하면 된다.

객실 사무장은 업무를 부여할 때, 동일 Class 및 동일 Zone, 동일 Aisle에는 되도록 업무 숙련도가 비슷한 승무원이 함께 근무하지 않도록 업무 배정에 유의한다.

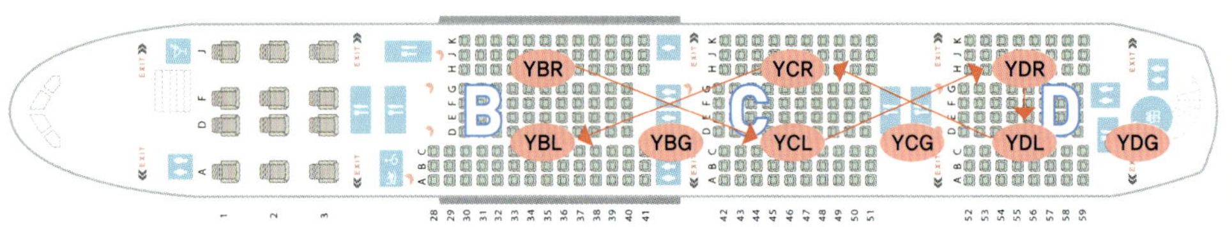

▲ 객실 승무원 업무 좌석 배치도

위의 배치도를 예를 들어 보면, 근무 경력이 낮은 순서부터 YBR→YCL→YDR→YDL→YCR→YBL의 순으로 Duty를 부여하여 구역별 혹은 Aisle별로 업무 숙련도가 높은 승무원이 근무 경력이 낮은 승무원을 도와 전체적으로 서비스 수준을 높일 수 있도록 한다.

Class별, Zone별 담당 직무 이외의 기내 방송 업무, 기내식 체크 업무, 기내 면세 판매 담당 업무 등의 배정은 브리핑시트 하단에 따로 입력하여 본인이 추가로 담당하고 있는 업무는 없는지 확인할 수 있도록 한다.

모든 객실 승무원은 할당된 업무에 책임을 갖고 성실히 수행해야 하며 임의로 자신의 업무를 다른 승무원에게 맡기거나 상호 변경할 수 없다.

(2) 업무 배정을 위한 자격 기준

승무원이 근무를 할 때에는 본인에게 주어진 업무를 잘 수행해야 하는 의무를 지니고 있으며 본인이 소유하고 있는 자격 Code에 의해 객실 사무장이 지정하여 추가적인 업무를 부여할 수 있다.

- 상위 클래스 근무자: 소정의 상위 클래스 교육을 수료하여 특정 코드를 소유한 자
  예) FR: First Class 근무 자격
- 기내 방송 담당자: 최상위 방송 자격 보유자
  예) A: 방송 A등급/CN: 중국어 방송 가능/JP: 일본어 방송 가능

(3) 근무 배정 시 유의 사항

객실 사무장은 해당 편수에 배정된 전체 승무원의 직급, 근무 기간, 방송 자격, 어학 자격, 기내 판매 교육 수료, 상위 클래스 교육 수료 등 해당 자격들을 파악한 상태에서 업무 배정을 해야 한다. 업무 배정을 하는 방법은 회사 규정에 따르지만 원활한 서비스 수행을 위해 필요하다고 판단되면 객실 사무장은 승무원을 재배치할 수 있다. 또한 현지 승무원(Regional Crew)의 업무 할당은 일반 승무원의 업무 할당과 동일한 원칙하에 이루어지며, 승무원 감축 운영 Flight의 업무 할당은 승객 분포, 승무원의 경력, 적정 서비스 수준을 고려하여 실시한다. 만약 해당 편수에 VIP 승객 탑승 정보를 미리 전달받은 경우에는 VIP가 탑승하는 해당 클래스에 업무 숙련도가 높은 승무원으로 담당 승무원을 지정하고 근무 위치를 적절하게 배정하여 항공사에서 특별하게 모시는 귀빈에 대한 예우와 상황에 맞는 센스 있는 서비스가 이루어질 수 있도록 한다.

CHAPTER 02

2. 항공기 설비 확인

1) IFE System

IFE System은 In-Flight Entertainment System의 약자로 기내 오락을 말한다. 지상과 동떨어져 있고, 좁은 공간에서 짧게는 1시간에서 길게는 15시간 정도의 긴 여정을 보내야 하는 승객의 입장에서는 기내 오락의 중요성이 매우 크다. 따라서 항공사에서는 다양한 콘텐츠를 활용하여 승객들이 기내에서 보내는 시간이 지루하지 않도록 서비스를 제공하고 있다.

항공사마다 제공하는 프로그램의 종류는 다를 수 있으나 객실 사무장의 역할은 이러한 서비스가 비행기 운항 중에 문제 없이 원활하게 서비스될 수 있도록 사전에 장비와 시스템을 점검해야 하는 의무가 따른다.

▲ 객실 개인용 비디오

■ IFE System(In-Flight Entertainment System)
항공기 내에서 영화, 음악 등의 영상물 및 오락물 등을 제공할 수 있는 시스템

■ AVOD(Audio and Video On-Demand)
전 좌석 주문형 오락 시스템으로, 고객이 원하는 시점에 좌석 앞 개인용 모니터를 사용하여 음악과 영화를 즐길 수 있는 시스템

■ PRAM(Pre-Recorded Announcement Module)
승객에게 전달될 수 있도록 시스템에 미리 녹음되어 입력해 놓은 기내 안내 방송

■ ISPS(In-Seat Power Supply)
기내 좌석에서 컴퓨터 등의 전자기기를 사용 시 전원을 공급하는 역할을 하는 'AC 전원 공급 장치'로, 상위 클래스는 전 좌석에 장착되어 있고, EY/CL은 일부 좌석(약 30%)에만 장착되어 있음

03

CHAPTER

객실 브리핑 참석 전

03 객실 브리핑 참석 전

주요 업무	객실 사무장	객실 부사무장	팀원
• 비행 관련 서류 확보	• 비행 관련 서류 확보 (목격자 진술서, 경고장, Cleaning Coupon, 습득물 인수인계서 등)	• 사무장 업무 보조	
• 각국 입항 서류 Pick-up	• 각 나라별 필요한 입항 서류 준비 상태 확인	• 각 나라별 필요한 입항 서류 Pick-up(중국/미국/LHR/기타 국가)	• Meal CHK Duty 승무원: SPML TAG Pick-up • Sales Duty 승무원: Sales 업무 관련 전달 사항 확인 • 각종 입항 서류에 승무원 명단 확인 후 서명
• 브리핑 준비	• 브리핑 Presentation 준비(STD/STA, A/C Type, PAX 예약 상황, SPCL PAX 및 Meal)	• 브리핑 Presentation 준비 협조	• 본인 Duty 변동 사항 여부 확인
• Image Making 점검	• 동승 승무원의 용모복장 지도 및 자가 점검	• 객실 사무장이 남성일 경우 객실 부사무장이 실시함	• 본인의 용모 복장 점검

- 객실 사무장은 비행 전 비행 중 필요한 각종 서류를 소지하고 있는지 확인한다. 특히 Cleaning Coupon과 같은 서류는 객실 사무장과 부사무장만 소지할 수 있으므로 비행 중 사용할 수 있는 충분한 양을 소지하고 있는지 확인하고 부족한 경우 회사에서 충당한다.
- 도착지 국가에 따라 각 국가에서 요구하고 있는 항공기 입항 서류가 상이하므로 객실 사무장과 부사무장은 해당 국가의 Station Info를 참고하여 입항 서류를 잘 준비해야 하고, 각종 서류에 항공사의 직인, 승무원의 자필 서명 등이 필요한 경우가 있으므로 확인한다.
- 객실 사무장은 브리핑을 주관함에 앞서 화면을 통해 실시되는 Presentation을 준비하기 위해 컴퓨터에 각종 정보를 사전에 입력한다.
- 객실 사무장은 비행을 시작하기 전 최종적으로 동승 승무원의 용모복장 상태가 비행에 적합한 상태인지 확인한다. 만약 그렇지 못한 경우 시정을 요구할 수 있다.

CHAPTER 03

1. 비행 관련 서류

객실 사무장은 비행 중 필요한 서류들을 보유하고 있어야 하는 책임이 있다. 비행 중 발생할 수 있는 여러 상황에 대비하여 그 상황에 필요한 적절한 서류를 소지하고 사용할 수 있어야 한다. 예를 들어, 갑작스러운 기류 변화로 인해 기체가 많이 흔들려 승무원이 음료수를 서비스하던 중 그 음료가 승객의 의복을 오염시켰다면 항공사는 승객에게 적절한 보상을 지불할 의무가 있다. 이러한 경우 객실 내에서 바로 보상이 이루어지는 것이 아니라 객실 승무원이 전자우대 할인권을 발급하게 되고, 해당 승객은 추후 이메일 또는 휴대전화로 1만 원에서 최대 5만 원까지 보상을 받게 된다. 이처럼 객실 사무장은 비행 중 발생할 수 있는 여러 가지 상황에 대비하여 필요한 서류를 사전에 구비하거나 Google Drive 등재 내용을 활용해야 하는 의무를 가진다.

따라서 이번 장에서는 비행 중 필요한 서류의 종류와 사용법에 대해 알아보자.

1) 항공기 보안 점검 체크리스트

모든 편수의 항공기는 출발 전 보안 점검과 안전에 관한 점검이 이루어져야 하며 객실 사무장은 이러한 점검이 잘 수행되었는지 확인하고 이것을 기장에게 보고해야 하는 의무를 가진다. 객실 사무장이 항공기의 보안 점검을 실시할 때에는 「**항공기 보안 점검 체크리스트**」에 의거하여 실시해야 하고, 항공사 업무교범에 명시되어 있는 방법으로 객실 내 비상/보안 장비의 점검이 실시되어야 한다.

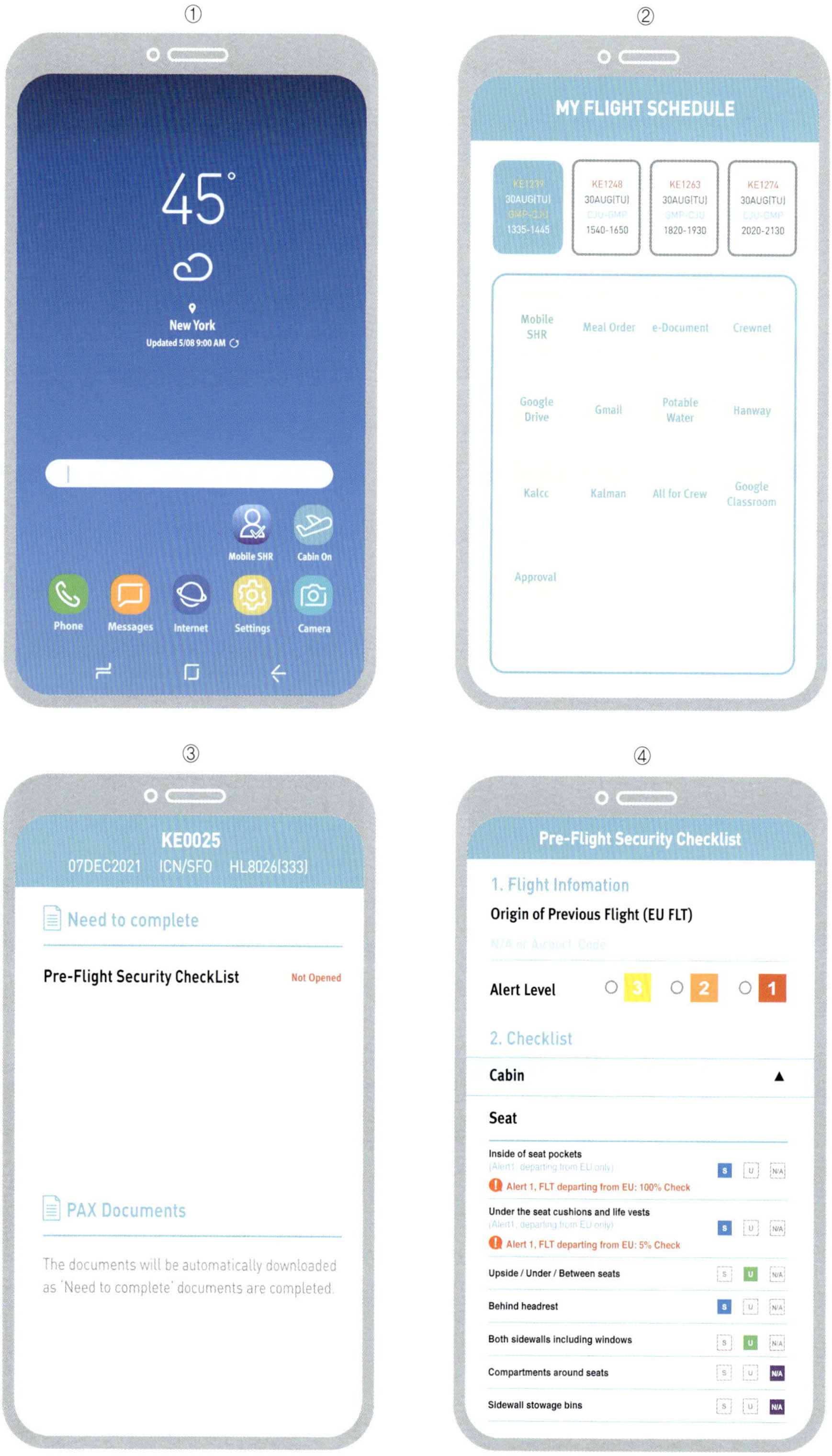

▲ 항공기 보안 점검 체크리스트 예

객실 사무장은 객실 보안 점검이 완료되고 비상/보안 장비의 상태가 사용 가능한 상태인 것을 확인하였다면 지급된 Tablet PC에서 e-Document 어플에 로그인한 후 항공기 보안 점검 체크리스트의 해당 항목에 표시를 하며, 해당 편 지휘(Pilot in Command: PIC) 기장에게 보고한 후 사인을 받는다. 항공기 보안 점검 체크리스트는 해당 편수의 안전/보안 점검이 완료되었다는 것을 보고하는 서류이다. 항공기 출발 전 Door Close 시점에 반드시 완료해야 하며, 같은 비행기로 하루에 여러 편 비행을 하는 경우에도 매 비행마다 안전/보안 점검을 실시한 후 출발 직전 완료할 수 있도록 항공법(운항기술기준 9.1.20.1)으로 규정하고 있다. 따라서 객실 사무장은 Tablet PC를 80% 이상 충전하여 비행에 차질이 없도록 해야 하며, 오류에 대비해 종이 양식을 필수로 휴대하여야 한다.

2) 경고장

상업적으로 운영되는 모든 항공편에서는 '항공안전 및 보안에 관한 법률'이 적용되며 탑승 승객은 '항공안전 및 보안에 관한 법률'의 제반 규정을 준수해야 한다.

객실 사무장은 승객이 승무원의 정당한 직무 집행을 방해하거나 승무원과 탑승객의 안전한 운항이나 여행을 위협하는 일체의 행위에 관해 적절한 조치를 취할 수 있어야 한다.

승객의 행위가 항공안전 및 보안에 관한 법률(제23조 승객의 안전유지 협조의무)에 위법되는 상황이라면 객실 사무장은 경고장을 제시하며 승객에게 위법행위를 즉시 중단할 것을 요구할 수 있다. 이때 제시되는 서류가 경고장이며, 이 서류는 비행 준비실에 비치되어 있으며 객실 사무장 및 항공기 내 보안요원이 보유하여 필요시 즉시 사용될 수 있도록 해야 한다.

항공기 내에서 범한 범죄 및 기타 행위에 관한 협약
(대통령령-조약 제385호, 1971. 5. 20.)

동 협약의 체약국에 등록된 항공기가 공항에 계류 또는 운항 중일 때 발생한 항공기 내의 범죄를 규율한 것으로 항공기 안전을 저해하는 범죄를 저지른 승객의 기내 하기, 형사 처리를 위한 예비조사, 본국 송환 등의 조치가 취해질 수 있는 근거를 마련한 것임. 이 협약은 동경협약(1963. 9. 14. 채택)으로도 불리며 대한민국은 동 협약에 1971년에 가입하였다.

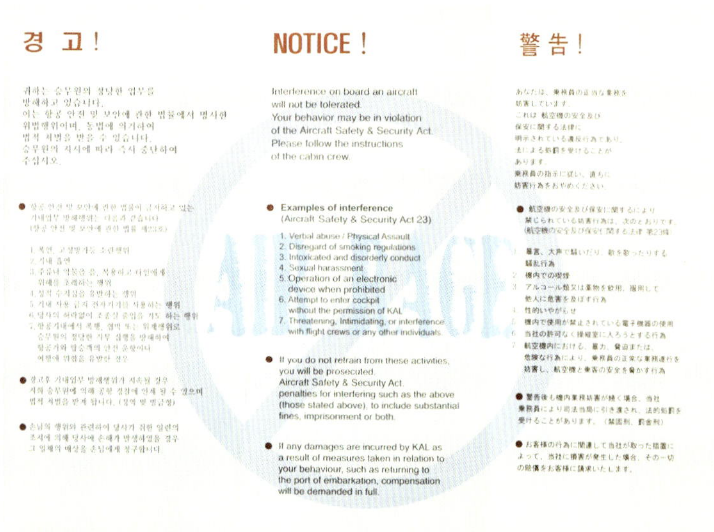

▲ 경고장 앞면 ▲ 경고장 내용

기내 업무 방해 행위 정의
(항공안전 및 보안에 관한 법률 제23조)

- 승무원 및 타 승객에 대한 폭행,폭언,협박,위협 행위 등 일체의 소란 행위
- 음주 및 약물 중독 상태에서 기내 소란 행위(만취 행동 등)
- 승무원의 경고를 무시한 기내 안전수칙 위반 행위
  (기내 흡연, 금지된 전자기기 사용 등)
- 승객 간 또는 승무원에 대한 성추행/성희롱 행위
- 기장의 승낙 없이 조종실 출입을 기도하는 행위
- 항공기가 착륙한 후 항공기에서 내리지 아니하고 항공기를 점거하거나 항공기 내에서 농성하는 행위
- 제반 비행 안전 저해 행위
  (운항중인 항공기의 Door Handle 조작, 화장실 내 Smoke Detector의 훼손 또는 조종실 문을 발로 차는 행위 등)

3) 전자우대 할인권

비행 중 갑작스러운 기류 변화와 같은 예상치 못한 상황이 발생되고 그 상황으로 인해 승객의 의복이 오염되었다면 객실 사무장은 전자우대 할인권을 발행하여 소정의 보상을 제시할 수 있다.

그 외 고객불만 및 당사의 귀책사유로 인해 고객이 겪은 불편에 대한 보상 수단으로 사용되는 e-Coupon으로 불편 정도에 따라 지급액을 산정한다.

전자우대 할인권 발급 시 유의 사항

- 해당 승객에게 전자우대 할인권 금액을 안내하고 연락처를 접수받는다.
- 도착 직후 객실 사무장 또는 객실 부사무장이 리포트를 제출하면 승원운영그룹에서 전자우대 할인권을 해당 승객의 이메일로 전송한다.
- 오염 정도, 탑승 클래스, 회원 등급에 따라 1만 원에서 최대 5만 원까지 발급할 수 있다.

4) 목격자 진술서

객실 사무장은 비행 중 승객과 승객 혹은 승객과 승무원과의 사이에 어떠한 문제가 발생했을 때 그 문제에 관한 객관적인 증거가 될 수 있는 목격자에게 그 상황에 대한 자세한 목격담을 요청할 수 있다. 예를 들면, 승객 간의 논쟁이 발생된 경우 그 주변 승객에게 그 논쟁이 발생된 시점부터 그 상황을 목격했는지 질문한 후 그 상황에 대한 객관적인 진술이 가능하다고 판단되면 목격자 진술서 서류를 이용하여 주변 승객에게 작성을 요청할 수가 있다. 항공사마다 서류의 형태는 다를 수 있고, 만약 서류를 갖추고 있지 않다고 한다면 자유 형식으로 목격자의 인적 사항을 포함하여 해당 사건의 목격담 작성을 요청하면 된다. 이러한 목격자 진술서는 법적 증거의 효력이 있으며, 해당 사건을 파악하는 데 굉장히 중요한 자료가 될 수 있으므로 객실 사무장은 목격자 진술서가 적절히 사용될 수 있도록 해당 서류를 보유하고 있어야 한다.

WITNESS REPORT(목격자 진술서)

Flight No. ______________ Date(YYMMDD) _____/_____/_____ From/To __________/__________

1. 목격자 승객 정보(witness Information)

Name ______________ Seat No. ______________

Email ______________ Cell Phone ______________

Address ________________________________ Signature ______________

2. 발생 시점 및 장소(Time & Location of incident)

Time Approx ____________:____________(Korean Standard Time)

Location □ Aisle □ Seat □ Door Side □ Galley □ Lavatory □ Others(______________)

3. 업무 방해 행위 유형(Specific Outcome)

□ 고성/분노(Violent Yelling/Rage Expression)
□ 욕설/폭언(Verbal Abuse/Violent Language)
□ 성희롱(Sexual Harassment/Assault)
□ 항공기 점거 농성(Aircraft Illegal Occupation)
□ 항공기 파손(Damage to Aircraft)
□ 제반 규정 위반 행위(Violation of General Regulations)
□ 승객 간 싸움(A Fight with Other Passengers)
□ 기타(Others)

____

□ 자해(Self Injury)
□ 협박(Threatening)
□ 폭행(Physical Assault)
□ 흡연(Smoking)
□ 무기 사용(Use of Weapon)
□ Door 작동(Door Operation)
□ 만취 난동(Alcohol-related Disturbances)

4. 발행 주요 원인(Specific Cause)

□ 정신적 불안감(Sense of Uneasiness)
□ 서비스 불만(Dissatisfaction with Service)
□ 전자기기(Electronic Devices)
□ 탑승권 확인(Boarding Pass)
□ 기타(Others)

____

□ 음주(Alcohol)
□ 좌석 배정(Seating)
□ 약물중독(Drug Related)
□ 알 수 없음(Unknown)

5. 목격 상세 내용(Additional Comments)

____
____
____
____
____

▲ 목격자 진술서 양식

2. 각국 입항 서류

도착지 국가에 따라 각 나라에서 요구하고 있는 항공기 입항 서류가 상이하므로 객실 사무장은 해당 국가의 Station Info를 참고하여 입항 서류를 준비해야 하며 정확한 작성법을 숙지하여 항공기 입항 서류 준비에 차질이 생기지 않도록 해야 한다.

객실 사무장은 동승 승무원들의 서류 작성 상태나 자필 서명, 이미 작성되어 출력된 서류의 세부 내용, 항공사의 직인 등을 확인해야 하며 서류 미비로 항공기 입항이 거절되는 상황이 발생하지 않도록 객실 부사무장과 상호 점검이 필요하다.

객실 사무장은 목적지 도착 전 입국에 필요한 모든 서류의 작성 상태를 최종 확인하고 취합하여 항공기 입국에 차질이 없도록 해야 하며 나라별 혹은 도시별로 필요한 서류가 상이하기 때문에 비행 준비 시점부터 입항 서류에 대한 이해가 요구된다.

1) 중국

중국 입항 서류는 각 도시별로 요구되는 서류가 매우 상이하며, 항공사 직인이나 사무장/기장의 서명을 요구하는 등 그 작성 방법 또한 까다롭다. 항공기 입항 필수 서류 이외에도 객실 사무장은 승무원에 관련한 서류(승무원 여권 등)를 취합하여 제출해야 하므로 해당 편 동승 승무원들은 객실 브리핑 전 본인의 여권 소지 확인 및 개인별 입국 서류 작성에 적극 협조해야 한다.

(1) 승무원 명단

승무원 명단(Crew List)은 운항 승무원, 객실 승무원, 객실 정비사 등 해당 편 항공기에 탑승한 승무원 탑승 명단으로 비행 전 회사에서 수령한다. 회사에 등록되어 있는 승무원 개

개인의 여권 상 영문 이름, 여권 번호, 생년월일, 직급, 성별 등의 인적 사항이 기록되어 있다. 비행 근무 전 승무원 명단에 오류가 있는지 해당 편 모든 승무원은 확인절차를 수행해야 한다.

(2) 승무원용 휴대품 신고서(세관 신고서)

각 승무원이 소지하여 비행하는 물품 중 신고 목록에 해당하는 것과 현금을 승무원 휴대품 신고서에 수기로 기입하고, 도착 후 객실 사무장이 지상 직원을 통해 중국 현지 세관원에게 신고한다.

机组人员及其自用物品，货币，金银清单

Crew List with Their Personal Articles,Currencies & Precious Metals

飞机所有者或经营者
Owner or operator of the aircraft

航班号
Flight No

进出境日期
Date of arrival or departure

出发地点
From

到达地点
To

机组人员姓名 Crew members' name in full	携带物品名称 数量或金额 Description of articles carried,quantity or value					
	中国及外国货币 票据 Chinese of foreign currencies,bills (including cheques)	贵重金属（黄金 白金 白银）珠宝钻,石及其製品 Precious metals(gold,platinum,silver),Jewelry diamonds & articles made thereof	表类 Wrist Watch	录音机（包括多用机）Recorders(including multipurpose combination sets)	照相机 Cameras	
备注						

日期

▲ 승무원용 휴대품 신고서 양식(중국)

(3) 승무원용 건강상태 신고서(승무원용 단체 건강 신보표)

해당 편 탑승 승무원의 체온을 기입하여 발열상태를 확인하는 승무원용 검역 신고표이다.

객실 사무장은 해당 편에 탑승하는 모든 승무원이 누락되지 않았는지 확인해야 하는 의무가 있다.

入出境飛機員工健康申報表

日期 Date		航班號 Flight Number		公司名 Airline	始發/目的國 Original/Destination Country	
序號	姓名Name	性別 Sex	國籍 Nationality(Region)	證件號碼 No. of Passport	體溫檢測 Measurement of Body Temperature	疾病申報 Illness Declaration
1					※참고: 정상 체온(36.5)	
2					36.3	
3					36.6	
4					36.4	
5						
6						
7						
8						
9						
10						
11						
12						
13						

機長簽名：

공용

▲ 승무원용 건강상태 신고서 양식(중국)

(4) 총기 신고서

승객에 의한 기내 불법 방해 행위 발생 시 사용하는 총기인 Taser를 신고하는 서류이다. Taser 건과 카트리지의 시리얼 넘버 및 수량을 기입하여 총기를 신고한다.

交通运输工具自备枪支（弹药）申报表

Declaration Form of Arms and Amunitions Equipped with Means of Transportation

交通运输工具名称 Name of Means of Transportation	KOREAN AIR HI	班次/航次 Flight/Train No.	KE	國籍 Nationality	KOREA
入境口岸 입국지 Port of Entry	예)TAO	过境口岸 Port of Transit		出境口岸 출국지 Port of Exit	예)ICN
枪支型号 Type of Guns	号码 Serial No	数量 Amount	子弹型号 Type of Bullets	数量 Amount	备注 Remarks
TASER	P2-008278	1EA	323765	3EA	
			323870		
			323581		

交通运输工具负责人签名：
Signature of Head of Transportation:

사무장 서명

2023 年 04 月 10 日
Year Month Day

检察员签名
Signature of Inspector

검사원 사인

年 月 日
Year Month Day

驻着班领导签名：
Signature of Chief on Duty

IMMIGRATION 책임자 사인

年 月 日
Year Month Day

공통

▲ 총기(Taser) 신고서 양식(중국)

2) 미국

미국에 입국할 때 필요한 서류로서 항공기 입항에 필요한 서류와 승무원 입국에 필요한 서류로 구분된다. 미국은 주류나 음식물 반입에 있어 굉장히 까다로운 편이며 항공기 내 주류에 대한 보고서와 Sealing 상태가 미비한 경우 고액의 벌금을 항공사에 부과하는 경우가 있어, 해당 서류 준비 및 작성에 주의를 기울여야 한다.

(1) 승무원용 세관 신고서(승무원용 CBP Form 5129)

항공기 승무원이 미국 입국 시, 소지하고 있는 귀중품 및 음식물 등 세관 및 검역기관에 신고해야 할 물품을 수기로 작성하여 제출하는 서류이다. 최근 미국 많은 도시에서 KIOSK 기기를 통해서 직접 세관 신고를 할 수가 있어서 서류 작성이 불필요한 경우가 있다.

(2) 항공기에 실리는 알코올성 주류의 목록

항공기에 실리는 알코올성 주류의 목록(In-Flight Service Liquor List)을 일일이 기록하여 미국 세관에 신고하는 서류이다. 각 클래스별, 주류가 탑재되는 Cart별로 작성해야 하기 때문에 비행 전 회사에서 충분한 양을 확보한다.

해당 서류는 복사가 가능하도록 한 세트에 4장으로 구성되어 있다. 담당 승무원이 신고할 주류의 개수를 정확히 기입하고, 시건 장치인 보세 Seal(red)의 일련번호를 서류에 수기로 기입한다. 해당 편과 해당 항공기 출발 편의 편명과 날짜를 기입하고 모든 주류의 잔량을 적은 후 객실 사무장이 최종적으로 확인(서명)한다. 동일하게 작성된 4장의 서류 중 3장은 객실 사무장이 항공기 도착 직후 세관에 제출하고, 나머지 한 장은 해당 주류가 담긴 Cart 안에 보관한다. 이후 서류에 기재된 시건 장치인 Red Seal로 해당 주류 Cart를 밀폐한다.

객실 사무장은 각 클래스별로 비행 중 작성된 해당 서류를 취합하여 도착 후 지상 직원을 통해 세관에 신고될 수 있도록 한다.

미국 도시 중에서 워싱턴의 경우에는 다른 방식으로 Liquor List를 작성해야 하고 괌(Guam)의 경우에는 Liquor List의 제출이 불필요하기 때문에 노선별로 필요한 서류에 대한 파악이 매우 중요하다.

DEPARTMENT OF HOMELAND SECURITY
U.S. Customs and Border Protection

Form Approved OMB No.1651-0021

1. Crew Member's Article No.

CREW MEMBER'S DECLARATION

19 CFR 4.7, 4.7a, 4.81, 122.83, 122.84, 148.61-67

Nr T 6969124

2. Carrier (Vessel Flag, Name)		3. Date of Arrival	4. Port of Arrival
5.Crew Member's Name	6. Rank	7. Date of Birth	
8. Address			

9. Answer Each Question:

A. Are you carrying any fruits, plants, meats, other plant or animal products, birds, snails, or other live organisms of any kind? ☐ Yes ☐ No

B. Have you been on a farm or ranch outside the U.S.A. in the last 30 days? ☐ Yes ☐ No

C. Are you carrying over $10,000 in monetary instruments, such as coin, currency, traveler's checks, money orders, or negotiable instruments in bearer form? (If yes, you must file a report on FinCen 105.) ☐ Yes ☐ No

INSTRUCTIONS

List all articles obtained abroad and prices paid or fair value if not purchased. Include serial number with all articles subject to registration such as cameras, radios, etc.

List articles to remain on board separately from those articles to be landed in the United States.

List separately articles intended for sale, barter, exchange, or carried by you as an accommodation for someone else.

See additional instructions and information on reverse.

I. To be filled in by Crew Member		II. For CBP Officer's Use			
Quantity and Description of Goods	Cost or Value of Gifts, etc.	Tariff Description	Value	Rate	Duty

I certify that the above statement is a just, true and complete account of all articles of foreign origin for which written declaration and entry are required when landed in the United States (defined on reverse side) and I also certify that this statement is a just, true, and complete declaration of all such articles which I am landing in the United States.

TOTAL

10. CBP Officer Accepting Entry	11. Signature of Crew Member	12. Date

RECEIPT FOR DUTY AND RELEASE SLIP
To be filled in by Crew Member

Port	Crew Member's Article No.
Name	Carrier

Nr T 6969124

Repeat List of Articles to Be Landed (include serial numbers when appropriate)

For CBP Officer's Use

Date	Duty $

Articles listed at left have been examined and passed

Pieces of Baggage Released:

of U.S. Customs and Border Protection

The CBP officer accepting the declaration and entry shall draw lines through unused spaces on receipt with ink.
Notice: Liquidation of amount of duties and taxes, if any, due on this entry is effective on date of payment of this amount (Section 159.10, C.R.)
For importer's right to protest or Government's right to re-determine this amount, see section 514 Tariff Act of 1930 as amended.

CBP Form 5129 (02/01)

▲ 승무원용 세관 신고서(승무원용 CBP Form 5129) 양식(미국)

IN-FLT SERVICE LIQUOR LIST

(FR ☐, PR ☐, EY ☐, BAR ☐)

ARV FLT/DATE : HL No. : DEP FLT/DATE :

MERCHANDISE		FULL BOTTLE	PARTIALLY FILLED BOTTLE	TOTAL	SEAL NO
WHISKEY	J/WALKER BLUE - 750ml				
	GLENFIDDICH CASK COLLECTION 1000ml				
	JACK DANIEL - 375ml				
	CHIVAS REGAL 18YEARS - 750ml				
	J/WALKER GOLD - 1000ml				
	CHIVAS REGAL 12YEARS - 50ml				
	GLENLIVET 12YEARS - 50ml				
	JACK DANIEL BLACK - 50ml				
	GRANTS - 50ml				
RUM	BACARDI - 50ml				
GIN	BEEFEATER - 50ml				
VODKA	ABSOLUT - 1000ml				
	ABSOLUT - 50ml				
LIQUEUR	BAILEY'S IRISH CRÈME - 375ml				
	CAMPARI - 500ml				
	COINTREAU - 350ml				
	CRÈME DE CASSIS - 350ml				
	CRÈME DE MENTHE - 500ml				
	PORT WINE SANDEMAN - 750ml				
	TIO PEPE SHERY - 375ml				
	VERMOUTH DRY - 375ml				
	COGNAC REMY MARTIN - 350ml				
	COGNAC VSOP - 50ml				
	CHOYA - 50ml				
CHAMPAGNE	750ml				
WINE	750ml				
	375ml				
	187ml				
BEER	355ml				
OTHERS					

WRITTEN BY : DUTY PURSER :

CUSTOMS INSPECTOR :

▲ 주류 신고서 양식(미국)

3) 기타 국가

HM Customs and Excise

Declaration of Goods by Aircraft Crews

1) When this form must be used

a) when the aircraft arrives in the UK on a flight from a country outside the EC; and

b) the place of landing has no facilities for clearance of crew through Red/Green channels or at a Red Point, or the airline has not been authorised to use the self assessment declaration scheme.

THERE IS NO NEED TO COMPLETE THIS FORM IF THE AIRCRAFT IS ON A FLIGHT FROM ANOTHER EC COUNTRY

{Countries of the EC are:

Austria, Belgium, Denmark, Finland, France, Germany, Greece, Ireland, Italy, Luxembourg, Netherlands, Portugal (including the Azores and Madeira), Spain (including the Balearic Islands, but NOT the Canary Islands) Sweden and the United Kingdom (including the Isle of Man, but NOT the Channel Islands.}

2) Who must complete the form All crew members. It must be signed by the Commander/Captain and delivered to the Customs crew clearance point.

3) What must be declared and produced Goods which are subject to a prohibition or restriction (see paragraph 5) and all articles obtained from the places referred to at 1 a) above and on flights to and from such places, which are IN EXCESS OF CUSTOMS ALLOWANCES (see paragraph 4).

4) Customs allowances The goods referred to at 3) may be liable to customs and/or excise duty and VAT. Crew obtaining such goods in non EC countries or on flights to and from such countries are entitled to import them free of such charges up to the following limits:

Alcoholic beverages:

a) - with an alcoholic strength of more than 22% by volume	1	litre
OR		
- fortified or sparkling wine, other liqueurs	2	litres
b) still wines (other than fortified wines)	2	litres
Perfume	60	cc/ml
Toilet water	250	cc/ml
Tobacco		
Cigarettes	200	
OR		
Cigarillos	100	
OR		
Cigars	50	
OR		
Smoking tobacco	250	grammes

Other goods

An article of any other description the value of which does not exceed £145, or several such articles the combined values of which do not exceed that amount. (This means that no allowance can be given on a single item whose value exceeds £145, and all charges due on such an item will be based on its **total** value. Also individual crew members are not allowed to pool their allowances for the purpose of avoiding such charges).

5) Prohibited and restricted goods. These include:-

controlled drugs; explosives (including fireworks); firearms (including gas pistols, gas canisters, self defence sprays whether for self defence or not, electric shock batons, stun guns and similar weapons); flick knives; certain other weapons (including butterfly knives and some martial arts equipment); some plants and plant produce (including trees, shrubs, bulbs, seeds, potatoes and certain fruits); meat and poultry; certain animals whether live or dead (including stuffed) and articles derived from rare species (including furskins, ivory and some reptile leather); obscene books, magazines, films, video tapes, computer disks, etc and indecent material featuring children; radio transmitters (including CB radios, walkie talkies, radio microphones and microbugs); counterfeit goods and bank notes.

Data Protection Act 1998

HM Customs and Excise collects information in order to administer the taxes for which it is responsible (such as VAT, insurance premium tax, excise duties, air passenger duty, landfill tax), and for detecting and preventing crime.

Where the law permits we may also get information about you from third parties, or give information to them, for example in order to check its accuracy, prevent or detect crime or protect public funds in other ways. These third parties may include the police, other government departments and agencies.

C909 PT (January 2001)

▲ 승무원 세관 신고서 앞면(영국)

항공기 입·출항에 필요한 서류는 인천국제공항 홈페이지, 항공사 홈페이지에서 정보를 찾을 수 있으며, 항공사마다 객실 승무원 전용 사이트에 나라별 입항 서류에 대한 자세한 안내가 나와 있으므로 객실 사무장은 노선별 특이 서류에 대한 준비가 잘 이루어질 수 있도록 객실 브리핑 시점에 이 내용을 언급하여 모든 승무원이 공유하고 숙지할 수 있도록 한다.

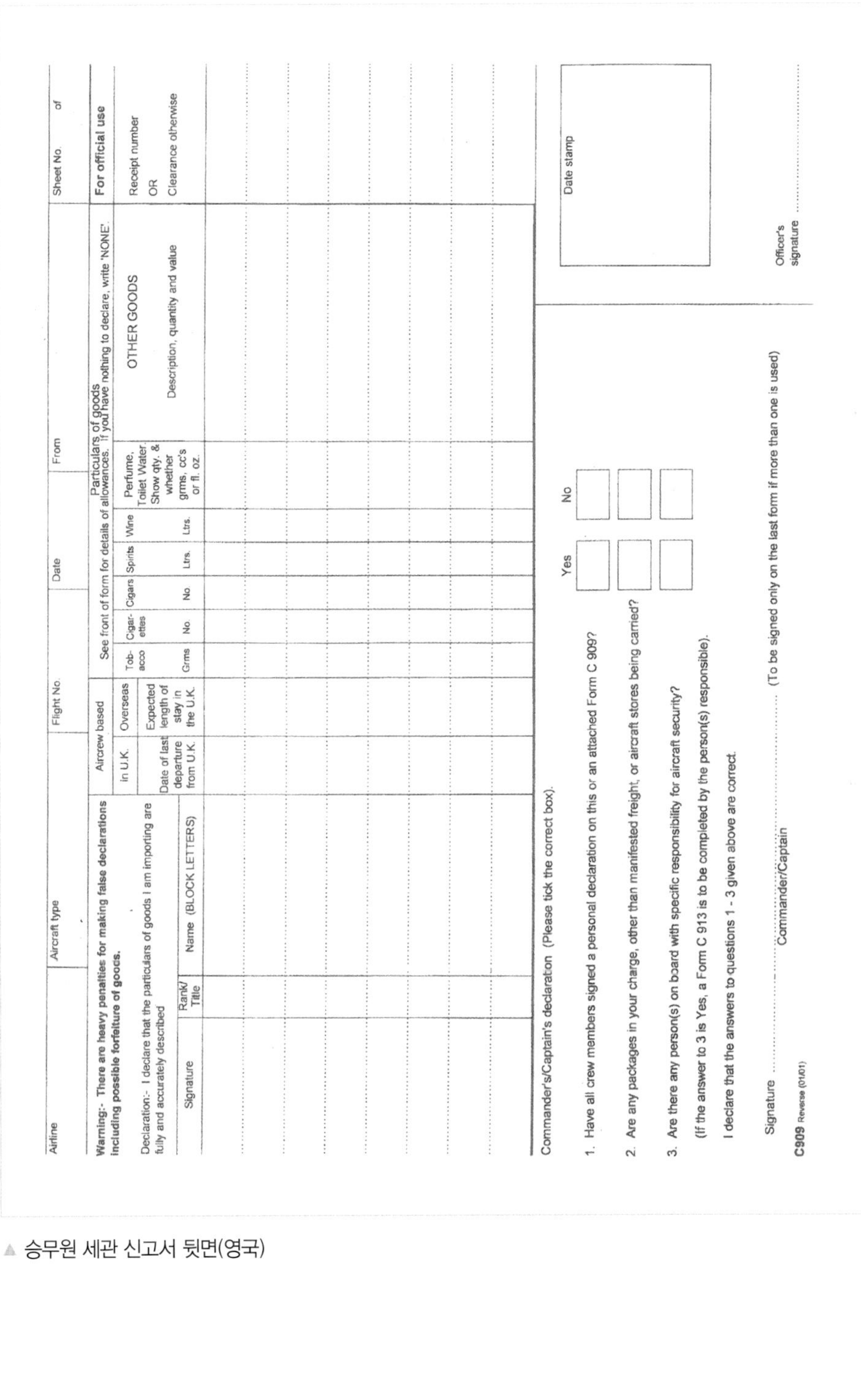

Airline	Aircraft type	Flight No.	Date	From	Sheet No. of

Warning:- There are heavy penalties for making false declarations including possible forfeiture of goods.

Declaration:- I declare that the particulars of goods I am importing are fully and accurately described

Signature	Rank/Title	Name (BLOCK LETTERS)	Aircrew based: In U.K.	Aircrew based: Overseas	Particulars of goods. See front of form for details of allowances. If you have nothing to declare, write 'NONE'.							For official use
			Date of last departure from U.K.	Expected length of stay in the U.K.	Tobacco	Cigarettes	Cigars	Spirits	Wine	Perfume, Toilet Water. Show qty. & whether grms, cc's or fl. oz.	OTHER GOODS Description, quantity and value	Receipt number OR Clearance otherwise
					Grms	No.	No.	Ltrs.	Ltrs.			

Commander's/Captain's declaration (Please tick the correct box).

	Yes	No
1. Have all crew members signed a personal declaration on this or an attached Form C 909?	☐	☐
2. Are any packages in your charge, other than manifested freight, or aircraft stores being carried?	☐	☐
3. Are there any person(s) on board with specific responsibility for aircraft security?	☐	☐

(If the answer to 3 is Yes, a Form C 913 is to be completed by the person(s) responsible).

I declare that the answers to questions 1 - 3 given above are correct.

Signature .... Commander/Captain (To be signed only on the last form if more than one is used)

Date stamp

Officer's signature ....

C909 Reverse (01/01)

▲ 승무원 세관 신고서 뒷면(영국)

HM Customs and Excise **C 209**

STORES LIST FOR AIRCRAFT INWARDS AND ENTRY FOR WAREHOUSING

Operator (name and address in BLOCK LETTERS)			FOR USE AS DIRECTED BY HM CUSTOMS Serial No. ...... Month ......
Date of report	Airport of importation	*Airport of warehousing	
Flight number and where from	*Warehouse		Rotation number

Aircraft registration number		Description of all surplus stores on board the aircraft	Quantities		
			Unit size	Number of units	Part bottles
Details of sealed containers					
Marks	Seal numbers				
Total number of sealed containers					
Details of empty containers					

RECEIPT

Received into the above named warehouse

...... †containers said to contain stores as recorded

Date ......

......

Warehousekeeper

†*Insert number of containers*

I declare that the particulars shown hereon are a true declaration of the surplus stores on board

......
(Signature of operator or authorised person)

*I request permission to land and enter the goods for warehousing in the warehouse named above

Date ......

WARNING: THERE ARE HEAVY PENALTIES FOR MAKING FALSE DECLARATIONS

C 209 **Delete as necessary* PCU(June 1982)

Stores List for Aircraft Inwards and Entry for Warehousing 앞면(영국)

FOR OFFICIAL USE
EXAMINATION AT LANDING

Details of discrepancies found on examination
....
....
....
....
....
....
....
....

.... †containers examined externally*

.... †containers No. .... examined internally*

.... †containers * Unsealed .... / under company seal

and authority given for them to be * retained on board / removed to store floor

Station date stamp

* Examined. Accepted for warehousing as entered / Cleared for warehousing without examination

.... Officer

Details of discrepancies found on examination
....
....
....
....
....
....
....
....
....

Station date stamp

INTERNAL EXAMINATION AT WAREHOUSE

.... †containers No. .... examined internally*

.... Officer (a)

The Officer may initial at (a) if he is signing in full at (b)

EXAMINATION ON RECEIPT IN WAREHOUSE

.... †containers examined externally. Seals intact.
Seal numbers compared with those declared.
Satisfied.
*Except for the following discrepancies:-

Station date stamp

.... Officer (a)

CERTIFICATE OF WAREHOUSING
The entry and warehousing of the goods is complete.

.... Officer (b) Date ....

Compared with	Officer's initials	Station date stamp
Record of sealed bars		
Warehousekeeper's stock accounts		Station date stamp

*Delete as necessary *†Insert number of containers*

C 209 Reverse(06/82)

▲ Stores List for Aircraft Inwards and Entry for Warehousing 뒷면(영국)

3. 브리핑 기본 자료

객실 사무장이 주관하는 객실 브리핑은 비행의 출발점이자 함께 비행할 승무원들과의 만남의 시작이다. 객실 브리핑 시 동승 승무원들과 함께 얼마나 철저하게 비행을 준비했는지에 따라 비행 업무 수행 능력의 차이가 생기며 이는 곧 고객의 만족도로 직결된다.

객실 브리핑은 사무장의 주관하에 비행 전반에 대해 다루며, 회사가 정한 규정 속에서도 어떠한 방법으로 안전한 협업을 이룰 것인지, 승객 현황에 따라 어떤 전략으로 고객의 기대에 부응할 것인지에 대한 진지한 논의를 위해 객실 사무장은 팀원들보다도 더 광범위하게 브리핑을 준비해야 한다.

1) STD/STA

KE0081
AR7861 DL9015

ICN → **JFK**
6879 MILES

John F. Kennedy International Airport, New York, USA

2023.03.20 (MON)
UTC:2023.03.20 MON

GATE 233 | STD 10:00 (+9:00) | STA 11:00 (-4:00)
CABIN BRIEFING 08:20 | JOINT BRIEFING 09:15 | BRIEFING ROOM T2 비행준비실 6번룸
FLT TIME 14:00 | ACTUAL TIME 13:09

▲ 객실 브리핑 사전 자료

(1) STD(Scheduled Time of Departure)

해당 편 항공기가 주기하고 있는 국가의 현지 시간으로 항공기 출발 예정 시간

예) STD: 10:00(+9)/ ICN→JFK

인천 출발 항공편이므로 대한민국 시간 기준으로 오전 10시 출발 예정

(2) STA(Scheduled Time of Arrival)

현지 시간 기준으로 해당 편 항공기가 목적지 공항 도착 예정 시간

예) STA: 11:00(−4)/ ICN→JFK

목적지가 뉴욕인 항공편이므로 미국(뉴욕) 시간 기준으로 오전 11시 도착 예정

(3) 시차 계산법

그리니치 표준시(GMT)를 활용하여 시차를 계산한다.

예) ICN 출발, JFK 도착인 편수에서 ICN은 GMT(+9)이고 JFK는 GMT(−4)이다. 따라서 한국과 뉴욕의 시차는 (+9)−(−4)=13이므로 시차는 13시간이다. 한국이 (+9)이므로 한국이 뉴욕보다 13시간 더 빠르다.

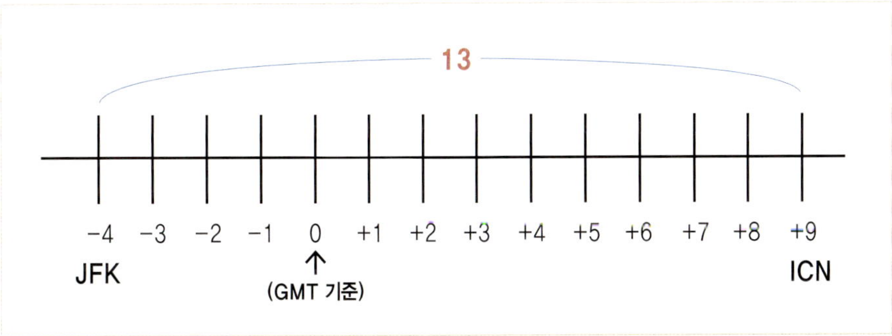

2) PAX 예약 상황

객실 사무장은 객실 브리핑 시점, 해당 편수의 승객 예약 상황과 국적별 승객 분포를 살펴보고 당일 승객(Passenger: PAX)의 특성에 맞는 서비스를 계획하여 비행을 준비한다.

Nationality	KOR	JPN	CHN	USA	EUR	SEA	MEA	OCN	CIS
	156	7	0	0	24	0	0	4	0
MMC/MP	SPML	FMLY	UM	WCHR	VOC	HVML	BSCT	CHLD	PETC
25	6	0	0	1	3	1	0	0	0

▲ 승객 정보 예시

TIP

Nationality - 승객 국적 약어

- KOR: 한국 국적 승객
- JPN: 일본 국적 승객
- CHN: 중국 국적 승객
- USA: 미국 국적 승객
- EUR: 유럽 국적 승객
- SEA: 동남 아시아 지역 국적 승객
- MEA: 중동 아시아 지역 국적 승객
- OCN: 대양주 지역 국적 승객
- CIS: 구소련 연방 국적 승객

객실 사무장은 객실 브리핑 준비 시점 해당 편수에 탑승하는 승객의 국적 분포도를 보고 국적별 승객 특성에 맞는 서비스를 계획하여 전략을 세울 수 있다. 가령 위의 승객 정보 예시 표를 보자. 한국 국적의 승객 156명에 일본 국적의 승객 7명을 포함하면 동양 국적의 승객이 현저히 많고, 유럽이나 미국과 같은 서양 국적의 승객 수가 상대적으로 매우 적기 때문에 식사 서비스 시 서양식 메뉴보다는 한식에 대한 선호도가 높을 수 있음을 예상할 수 있다. 이러한 경우 한국 국적의 승객에게 서양식 메뉴의 식사를 자세히 설명하고 권유하는 등의 서비스를 계획할 수 있으며, 입국 서류를 준비할 때에도 국적에 맞는 언어로 된 서류를 준비해야 한다. 이처럼 국적별 승객의 특성을 사전에 파악하는 것은 매우 중요하며, 그 내용을 객실 브리핑 시점에 동승 승무원들이 공유하는 등 글로벌 마인드를 함양하여 다국적 승객이 만족할 수 있는 서비스를 계획하고 전망할 수 있다.

3) SPCL PAX

비행 중 승무원의 관심과 배려가 특히 더 필요한 승객을 **SPCL PAX**(Special Handling Passenger)라고 한다. 객실 사무장은 객실 브리핑을 준비하는 시점부터 이러한 승객의 해당 편 탑승 여부를 파악해야 한다. 이처럼 비행 중 승무원의 도움이 필요한 승객의 종류에 따라 어떠한 도움을 제공해야 하는지, 객실 사무장은 어떠한 책임이 따르는지에 대해 알아보도록 한다.

TIP

SPCL PAX 약어

- VIP: Very Important Person
- CIP: Commercial Important Person
- MMC: Million Miller Club
  대한항공(Sky Team 항공사 포함) 탑승 실적 100만 마일 이상 보유하고 있는 항공사 상용 고객
- MP: Morning Calm Premium Club
  대한항공(Sky Team 항공사 포함) 탑승 실적 50만 마일 이상 보유하고 있는 항공사 상용 고객

Nationality	KOR	JPN	CHN	USA	EUR	SEA	MEA	OCN	CIS
	156	7	0	0	24	0	0	4	0
MMC/MP	SPML	FMLY	UM	WCHR	VOC	HVML	BSCT	CHLD	PETC
25	6	0	0	1	3	1	0	0	0

▲ 승객 정보 예시

(1) MMC/MP

MMC/MP 승객은 잦은 탑승으로 비행기 여행이 매우 익숙한 승객이며, 비행 전반에 관한 서비스에 대한 이해도가 매우 높다. 해당 특정 항공사를 애용하는 고객에 대한 예우로 객실 사무장은 이러한 승객에게 개인적으로 인식 서비스를 실시한다. 인식 서비스를 실시할 때에는 Mobile SHR(Special Handling Request)을 통하여 승객의 직위를 파악하고 호칭 서비스를 실시하되 지나친 배려로 주변 승객의 불만을 유발하지 않도록 한다.

▲ 인식 서비스(인사)를 하는 사무장

(2) FMLY

FMLY(Family Care Service)인 한가족 서비스는 대한항공 국제선을 이용하는 한국인 고객을 대상으로 장거리 해외 여행이 익숙하지 않은 고객을 보다 편안하게 여행할 수 있도록 돕는 대한항공의 안내 서비스이다.

한가족 서비스는 예약, 발권, 운송, 객실 전 분야에 걸쳐 제공되는 Total Service임을 인지하여 서비스 내용에 대해 정확히 숙지하고 약속된 서비스 제공에 차질이 없도록 해야 한다. FMLY를 신청한 승객이 탑승 시에는 좌석을 안내하고 도움이 필요한 경우 짐을 들어 준다. 객실 사무장이 지정한 담당 승무원은 자기소개를 하며, 좌석 벨트 사용법을 알려 주고 이착륙 시 좌석 벨트 착용 상태를 재확인한다. 더불어 좌석에서 가장 가까운 화장실 위치와 사용 방법을 알려 준다. AVOD 작동법(해당 기종의 경우), 좌석 Recline 방법, Armrest 사용법, Call Button 위치 및 사용법 등 승객이 필요로 하는 장비의 사용법을 설명한다. 또한 Special Request 사항이 있는지 확인한 후 수시로 불편한 점이 없는지 확인한다. 또한 기내식을 제공할 때에는 메뉴를 자세히 설명하고, 입국 서류 작성을 도와줄 수도 있다. 하기 시에는 탑승구에 대기하고 있는 지상 직원의 인솔하에 이동해야 함을 안내한다. 그리고 착륙 전 도착 시간, 날씨 등을 알려 주며, 하기 시 소지품을 확인하고 도움이 필요한 경우 짐을 들어 준다. 객실 사무장은 지상 직원에게 FMLY 승객의 최종 인계의 임무를 가진다.

(3) UM

UM(Unaccompanied Minor)은 성인 동반인 없이 혼자 여행하는 소아를 말한다.

해당 편수에 UM이 탑승하게 되면, 객실 사무장은 운송 직원으로부터 목적지 국가 입국에 필요한 서류와 여권이 든 UM Envelope과 함께 UM을 항공기 탑승구 앞에서 인계받는다.

객실 사무장은 UM의 안전하고 편안한 여행을 위하여 담당 객실 승무원을 지정할 수 있다. 이렇게 지정된 담당 승무원은 비행 내내 UM을 살펴야 하는 의무를 지니고 UM의 보호자에게 전달되는 UM 편지도 작성해야 한다. 또한 UM은 비상구 열 좌석에 배정될 수 없고, UM 옆 좌석에 남성 승객이 탑승할 수 없기 때문에 해당 내용을 객실 사무장은 브리핑 시 공유한다. UM의 옆자리가 공석일 경우라도 남성 승객은 착석 불가하다.

비행 종료 후, 객실 사무장은 도착 공항에서 운송 직원에게 UM 및 UM Envelope을 인계할 책임을 진다.

▲ UM Envelope

▲ UM 편지지

©getty images bank

▲ 성인 동반인 없이 탑승한 UM 승객

(4) WHCR

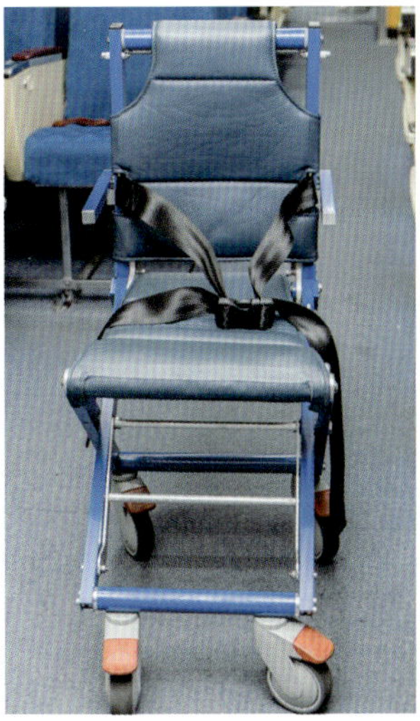

▲ On-Board Wheelchair

항공사는 거동이 불편한 승객의 안전한 이동과 편의를 위하여 WCHR(Wheelchair Service)을 제공한다. 항공사에 따라 무상 혹은 유상으로 제공되고 있으며, 탑승을 위해 탑승권을 발권받는 시점부터 도착지 공항 도착장까지의 이동을 항공사 직원이 돕는다. 만약 해당 편의 WCHR를 신청한 승객이 있다면 객실 사무장은 해당 승객이 WCHR 중 어떠한 단계의 WCHR 승객인지 파악하여 적절한 도움을 제공해야 하고, 담당 승무원도 배정할 수 있다. 또한 객실 내 이동에도 도움이 필요한 승객이라면 On-Board Wheelchair의 사용 여부를 파악해야 한다. 객실 사무장은 On-Board Wheelchair의 위치를 객실 브리핑 시에 공유하여 동승 승무원과 공유해야 한다. 또한 해당 승객이 탑승 시점 On-Board Wheelchair로 바로 환승할 수 있도록 탑승구 앞에 On-Board Wheelchair를 준비시켜야 한다.

TIP

WHCR의 이해

- WCOB(Wheelchair for On-Board): 객실 내에서도 도움이 필요한 승객
- WCHC(Wheelchair for Cabin): 항공기 입구까지 도움이 필요한 승객
- WCHR(Wheelchair for Ramp): 항공기 Gate까지 도움이 필요한 승객
- WCHS(Wheelchair for Steps): 계단 이용 시 도움이 필요한 승객

(5) VOC

VOC(Voice Of Customer)는 이전 비행, 혹은 탑승권 예약 시점부터 화물에 이르기까지 해당 항공사를 이용하는 전 과정 중 발생된 어떠한 상황에서 일어난 불만 사항이나 더 나은 서비스를 위한 제안 사항을 해당 항공사에 제기한 승객으로 VOC로 표기가 된다. 이러한 승객이 해당 편수에 탑승을 하게 되면 객실 사무장은 어떠한 불만 사항이었는지 혹은 제한 사항이었는지를 사전 정보로 파악을 하고 동승 승무원과 브리핑 시에 공유하여 같은 불만 사항이 발생되는 것을 예방할 수 있다.

(6) HVML

HVML(High Value Miler)은 K 항공사에서 수익 기여도가 높은 국제선 유상 승객 회원을 대상으로 시행하고 있는 '우수회원 대상 Upgrade 서비스'이다. 공항에서 발권 시 HVML 대상으로 선정되며, 해당 승객이 예약한 클래스 대비 차상위 클래스로의 Upgrade를 통해 고객 만족도를 높이고 차상위 클래스의 탑승 경험을 토대로 향후 상위 클래스 구매 동기를 유발할 수 있도록 한다. 해당 편 사무장은 이 대상자에게 Full Paid 유상 승객과 차등을 두어 서비스하지 않도록 객실 브리핑 시 강조가 필요하다.

(7) BSCT

유아 동반 승객의 편의를 위해 항공사는 특정 좌석에 아기용 침대인 BSCT(Bassinet)를 설치할 수 있고, 비행 중 아기 침대의 사용을 원하는 승객에 한하여 BSCT를 제공할 수 있다. 객실 사무장은 해당 편수에 BSCT 신청자의 총원을 확인하고 해당 승객의 예약 좌석이 BSCT 설치가 가능한 좌석인지 사전에 파악해야 한다. 또한 담당 승무원을 지정하여 이륙 후 해당 좌석에 BSCT의 설치를 지시하고, 승객의 요청이 있을 경우 비행 중 필요한 용품(쓰레기 봉투/각 티슈/물수건 등)을 제공할 수 있도록 지시한다. 담당 승무원은 승객 탑승 전, BSCT의 탑재 위치를 확인하고 설치 가능한 유아의 키와 몸무게(11kg, 75cm 이내), 그리고 설치 방법과 유의사항 등을 확인한다.

©getty images bank

(8) 애완동물

기내 반입이 허용되는 애완동물은 개, 고양이 및 애완용 조류이다. 또한 기내 반입이 허용되는 마리 수도 정해져 있기 때문에 객실 사무장은 애완동물의 최대 허용 마리 수가 해당 편 기종의 허용 마리 수보다 넘지 않는지 확인해야 하며 만약 넘게 된다면 초과되는 애완동물은 위탁 수화물 형태로 처리되어야 한다. 하지만 갑작스러운 기종 변화로 인한 허용 마리 수 초과인 경우에는 운송 담당자와 협의할 수 있다.

기종	최대 허용 마리 수
A380	1F 1C 3Y (2 CLS 운영시) 1C 3Y
B747	
B787, B777, A330	
B737	1C 2Y
A220	2Y

▲ 기종별 애완동물 기내 반입 허용 마리 수

4) SPML

항공사는 건강(각종 질병 및 특정 식품에 대한 알레르기 등), 종교, 연령 등의 이유로 일반 기내식을 취식하지 못하는 승객을 위해 특별 기내식(Special Meal, SPCL Meal, SPML)을 제공한다.

특별 기내식의 종류로는 유아식 및 아동식, 야채식, 식사 조절식, 종교식, 땅콩 알레르기 체질을 위한 특별 기내식 등이 있다. 이러한 특별 기내식은 100% 예약제로 운영되며, 사전 예약을 한 승객에 한하여 제공된다. 따라서 특별 기내식 제공 시점에 승무원의 실수로 인한 누락이나 오전달되지 않도록 주의해야 하며, SPML 제공에 대한 최종 책임은 객실 사무장이 갖는다.

(1) SPML의 종류

유아식 및 아동식

■ BBML: 유아식(Baby Meal)

24개월 미만의 유아에게 제공하는 유아식으로, 이유식과 아기용 주스 등이 포함된다.

■ ICML: 유아용 아동식(Infant Child Meal)

아동식 식사가 가능한 24개월 미만의 영유아에게 제공되며, 메뉴는 아동식과 동일하다.

■ CHML : 아동식(Child Meal)

만 2세~12세 미만의 아동에게 제공되는 아동식으로, 한국 출발 편에서는 불고기 볶음, 치즈 스파게티, BBQ 치킨 중에서 선택할 수 있으며, 해외 출발 편에서는 스파게티, 피자, 핫도그 중에서 선택할 수 있다.

채식

■ VLML : 서양 채식(Vegetarian Lacto-Ovo Meal)

생선류, 가금류를 포함한 모든 육류와 동물성 지방, 젤라틴을 사용하지 않고, 계란 및 유제품은 포함하는 서양식 채식이다.

■ VGML : 엄격한 서양 채식(Vegetarian Vegan Meal)

생선류, 가금류를 포함한 모든 육류와 동물성 지방, 젤라틴뿐만 아니라 계란 및 유제품을 사용하지 않는 엄격한 서양식 채식이다.

■ AVML : 인도 채식(Vegetarian Hindu Meal)

생선류, 가금류를 포함한 모든 육류와 계란을 사용하지 않고, 유제품은 포함하는 인도식 채식이다.

■ VJML : 엄격한 인도 채식(Vegetarian Jain Meal)

생선류, 가금류를 포함한 모든 육류와 계란, 유제품을 포함하는 모든 동물성 식품 및 양파, 마늘, 생강 등의 뿌리 식품을 사용하지 않는 엄격한 인도식 채식이다.

■ VOML : 동양 채식(Vegetarian Oriental Meal)

생선류, 가금류를 포함한 모든 육류와 계란, 유제품을 사용하지 않고 양파, 마늘, 생강 등의 뿌리 식품을 사용한 동양식 채식이다.

■ RVML : 생야채식(Raw Vegetarian Meal)

카페인 함유 음료, 보존료/첨가물, 가공 식품을 포함하지 않고 순수 생야채, 생과일이 포함된 채식이다.

■ VKML: 한국식 채식(Korean Vegan Meal)

생선류, 가금류를 포함한 모든 육류와 동물성 지방, 젤라틴뿐만 아니라 계란 및 유제품을 포함하지 않는 한국식 채식이다.

식사조절식

■ LFML: 저지방식(Low Fat Meal)

콜레스테롤 함량이 높은 고지방 육류, 농축된 육수, 계란 노른자, 갑각류 등을 사용하지 않은 저지방 육류, 저지방 생선 등의 식사이다.

■ DBML: 당뇨식(Diabetic Meal)

열량, 단백질, 지방, 당질의 섭취량을 조절하는 동시에, 식사량의 배분, 포화 지방산의 섭취 제한 등을 고려한 식사이다.

■ LCML: 저열량식(Low Calorie Meal)

체중 조절을 목적으로 열량을 제한한 식사이다.

■ BLML: 저자극식(Bland Meal)

소화기능이 저하되어 있는 고객을 위하여, 강한 향신료, 가스를 유발할 수 있는 야채 및 기름기가 많은 음식을 제한하며, 저지방 육류 및 흰살생선 등을 재료로 한 식사이다.

■ GFML: 글루텐 제한식(Gluten Intolerant Meal)

식사 재료 내의 글루텐 함유를 엄격히 제한한 식사이다.

■ LSML: 저염식(Low Salt Meal)

염분 성분을 제한한 식사이다.

■ NLML: 유당 제한식(Low Lactose Meal)

유당을 함유하고 있는 모든 형태의 유제품(우유, 크림, 분유)을 엄격히 제한한 식사이다.

종교식

■ MOML 이슬람교식(Moslem Meal)

이슬람교 율법에 따라 돼지고기와 알코올을 사용하지 않은 식사이다.

■ HNML: 힌두교식(Hindu Meal)

힌두교도를 위한 특별식으로 소고기와 송아지 고기를 사용하지 않은 식사이다.

■ KSML: 유대교식(Kosher Meal)

유대교 율법에 따라 조리된 음식으로 완제품을 구매해 제공한다.

기타 특별식

■ SFML: 해산물식(Seafood Meal)

생선 및 해산물을 주재료로 하며 곡류, 야채류 및 과일류 함께 제공하는 식사이다.

■ FPML: 과일식(Fruit Platter Meal)

정규 기내식 대신 신선한 과일로만 구성된 식사로서 특별한 이유가 없는 일반 승객도 신청할 수 있다.

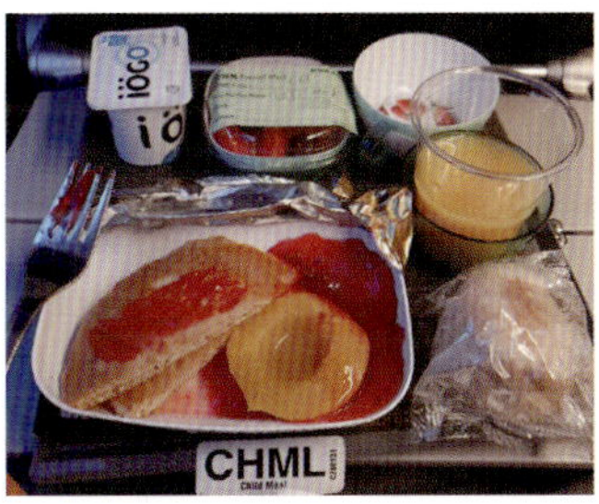

▲ CHML-Hot Cake

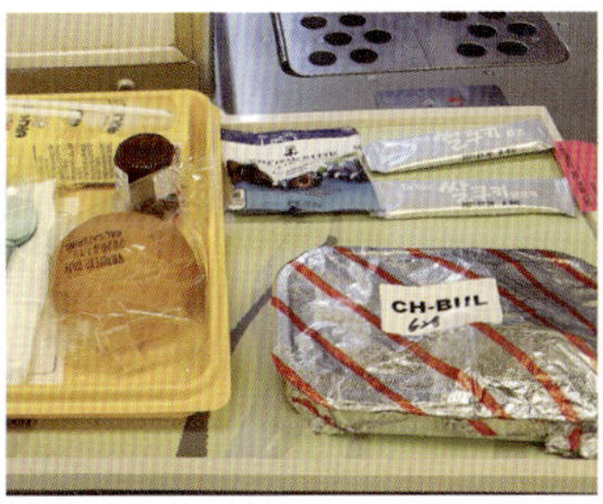

▲ CHML-불고기

▲ KSML

Borka Kiss / Shutterstock.com

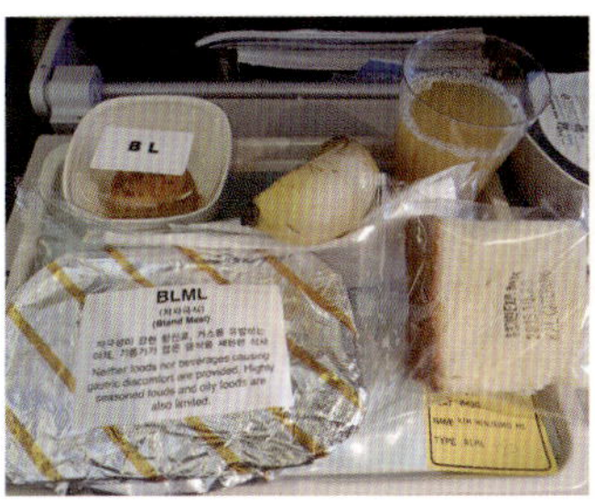

▲ BLML

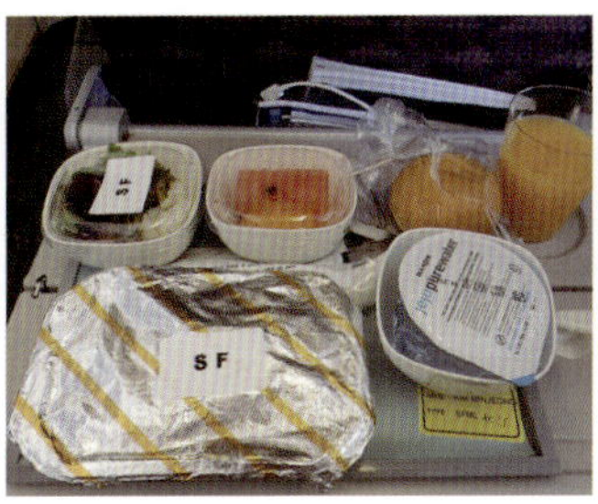

▲ SFML

▲ FPML

■ 알레르기 제한식(Allergen-Free Meal)

특정 식재료에 대한 알레르기 반응이 있는 승객들을 위한 해당 식재료를 제외한 식사이다.

예) 땅콩 알레르기

(2) SPML 약어

VLML	Vegetarian Lacto-Ovo Meal	서양 채식
VGML	Vegetarian Vegan Meal	엄격한 서양 채식
AVML	Vegetarian Hindu Meal	인도 채식
VJML	Vegetarian Jain Meal	엄격한 인도 채식
VOML	Vegetarian Oriental Meal	동양 채식
BBML	Baby Meal	유아식
ICML	Infant Child Meal	유아동 아동식
RVML	Raw Vegetarian Meal	생야채식
CHML	Child Meal	아동식
MOML	Moslem Meal	회교도식
HNML	Hindu Meal	힌두교식
KSML	Kosher Meal	유대교식
LFML	Low Fat Meal	저지방식
DBML	Diabetic Meal	당뇨식
LCML	Low Calorie Meal	저열량식
LPML	Low Protein Meal	저단백식
HFML	High Fiber Meal	고섬유소식
BLML	Bland Meal	연식
GFML	Gluten Intolerant Meal	글루텐 제한식
LDML	Liquid Diet Meal	유동식

LSML	Low Salt Meal	저염식
NLML	Low Lactose Meal	유당제한식
PRML	Low Purine Meal	저퓨린식
SFML	Seafood Meal	해산물식
FPML	Fruit Platter Meal	과일식
VKML	Korean Vegan Meal	한국식 채식

4. Image Making 점검

승무원의 용모복장은 항상 정해진 규정에 의거하여 청결하고 단정하게 유지해야 하며 객실 사무장은 해당 편 동승 승무원들의 용모 복장 상태를 수시로 점검하고 유지될 수 있도록 지도해야 하는 의무를 갖는다.

1) Image Making 지도

객실 승무원의 용모복장을 지도하는 평가자는 해당 편수 객실 사무장이다. 단, 객실 사무장이 남성인 경우에는 객실 부사무장이 지도를 하고 객실 사무장과 부사무장이 모두 남성인 경우에는 최선임 여성 승무원이 실시한다. 또한 용모 복장에 대한 지도는 근무 중뿐만 아니라 해외 체재 중 규정에 의한 용모, 복장 위반 사항에 대해서도 현장 지도하여 즉시 시정될 수 있도록 하여 바르고 단정한 승무원의 이미지를 유지시킬 수 있어야 한다.

2) Image Making 지도 방법

Image Making 평가자는 객실 브리핑이 실시되기 직전 모든 승무원의 용모, 복장 상태를 점검해야 하며, 매달 바뀌는 Image Making 중점 강조 사항을 중심으로 현장 지도를 실시한다. 평가 대상 중 단정하지 못하거나 수정할 사항이 있을 땐 즉시 시정을 요구할 수 있으며, 객실 사무장은 객실 브리핑이 실시되기 전 관리자 브리핑에 참석하여 본인의 용모 복장도 점검받는다.

▲ Image Making 점검

04

CHAPTER

객실 브리핑

04 객실 브리핑

주요 업무	객실 사무장	객실 부사무장	팀원
• 음주 측정 확인	• 해당 편 동승 승무원 전원에 대한 음주 측정 검사 결과 확인	• 사무장 업무 보조	• 전원 음주 측정 실시
• 스트레칭 실시	• 스트레칭 동영상 이용하여 실시	• 스트레칭 실시	• 스트레칭 실시
• 비행 준비 상태 확인	• 유니폼 착용 상태 • 비행 필수 휴대품 • 항공사 매뉴얼 소지 여부	• 객실 사무장이 남성인 경우 객실 부사무장이 확인	• 본인 Duty 변동 사항 여부 확인
• Image Making 점검	• 동승 승무원의 용모복장 지도 및 자가 점검	• 객실 사무장이 남성일 경우 객실 부사무장이 실시	• 객실 사무장과 부사무장이 모두 남성인 경우 최선임 승무원이 확인
• 승무원 세관 규정	• 승무원의 세관 규정 숙지 강조		• 해당 내용 공유
• Flight 개요 및 Duty 확인	• 출발 • 도착 시간 및 비행시간 • 공동 운항편 • Duty 및 Jumpseat 확인	• 비행 전반에 관한 사항 재확인 및 공유	• 해당 내용 공유
• CIQ Information	• 입국 서류 작성법 • 공항 정보		• 해당 내용 공유
• 승객 현황 • 노선 특성 • 서비스 유의 사항 공유	• Special Care PAX 확인 • 기내 판매 관련 유의 사항	• EY 클래스의 주요 사항 재확인 및 공유	• Special Care PAX의 담당 승무원 지정 • 기내 판매 업무 담당 승무원 유의 사항 공유
• 항공기 도해도 확인	• 비상/보안 장비 수량, 위치, 사용법 • 클래스별 장착 좌석 특성 확인 • Trouble Shooting 방법 숙지		• 해당 내용 공유
• 식사 & 와인 정보	• 클래스별 서비스 Meal & 음료 확인	• EY 클래스의 주요 사항 재확인 및 공유	• 해당 내용 공유
• 노선별 주요 강조 사항 확인	• 노선별 주요 Notice 확인		• 해당 내용 공유
• 안전/보안	• Alert Level별 표준 조치 사항 • 비상 신호/긴급신호		• 해당 내용 공유
• VOC 공유 및 사무장 강조 사항 전달	• Complaint Case Study & Purser's Instruction		• 해당 내용 공유

- 모든 승무원들은 해당 편 비행을 수행하기 전에 **지정된 장소와 시간**에 모여 사무장이 주관하는 객실 브리핑에 참석해야 한다.
- **객실 브리핑의 시간**은 국제선/국내선 기준과 모기지와 모기지 외 지역에 따라 상이하며 비행 패턴에 따라서도 다를 수 있으므로 반드시 브리핑 시간과 장소를 재차 확인하여 브리핑 참석에 지장이 없도록 해야 하며, 불가피한 상황으로 브리핑 참석이 불가능하게 되면 **대기 승무원**으로 대체되어 투입될 수 있다.
- 브리핑에 참석하기 이전 모든 승무원은 객실 브리핑에서 다룰 모든 사항에 대해 사전 숙지가 필요하고, 비행 시 필요한 서류를 포함한 각종 양식을 미리 준비한다.
- 객실 브리핑은 해당 편수 객실 사무장이 주관하여 실시되며, Multi-Media를 이용한 비행 정보가 전달되는데 **시간적** 제한으로 인해 Q&A 형식으로 비행 준비 상태를 확인한다.
- **하루에 연속하여 여러 번의 비행(Multi-Flight)**이 계획되어 있다면, 객실 브리핑은 처음 비행시간 기준으로 한 번만 이루어지며, 중간의 승무원이 교체되거나 다음 편수와의 간격이 2시간 이상, 갑작스러운 기종 변경 등의 변동 사항이 있을 시 객실 사무장은 객실 브리핑을 재차 실시해야 한다.

CHAPTER 04

1. 객실 브리핑 준비

객실 승무원은 본인에게 배정된 비행을 성공적으로 잘 수행하기 위해 지정된 시각에 지정된 장소에서 객실 브리핑을 실시한다. 객실 사무장은 브리핑을 주관하며 비행 전반에 관한 계획을 수립해야 한다. 또한 회사가 정한 규정 속에서도 어떤 방법으로 동승 승무원들과 안전한 협업을 이룰 것인가, 승객 현황에 따라 어떤 전략으로 고객의 기대에 부응할 것인가에 대한 진지한 논의가 이루어져야 한다. 따라서 객실 사무장은 팀원들보다도 더 광범위하게 객실 브리핑을 준비해야 한다.

1) 객실 브리핑 장소 및 시간

객실 승무원은 객실 브리핑에 참석하기 전, 해당 비행을 위한 준비를 철저히 해야 한다. 객실 브리핑은 해당 편수 STD(Standard Time of Departure)를 기준으로 지정된 시각에 지정된 장소에서 실시되어야 하며, 모든 승무원은 객실 브리핑에 반드시 참석해야 한다. 만약, Multi-Flight Schedule Pattern인 경우에는 첫 번째 편수의 STD를 기준으로 객실 브리핑을 실시하게 되며, 이후에 추가/변경되는 객실 승무원이 있거나, 전 편수의 도착 시각과 다음 편수의 출발 시간 간격이 2시간 이상인 경우, 또는 갑작스러운 기종의 변경이 있는 경우에는 객실 브리핑을 재차 실시해야 한다.

TIP

Multi-Flight Schedule Pattern

하루에 배정된 비행 편수가 2편 이상인 경우의 예

2020/07/07	2020/07/08
GMP/PUS 0815/0915	PUS/GMP 0700/0800
PUS/CJJ 0935/1040	GMP/PUS 0830/0925
CJJ/PUS 1040/1140	PUS/GMP 1200/1255

구분	객실 브리핑실		객실 전방, Gate 입구 등
	ICN	GMP	
국내선	1시간 20분 전	1시간 10분 전	55분 전
국제선	1시간 40분 전	1시간 40분 전	1시간 20분 전

예외) 부산에서 1박(Layover)을 한 경우는 기타 지역으로 적용한다.

▲ 객실 브리핑 시간 및 장소(K 항공사 기준)

항공사마다 정해진 시각과 장소는 다르지만, 가장 중요한 것은 당일 배정된 비행을 수행하기 전, 반드시 모든 승무원이 해당 객실 브리핑에 참석해야 하고, 비행 전반에 관한 정보를 서로 공유하여 성공적이고 안전한 비행을 도모해야 한다.

2) 음주 측정 확인 및 브리핑 시작 안내

국토해양부 운항기술기준에 의거하여, 2019년 9월 1일부터 국내 출발 전편을 대상으로 해당 편 객실 승무원 전원(Extra, 공항 대기 승무원 포함)은 근무 전 음주 측정을 반드시 실시해야 한다.

BRIEFING SHEET

KE0081 AR7861 DL9015 | Gate: 239 | **2020.05.16.(SAT)** (UTC: 2020. 05. 16./SAT)

ICN -> JFK (6879miles) | John F. Kennedy International Airport, New York, USA

STD: 10:00 (+9) | **CABIN BRIEFING:** 08:40 | **BRIEFING ROOM:** SHIPSIDE BRFG

STA: 10:35 (-4) | **JOINT BRIEFING:** 09:05

FLT TIME: 14:20 / ACTUAL TIME : 13:21 | 음주 측정 확인*

* 음주 측정 확인: 현재 코로나 19 방역 조치로 인해 음주 측정이 잠정 중단된 상태이다.(2023년 8월 기준) 추후 여건 조성 시 내부 검토를 거쳐 재개 시기가 재안내될 예정이다.

객실 사무장은 브리핑 실시 전, 음주 측정 체크 메뉴를 클릭하여 동승 승무원들의 음주 측정 실시 여부 및 Pass 상태를 확인하고, 측정이 완료되지 않은 승무원에 대해서는 신속히 측정할 것을 지시해야 한다.

해당 편수 객실 브리핑 시작 시각 전까지 음주 측정을 실시하지 않을 경우 또는 음주 측정 결과 Fail인 경우에는 항공사 관련 부서에 자동으로 통보되며, '운항기술기준 3.1.3'에 의거하여 비행 불가 판정을 받게 된다.

3) 스트레칭 실시

본격적인 객실 브리핑을 실시하기에 앞서 모든 승무원의 음주 측정 확인이 끝나면 객실 사무장은 스트레칭을 주도한다. '스트레칭' 시간 또한 객실 브리핑 절차에 포함되며, 운동 선수들이 중요한 경기를 앞두고 충분한 시간 동안 몸을 푸는 것과 마찬가지로 장시간 비행을 앞둔 객실 승무원들에게도 몸을 푸는 스트레칭 시간을 갖는 것은 비행 근무 중 발생할 수 있는 부상의 빈도를 낮추거나 예방하는 데 매우 도움이 된다.

객실 승무원은 비행을 앞두고 몸과 마음이 긴장되어 있는 경우가 많다. 또한 비행 중 무거운 짐을 옮기거나 허리를 굽혔다 펴는 반복적인 동작과 오랜 시간 동안 서서 근무해야 하는 직업의 특성으로 근골격계 질환의 발생 빈도가 높다. 특히 증상이 심해질 경우에는 만성 통증으로 발전할 수 있기 때문에 객실 승무원들은 생활 속 스트레칭을 활성화해야 할 뿐만 아니라 근무 중 바른 자세를 유지하고 Galley 같은 곳에서 틈틈이 간단한 스트레칭을 통해 이를 예방해야 한다.

Chayuth M / Shutterstock.com

실례로 K 항공사의 통계에 따르면, 2018년 객실 승무원의 병가 일수 중 대부분의 원인이 근골격계 질환이(64%)이었고, 허리, 손, 발 등의 상해(58%)가 뒤를 이었다.

따라서 각 항공사들은 객실 승무원의 직무 수행 능력을 높이고 업무상 재해를 예방하고자 의료 전문가의 자문을 받아 근골격계 예방 스트레칭 프로그램 운영하고 있다.

선 자세에서 스트레칭

좌우로 목 당기기

앞뒤로 5회씩 어깨 돌리기

허리 젖히기

좌우 옆구리 늘이기

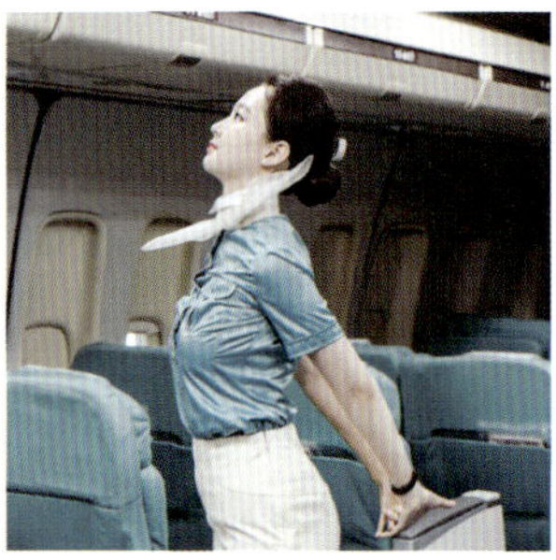
어깨를 뒤로 당기기

좌우로 허벅지 당기기

좌우로 허리 비틀기

머리 위에서 팔꿈치를 쭉 펴기

▲ 업무 전 스트레칭: 선 자세

비행 중 발생할 수 있는 부상에 대한 방지를 목적으로 동영상이나 리플릿을 통해 직무 표준 동작을 제시하였는데, 서서 하거나 앉아서 하는 등의 간단한 스트레칭 동작으로 객실 브리핑을 시작하는 시점 모든 승무원이 함께 실시하도록 한다.

앉은 자세에서 스트레칭하기

머리 위에서 팔꿈치 펴기

등을 궁글게 말기

좌우로 목 당기기

좌우로 허리 비틀기

안과 밖으로 손목 당기기

위아래로 발목 당기기

▲ 업무 전 스트레칭: 앉은 자세

4) 비행 준비 상태 확인

객실 승무원들은 비행 근무를 위한 준비를 완전하게 갖춘 상태로 브리핑에 참석해야 하며, 객실 사무장은 객실 브리핑 시작 시점에 모든 승무원의 비행 준비 상태를 점검하고 확인해야 한다.

(1) 유니폼 착용 상태 및 Image Making 지도

올바른 유니폼 착용 및 단정하고 세련된 용모는 서비스의 시작이므로 매우 중요하다. 객실 승무원들은 자가 점검을 통해 용모 복장을 확인한 후, 완전한 상태로 객실 브리핑에 참석해야 한다.

Image Making 평가는 현지 여성 승무원을 포함한 전체 여성 승무원을 대상으로 실시하는데 해당 편 객실 사무장과 객실 부사무장 중 여성 승무원이 실시한다. 단, 객실 사무장과 객실 부사무장이 모두 남성 승무원인 경우에는 최선임 여성 승무원이 실시하며 동승 승무원 중 남성 승무원의 경우에는 본인 소속 Group의 팀장에게 직접 평가를 받는다.

또한 비행 근무뿐만 아니라 해외 체류 시에도 승무원의 이미지를 손상시킬 정도의 용모에 대해서는 Image Making 지도자에 의한 현장 지도 및 시정 지시가 가능하다.

(2) 비행 필수 휴대품

객실 사무장은 해당 편 동승 승무원이 비행 필수 휴대품을 빠짐 없이 모두 지참했는지 반드시 확인해야 한다.

비행 필수 휴대품은 유효한 객실 승무원 업무교범 또는 필수 휴대 페이지, 여권, 비자, 대한민국 승무원 등록증, ID Card 등 해당 편 입국에 필요한 각종 서류이다.

특히 해외 입국 시 반드시 필요한 여권을 미소지한 경우에는 비행이 불가하기 때문에 당일 비행 결근(Miss Flight: MF)으로 처리된다. 비행 결근(MF) 해당자는 '근무 태도 불량에 관한 회사가 정한 사규'에 의해 개인 벌점이 부여되며 차후 인사상 불이익을 받게 된다. 만약, 객실 사무장이 객실 브리핑 시점, 비행 필수 휴대품을 확인하는 절차를 이행하지 않은 상태에서 추후 위와 같은 동승 승무원의 문제가 발생이 되면 해당 편 객실 사무장 또한 사규에 의해 처벌받게 된다. 따라서 모든 승무원은 매 비행마다 본인의 비행 필수 휴대품의 소지 여부를 재차 확인해야 하며 객실 사무장은 모든 동승 승무원의 비행 필수 휴대품 소지 여부를 확인하는 절차를 통해 비행 업무를 수행하는 데 있어 문제가 발생되지 않도록 해야 한다.

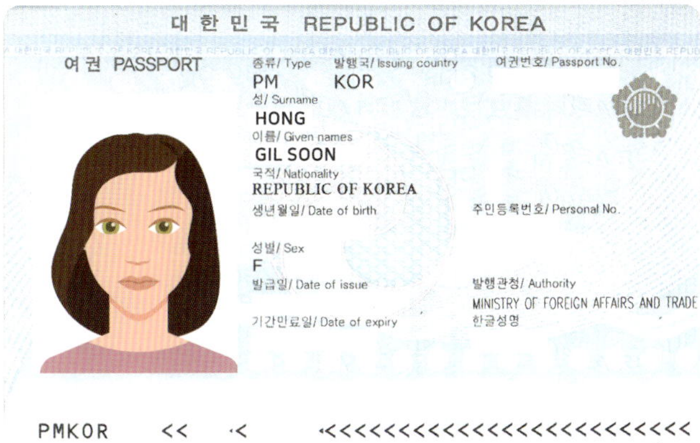

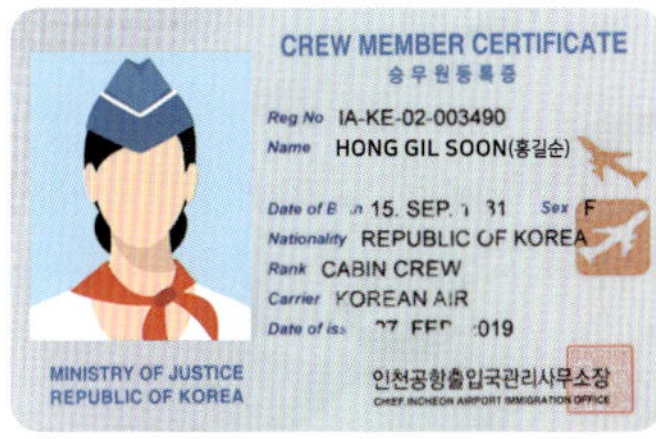

▲ 여권/승무원 등록증

(3) 항공사 매뉴얼 소지 및 업데이트 여부 확인

객실 승무원은 비행 근무 시 전자기기를 활용하여 열람할 수 있는 전자화된 객실 승무원 업무 교범(Cabin Operation Manual: COM. 이하 COM)을 지참해야 하고, 필요시 사용할 수 있도록 소지하고 있어야 한다.

모든 승무원들은 매 비행 전 자신이 소지한 Tablet PC 내 APP 'Cabin On'을 통해서 전자교범 열람 여부와 최신 개정 상태를 확인한다. COM에 대한 관리 책임은 객실 승무원 개인에게 있으나 각종 기관에서 업무 교범에 대한 점검이 있을 경우를 대비해 객실 사무장은 객실 브리핑 전 모든 승무원의 COM 열람, 오프라인 보기 설정 여부와 상태를 확인해야 한다.

T
I
P

전자 교범 열람 방법

구글 드라이브 로그인(회사 계정) ⇨ 구글 공유 드라이브 '객실 승무원 업무 교범(Cabin Operation Manual)' ⇨ COM 파일 열람 ⇨ 오프라인 보기 기능 활성화

보통 신입 객실 승무원 교육 과정에서 COM 전체에 대한 교육이 4주에 걸쳐 이루어지고 있어 신입 승무원의 경우 이러한 모든 과정을 이수해야 하며, 기존 승무원은 1년에 1회 재교육을 받도록 되어 있다. 따라서 모든 객실 승무원은 항공사 매뉴얼에 대한 지식을 항상 최신의 상태로 유지해야 하는 의무를 갖는다.

T
I
P

승무원 업무 교범 중 필수 휴대 페이지 목록

- 필수 휴대 페이지 목차/유효 페이지 목록
- Bulletin List/Bulletin(내용의 개정이 있는 경우)
- 기내 응급 환자 체크리스트
- 기내 응급 환자 대응 절차
- 기내 응급처치 Flow Chart
- 비상사태 체크리스트 1.2
- 감압 현상 체크리스트
- 기내 연기, 화재 대응 체크리스트
- 비상 대응 절차
- 항공기 보안 검색 체크리스트
- 비행 전 장비 점검 체크리스트
- 각 항공기 근무 위치 및 비상 장비 도해, 객실 승무원 업무 배정표

2. 객실 브리핑 내용

객실 브리핑은 해당 편 동승 승무원의 비행 준비 상태를 확인하고, 목적지 및 탑승 승객의 특이 사항에 대한 정보를 공유하는 등, 해당 노선의 전반적인 비행 정보 공유 및 계획 수립에 목적을 둔다. 객실 브리핑을 주관하는 객실 사무장은 표준화된 브리핑 진행으로 제한된 시간 안에 동승 승무원의 브리핑 준비 상태를 확인하고 많은 내용을 공유해야 하기 때문에 팀원들에게 질문하고 답하는 Q&A 방식을 적용하여 쌍방향 소통하는 방법을 주로 사용한다.

객실 승무원들이 브리핑 전 사전 숙지해야 할 내용은 다음과 같다.

- 해당 편 Briefing Sheet 내용 숙지(해당 편 출발·도착 시간, A/C Type 및 HL NBR, 고객 예약 상황, 기내 서비스 순서 및 절차, 클래스별 Meal Type, IFE System, 목적지 정보 및 노선 특이 사항, 기판 관련 사항, 노선 관련 서비스 사항, 국가별 Alert Level별 조치 사항, 기종별 비상 긴급 신호)
- 비행 관련 자료 준비
- 최근 업무 지시/공지 사항 숙지
- 비행 필요 서류 Pick-up
- 기장 및 객실 사무장 성명
- 본인 Duty 및 착석 위치 등
- 해당 기종 및 특성
- 항공기 장비/시스템
- 비상사태 처리 절차
- Door 작동법
- 객실 설비
- 기내 서비스 절차 및 제공되는 메뉴 숙지
- 최근 불만 및 칭송 사항
- 목적지 정보(입국 서류 및 검역 절차, 면세 기준, 해당 국가 보안 규정, 공항 정보 및 Transit 절차, 시차 등)

KE0086	GATE:	2020. 01. 26(SUN) (UTC: 2020. 01. 26/SUN)
JFK -> ICN (6879 miles)		Incheon International Airport, Seoul, Korea
STD: 00:50 (-5)	CABIN BRIEFING : 23:40	BRIEFING ROOM :
STA: 04:44 (+9)	JOINT BRIEFING : 23:55	
FLT TIME: 14:25/ ACTUAL TIME: 13:45		

Duty	RANK	TEAM	NAME	J/S	Duty	RANK	TEAM	NAME	J/S	Duty	RANK	TEAM	NAME	J/S

* 승원팀장 2분기 강조 사항: 승객 가시권 내 행동 주의 및 기내 위생 철저히 할 것.
* 브리핑은 종이 대신 휴대폰으로 준비할 것!

• Purser's Comment

안전 보안 업무 철저/기종 노선특성 확인/개인 위생 철저...FAG→PR 업무 지원 바랍니다.

PAX INFO

Nationality	KOR	JPN	CHN	USA	EUR	SEA	MEA	OCN	CIS
	9	0	5	21	0	14	0	0	0
MMC/MP	SPML	FMLY	UM	WCHR	VOC	HVML	BSCT	CHLD	PETC
0	2	0	1	2	0	0	0	2	0

A/C HL7202(77WI)

Seat Config	IFE			PRAM	ISPS	Satellite Phone
	System	Video	Audio			
8/42/227	eX3	AVoD	AVoD	Y	Y	N/A

Service Procedure

Phase	Time	Service Detail
1st SVC	15M after take-off	Amenity kit 1st Meal with beverage Entry documents Sales
PAX Rest	-	Beverage
2nd SVC	2H 30M before landing	Aperitif 2nd Meal with beverage
Preparation for approaching	40M before landing	Recheck on the entry documents
Preparation for landing	20M before landing	Sealing carts & locking galley compartments

■ Service Procedure

	1st Meal	2nd Meal	IN-BETWEEN SNACK
F	1. [KOREAN] BIBIMBAP [한식] 비빔밥 2. [KOREAN] BEEF BULGOGI #RICE [한식] 소고기 불고기 요리 #밥 3. [WESTERN] Seared Hanwoo(Korean Beef) Rib Eye Steak with Madeira Sauce #POTATO [양식] 마데이라 소스의 한우 구이 #감자 4. [WESTERN] ROASTED "JEDONG FREE-RANGE CHICKEN" THIGH WITH RED WINE SAUCE #POTATO [양식] 제동 닭다리살 구이 #감자	1. [KOREAN] SOFT BEAN CURD SOUP #RICE [한식] 순두부 국 #밥 2. [KOREAN] Grilled Hanwoo(Korean Beef) Rib Eye Pumpkin Healthy Rice [한식] 한우 갈비와 영양밥 #단호박 3. [WESTERN] STEAMED LOBSTER WITH CHAMPAGNE SAUCE #POTATO [양식] 샴페인 소스의 랍스터 요리 #감자	o. PECAN TART o. [SNACK] SAMGAK GIMBAP(CHOLPAN FRIED RICE) o. [SNACK] SAMGAK GIMBAP(JEONJU BIBIMBAP)
C	1. [KOREAN] BIBIMBAP [한식] 비빔밥 2. [KOREAN] SPICY STIR FRIED OCTOPUS WITH SPICY SAUCE #RICE [한식] 매콤한 낙지볶음 #밥 3. [WESTERN] SEARED BEEF FENDERLOIN WITH MEAUX MUSTARD SAUCE #POTATO [양식] 머스터드 소스의 소고기 스테이크 #감자 4. [CHINESE] STIR FRIED SEAFOOD AND TOFU WITH HOT BEAN SAUCE #RICE [중식] 핫빈 소스의 해산물 볶음 #면	1. [KOREAN] DONGCHIMI(RADISH WATER KIMCHI) COLD NOODLE [한식] 동치미 국수 2. [WESTERN] CHICKEN THIGH WITH MUSHROOM STEW #POTATO [양식] 닭다리 스튜 #감자 3. [WESTERN] SEARED HALIBUT WITH TOMATO OLIVE SAUCE #POTATO [양식] 토마토 소스의 광어 요리 #감자	o. *ASSORTED FROZEN COOKIES 3KINDS 10PCS EACH o. *CHOCOLATE MARS BAR TYPE, 51GM*288EA/CS o. SAE WOO KKANG IND TYPE o. [SNACK] PIZZA BAR (MARGARITA) o. [SNACK] SAMGAK GIMBAP(CHOLPAN FRIED RICE) o. [SNACK] SAMGAK GIMBAP(JEONJU BIBIMBAP)
Y	1. [KOREAN] BIBIMBAP [한식] 비빔밥(50%) 2. [WESTERN] BEEF STEW WITH THYMEGRAVY SAUCE #POTATO [양식] 소고기 스튜 #감자(50%)	1. [KOREAN] PORK BULGOGI_RICE [한식] 돼지 불고기(60%) 2. [CHINESE] CHICKEN WITH KUNG PAO SAUCE #RICE [중식] 쿵파오 소스의 닭고기 요리 #밥(40%)	o. PIZZA MARGARITA (60% OF PAX) o. SAM GAK GIM BAB (92EA) o. PRAWN CRACKER (10% OF PAX)

■ Service Wine

	Red Wine	White Wine	Champagne
F	1. CHATEAU NENIN 2008, 750ML, FC 2. GHOSTBLOCK NAPA VALLEY CABERNET SAUVIGNON 2016, 750ML, FC	1. ALBERT BICHOT CHABLIS 1ER CRU CAU DE VEY 2016, 750ML, FC 2. KENDALL JACKSON CHARDONNAY 2016, 750ML, FC	1. PERRIER JOUET BELLE EPOQUE 2012, 750ML, FC
C	1. CHATEAU PALOUMEY 2014, 750ML, PR	1. CHATEAU DE CRAIN 2018, 750ML, PR	1. PERRIER JOUET GRAND BRUT, 750ML, PR
Y	1. COTES DU LUBERON 2016, 750ML, EY	1. JEAN D'ALIBERT GRENACHE MARSANNE 2018	

▲ 항공사 브리핑 시트 양식

1) 승무원 세관 규정 숙지 강조

Customs Regulation

<table>
<tr><td>

■ Purchase Limits for Crew

TAX FREE	REF.
Total Sum of Purchase Under $150	Per Item or Set

※One bottle of liquor is permitted once in three months(not to exceed 1L, $400)

</td><td>

■ Prohibition on Company Properties

- Cabin crew are not permitted to exit or use company properties without prior official approval from the company.
- Company properties include all materials and products provided and installed to the aircraft.
- These regulations apply to all stations, domestic and abroad.

</td></tr>
<tr><td colspan="2">* If the above mentioned regulations are violated, the crew in question will be dismissed.</td></tr>
</table>

▲ 대한민국 항공사 승무원 세관 규정

항공기 승무원(운항 승무원/객실 승무원)은 직업의 특성상 잦은 출국과 입국을 반복하게 된다. 이러한 특성으로 출국 시 면세품을 구매할 수가 있고, 대한민국에 입국 시에도 면세의 혜택을 받을 수 있다. 하지만 항공사 승무원의 경우 근무로 인한 출입국 시에는 일반 국민과 다른 면세 혜택 범위가 적용된다.

대한민국 입국 시 승무원 면세 범위

- 기본 면세 범위: 해외 취득 가격 총 USD 150 이하(내/외국인 승무원 동일)
- 승무원 관세 통관 허용 기준인 USD 600 초과 시, 세금 납부와 관계 없이 통관 불가
- 주류: 3개월 내 1회, USD 400 이하 1리터 이하 1병(사전 신고 필수)
- 담배: 한 보루 200개피 이내(기본 면세 범위인 USD 150과 관계 없이 별도 면세 가능)

기내에서 사용되는 모든 용품들은 보세품으로 분류되기 때문에 기내 판매로 판매되는 제품 이외의 것을 항공기 외부로 반출 시 법적인 제한이 따른다. 따라서 항공사들은 이러한 보세품에 대한 교육을 실시하고 있으며, 임의로 항공사 소유의 제품을 개인 사용 목적으로 항공기 외부로 반출 시 적발이 되면 벌금과 함께 처벌이 따르게 되는 점을 매 브리핑 시점 객실 사무장이 강조하여 설명할 의무가 있다.

세관 일반 규정

1. 해외에서 우리나라로 입국하는 모든 여행자는 종이로 된 '여행자 휴대품 신고서'나 인터넷 또는 전용 어플리케이션을 통해 휴대품 신고서를 작성하여 제출한다.
2. 인천공항에 입국하는 여행자는 내/외국인을 불문하고 동등하게 일정한 범위의 면세를 받는다.
3. 1인당 면세 금액: 해외에서 취득(무상 포함)한 물품의 총가격이 $800 미만인 경우 무조건 면세가 된다.
   만 19세 미만의 미성년자가 반입하는 주류 및 담배는 면세가 제외된다.
4. 면세 기준

구분	내용
연초류	• 궐련(담배): 200개비 • 엽궐련: 50개비 • 전자담배: 니코틴 용액 20ml • 그 밖의 담배: 250g
주류	• 합산 2L 이하로서 한 병당 US$400 이하 2병
향수	• 60ml
기타 선물	• 여행자가 출국할 때 반출 신고한 물품으로 본인이 재반입하는 물품 • 정부, 지방자치단체, 국제기구 간에 기증 또는 통상적 선물용품으로 세관장이 타당하다고 인정하는 물품

▲ 대한민국 입국 시 승객의 면세 허용 범위

2) Flight 개요 및 Duty 확인

(1) 출발 · 도착 시간 및 비행시간

승객에게 고지된 STD/STA를 승무원 간 명확하게 공유하여 지연 등의 이유로 변경 예상 시 별도의 안내가 필요하다.

STD는 출발지 시간이며, STA는 도착지 기준 시간이기 때문에 시차 계산을 통해 고객 문의에 대비해야 한다.

TIP

시간 관련된 항공 약어

약어	의미	내용
STD	Standard Time of Departure	시간표에 나와 있는 출발 시간
ETD	Estimated Time of Departure	출발 예정 시간(변경될 경우)
ATD	Actual Time of Departure	실제 출발한 시간
STA	Standard Time of Arrival	시간표에 나와 있는 도착 시간
ETA	Estimated Time of Arrival	도착 예정 시간(변경될 경우)
ATA	Actual Time of Arrival	실제 도착한 시간
AFT	Actual Flight Time	항공기 이륙(Take-off)부터 착륙(Landing) 시 착지(Touch-down)할 때까지의 시간
GMT	Greenwich Mean Time	그리니치 평균시-국제적인 표준시 기준으로 쓰이는 시간

TIP

시차

영국 런던에 있는 그리니치 평균시(GMT)와 각 나라가 사용하고 있는 표준시의 차이를 말한다. 그리니치보다 동쪽에 위치한 곳은 '+'로 표시하게 되고 그리니치보다 서쪽한 위치한 곳은 '-'로 표시하게 된다.

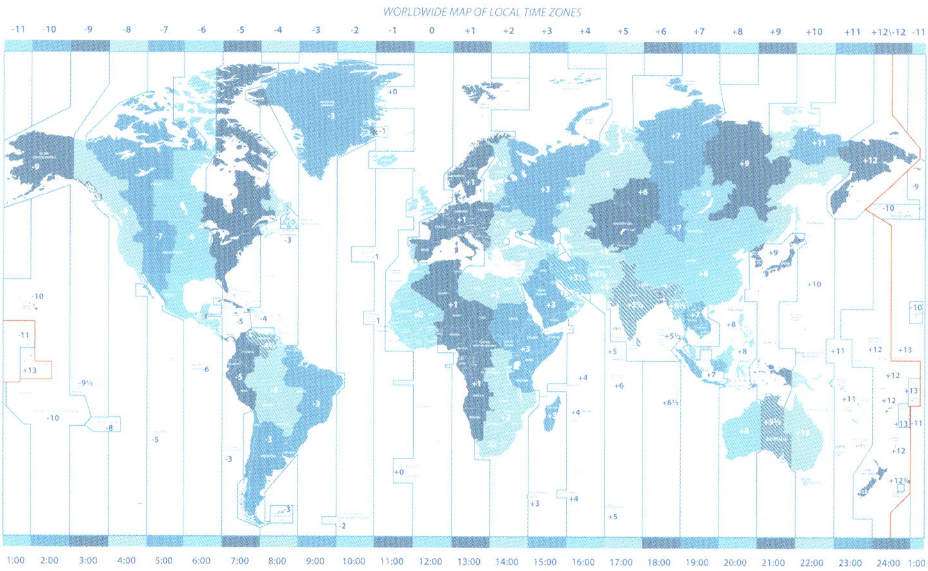

(2) 공동 운항편

브리핑 시트의 편수를 확인해 보면 KE081 옆에 다른 항공사의 편수(AR7861/DL9015)가 같이 적혀 있는 것을 확인할 수 있다. 이것은 해당 편수는 공동 운항 편수이며, 해당 항공사는 Argentine Airlines과 Delta Airline임을 알 수 있다. 이것은 해당 편에 탑승하는 승객이 KE 항공사의 티켓을 소유하였거나 AR 또는 DL의 항공사의 탑승권을 제시할 수 있다는 것을 말한다. 따라서 해당 편 승무원들은 공동 운항 편수를 기억하여 해당 편 항공권을 바르게 제시하는지를 확인하는 절차를 거쳐야 한다. 국내 일부 항공사는 전자 바코드 스캔으로 항공권을 인식하는 항공사도 있지만 일부 항공사는 해당 편 승무원이 육안으로 일일이 확인해야 하므로 반드시 해당 편수가 공동 운항 편수인지 아닌지를 사전에 확인하고 해당 편명까지도 반드시 기억해야 한다.

TIP

공동 운항

동일 구간에서 2개 이상의 항공사가 서로 협정하여, 지정한 항공사의 항공기 1대로 해당 노선을 운항하는 것을 공동 운항 또는 코드셰어 협정(Codeshare Agreement)이라고 한다. 도시와 도시를 연결할 때 한 공항 이상의 슬롯이 부족하거나, 2개 이상의 항공기를 운항하는 것이 비효율적일 경우 주로 항공 동맹체 간 공동 운항을 협정하며, 지정한 1개의 항공사의 비행기와 서비스를 제공한다. 항공기를 운용하는 1개의 항공사를 운항 판매사라고 하며, 운항사의 항공기에 편명을 공유해 판매하는 항공사를 판매사라고한다.

노선	KE081	AR7861	DL9015
ICN/JFK	운항 판매사	판매사 1	판매사 2

▲ 공동 운항의 예

위의 표를 보면 운항 판매사는 KE가 되므로 KE 항공사의 비행기로 KE 항공사의 서비스를 제공하지만, AR 항공이나 DL 항공을 통해 표를 구입하여 동 구간(ICN/JFK)을 탑승할 수 있다.

(3) Duty 및 Jumpseat 확인

객실 브리핑에 참석하기 전 모든 승무원은 본인의 Duty 및 Jumpseat를 확인하며 본인이 최소 탑승 인원에 속하는지 파악하고 본인의 근무 구역, 비상 장비, 비상사태 발생 시 담당 Door 등을 확인하는 절차를 갖는다. 또한 객실 사무장은 객실 브리핑 시점 동승 승무원들끼리 서로 인사하며 본인의 Duty 및 Jumpseat를 재확인하는 절차를 갖는다. 특별히 기내 방송, 기내 판매, Taser 담당, 승객 Head Count 등의 추가 임무 담당자를 확인하여 해당 업무가 잘 수행될 수 있도록 한다.

3) CIQ Information 확인

(1) 입국 서류 작성법

각 나라별 입국에 필요한 서류는 매우 상이하다. 비행 중 입국 서류 배포 및 작성법 안내는 승무원의 업무 중 하나이며, 고객 문의 시 해당 내용을 정확히 숙지하고 있어서 바른 안내가 실행되도록 사전 준비가 필요하다. 객실 사무장은 객실 브리핑 시점 목적지 국가의 CIQ에 대해 해당 편 승무원에게 질문하는 등의 방법으로 내용을 확인하고 공유할 수 있다.

TIP

CIQ란?

- C: Customs(세관: 세관 규정)
- I: Immigration(출입국 관리)
- Q: Quarantine(검역)

객실 승무원은 비행 전 해당 노선 도착지 공항의 CIQ에 대한 내용을 비롯하여 해당 공항 전반에 관해 사전 숙지하여 승객의 문의에 정확하게 안내할 수 있어야 한다. 따라서 객실 사무장은 이 내용을 브리핑 시간에 언급함으로써 모든 승무원이 숙지할 수 있도록 한다.

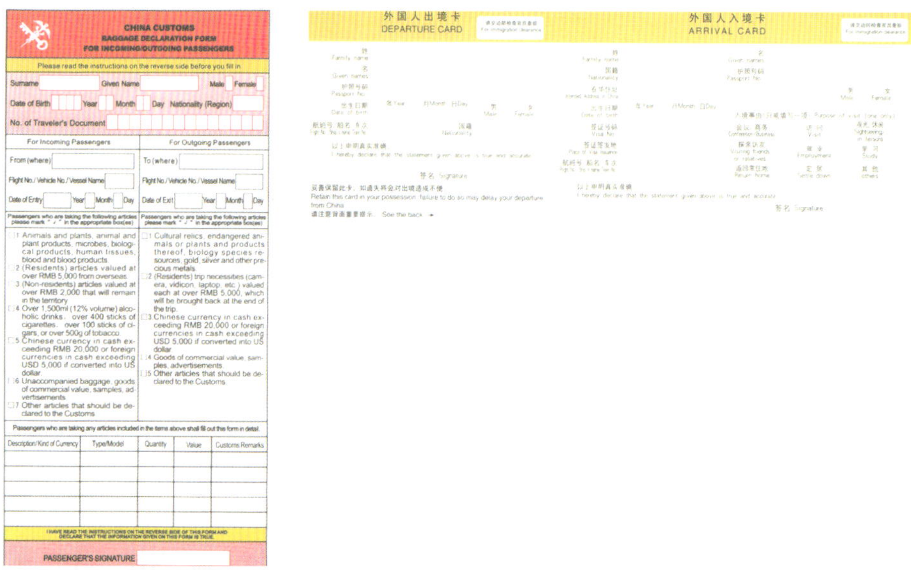

▲ 중국 입국 서류(세관 신고서, 입국 카드)

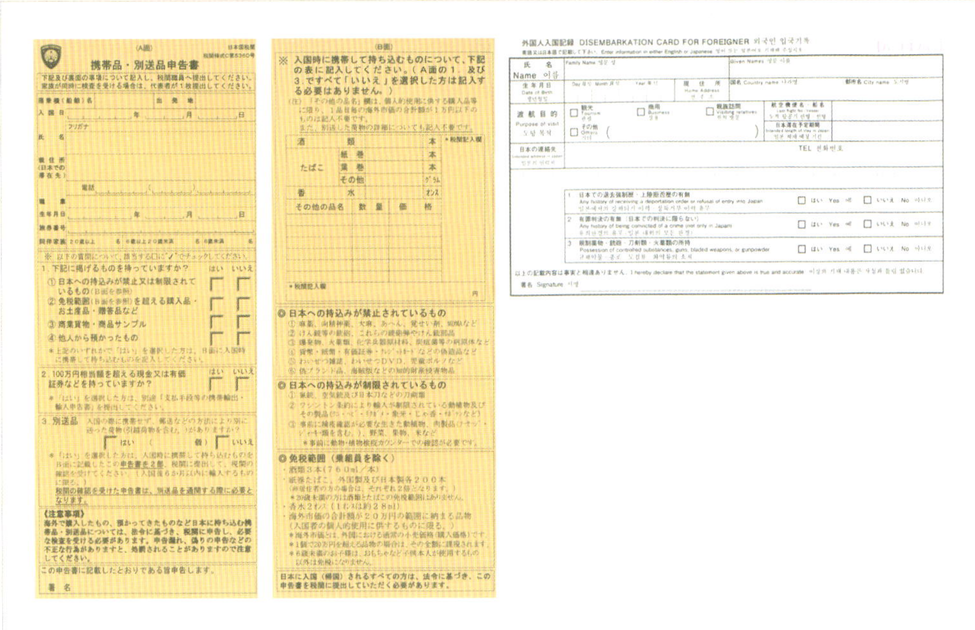

携帯品・別送品申告書

外国人入国記録 DISEMBARKATION CARD FOR FOREIGNER 외국인 입국기록

▲ 일본 입국 서류(세관 신고서, 입국 카드)

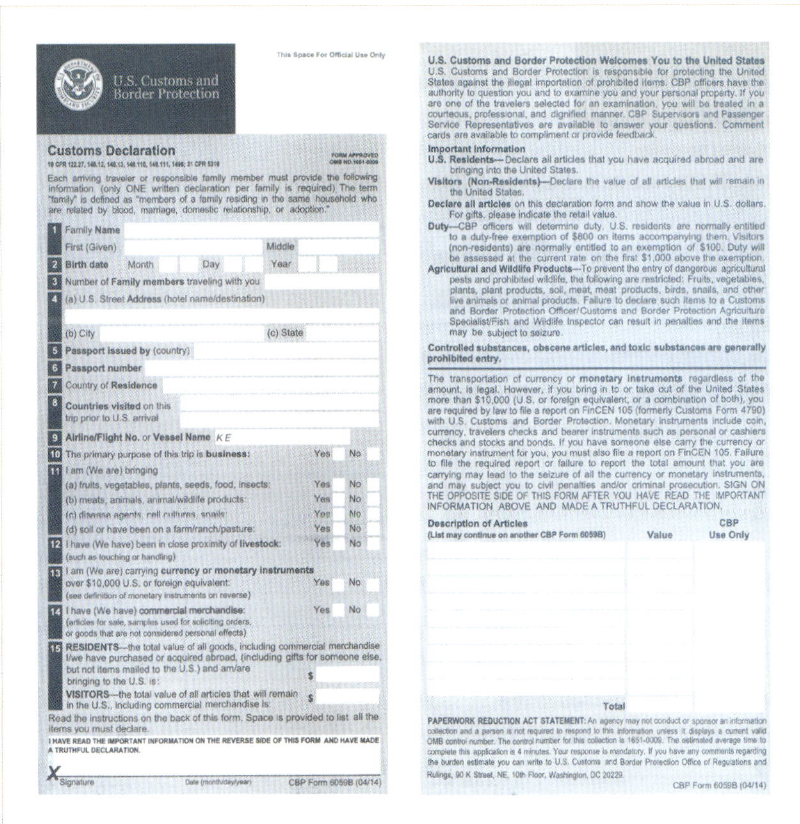

U.S. Customs and Border Protection

This Space For Official Use Only

Customs Declaration

19 CFR 122.27, 148.12, 148.13, 148.110, 148.111, 1498; 31 CFR 5316

FORM APPROVED OMB NO.1651-0009

Each arriving traveler or responsible family member must provide the following information (only ONE written declaration per family is required). The term "family" is defined as "members of a family residing in the same household who are related by blood, marriage, domestic relationship, or adoption."

1 Family Name
First (Given) Middle
2 Birth date Month Day Year
3 Number of Family members traveling with you
4 (a) U.S. Street Address (hotel name/destination)
(b) City (c) State
5 Passport issued by (country)
6 Passport number
7 Country of Residence
8 Countries visited on this trip prior to U.S. arrival
9 Airline/Flight No. or Vessel Name KE
10 The primary purpose of this trip is business: Yes No
11 I am (We are) bringing
(a) fruits, vegetables, plants, seeds, food, insects: Yes No
(b) meats, animals, animal/wildlife products: Yes No
(c) disease agents, cell cultures, snails: Yes No
(d) soil or have been on a farm/ranch/pasture: Yes No
12 I have (We have) been in close proximity of livestock: Yes No
(such as touching or handling)
13 I am (We are) carrying currency or monetary instruments over $10,000 U.S. or foreign equivalent: Yes No
(see definition of monetary instruments on reverse)
14 I have (We have) commercial merchandise: Yes No
(articles for sale, samples used for soliciting orders, or goods that are not considered personal effects)
15 RESIDENTS—the total value of all goods, including commercial merchandise I/we have purchased or acquired abroad, (including gifts for someone else, but not items mailed to the U.S.) and am/are bringing to the U.S. is: $
VISITORS—the total value of all articles that will remain in the U.S., including commercial merchandise is: $

Read the instructions on the back of this form. Space is provided to list all the items you must declare.

I HAVE READ THE IMPORTANT INFORMATION ON THE REVERSE SIDE OF THIS FORM AND HAVE MADE A TRUTHFUL DECLARATION.

X Signature Date (month/day/year) CBP Form 6059B (04/14)

U.S. Customs and Border Protection Welcomes You to the United States

U.S. Customs and Border Protection is responsible for protecting the United States against the illegal importation of prohibited items. CBP officers have the authority to question you and to examine you and your personal property. If you are one of the travelers selected for an examination, you will be treated in a courteous, professional, and dignified manner. CBP Supervisors and Passenger Service Representatives are available to answer your questions. Comment cards are available to compliment or provide feedback.

Important Information

U.S. Residents—Declare all articles that you have acquired abroad and are bringing into the United States.

Visitors (Non-Residents)—Declare the value of all articles that will remain in the United States.

Declare all articles on this declaration form and show the value in U.S. dollars. For gifts, please indicate the retail value.

Duty—CBP officers will determine duty. U.S. residents are normally entitled to a duty-free exemption of $800 on items accompanying them. Visitors (non-residents) are normally entitled to an exemption of $100. Duty will be assessed at the current rate on the first $1,000 above the exemption.

Agricultural and Wildlife Products—To prevent the entry of dangerous agricultural pests and prohibited wildlife, the following are restricted: Fruits, vegetables, plants, plant products, soil, meat, meat products, birds, snails, and other live animals or animal products. Failure to declare such items to a Customs and Border Protection Officer/Customs and Border Protection Agriculture Specialist/Fish and Wildlife Inspector can result in penalties and the items may be subject to seizure.

Controlled substances, obscene articles, and toxic substances are generally prohibited entry.

The transportation of currency or **monetary instruments** regardless of the amount, is legal. However, if you bring in to or take out of the United States more than $10,000 (U.S. or foreign equivalent, or a combination of both), you are required by law to file a report on FinCEN 105 (formerly Customs Form 4790) with U.S. Customs and Border Protection. Monetary instruments include coin, currency, travelers checks and bearer instruments such as personal or cashiers checks and stocks and bonds. If you have someone else carry the currency or monetary instrument for you, you must also file a report on FinCEN 105. Failure to file the required report or failure to report the total amount that you are carrying may lead to the seizure of all the currency or monetary instruments, and may subject you to civil penalties and/or criminal prosecution. SIGN ON THE OPPOSITE SIDE OF THIS FORM AFTER YOU HAVE READ THE IMPORTANT INFORMATION ABOVE AND MADE A TRUTHFUL DECLARATION.

Description of Articles (List may continue on another CBP Form 6059B)	Value	CBP Use Only
Total		

PAPERWORK REDUCTION ACT STATEMENT: An agency may not conduct or sponsor an information collection and a person is not required to respond to this information unless it displays a current valid OMB control number. The control number for this collection is 1651-0009. The estimated average time to complete this application is 4 minutes. Your response is mandatory. If you have any comments regarding the burden estimate you can write to U.S. Customs and Border Protection Office of Regulations and Rulings, 90 K Street, NE, 10th Floor, Washington, DC 20229.

CBP Form 6059B (04/14)

▲ 미국 입국 서류(세관 신고서)

JFK CIQ INFORMATION

1. 입국 서류

구분	입국 신고서	세관 신고서	검역 신고서
작성 여부	×	×	×
작성 대상	–		–

2. 발생 시점 및 장소(Time & Location of Incident)

구분		면세물품	담배	술	외화 신고
면세 기준	거주자	USD 800	200개비 또는 시가 100개비 또는 적당량의 담배(kg 기준 시)	1L	USD 10,000
	비거주자	USD 100	200개비 또는 시가 50개비 또는 2kg 담배		

3. IMMIGRATION

■ JFK 공항 EAPS 시범 운영에 따른 X-ray 통과 시 유의 사항(JFK/ICN 구간, '17.10. 29.부 시행)

• TSA Enhanced Accessible Property Screening 시범 운영에 따라 무작위로 선정된 승객/승무원은 하기 Item을 Bin에 넣고 X-ray Belt에 투입 요

– 1L Size 투명백 내 100ml 이상 액체류, 휴대폰보다 큰 전자기기, 아기용 음료, 기타 음식류 (음료 100ml 이상 반입 금지)

4. QUARANTINE

■ 주요 반입 불가 물품: 과일/채소류, 밤/호두류 및 육가공품(햄/소시지, 육포, 육류 그림 있는 통조림 등)

■ 특이 사항

• 휴대/위탁 수하물 내 모든 농산물은 전수 검사(반입 금지 품목 적발 시 압수 및 벌금 부과)

• 신고 후 반입 가능 물품: 한국 음식 중 주요 반입 가능 품목(김치, 된장, 고추장, 김, 마른 미역, 건어물)

5. 입출항 서류: GD 2부, CM 1부, In-FLT Sales Report 3부, Liquor List 3부

▲ JFK 공항 CIQ 규정 예시

TIP

반송품과 별송품

• 반송품: 입국 시 예치되거나 유치되었던 물품을 고객의 다음 출국 시 다시 외국으로 반출해 나가는 물품을 의미한다.

• 별송품: 고객 자신이 탑승하지 않은 항공기 외 별도로 위탁한 짐으로 여객 신변 용품, 토산품, 해외 전근자의 이삿짐 및 세관이 인정한 작업구 등을 의미한다.

(2) 공항 정보

비행기에 탑승하는 승객은 객실 서비스 전반에 대한 관심뿐만 아니라 도착지 공항에 대한 안내, 입국 서류 작성법 등 도착지 국가에 대한 정보 또한 객실 승무원에게 제공받고자 하는 경우가 많다. 따라서 객실 승무원은 해당 내용을 숙지하여 정확하게 해야 한다.

TRANSIT TO INTL FLT	• '환승 승객(Transit Passenger)' 표지를 따라 이동 후, 도착 층 에어 프랑스 환승 데스크에서 연결 편 탑승 수속 • Terminal 2F: 도보 이동 • Terminal 1, 2ABCD 및 2G: 청사 내 BUS 이동 • Terminal 3: CIQ 통과 입국 후, 2E/2F 사이 위치한 무인전철(CDGVAL)을 이용하여 이동 • 항공편 도착 후 T/S 안내 지역 Screen에서 연결 편 청사 및 Gate 정보 확인 가능하며, KE 직원 1명이 청사 이동 방법 안내함 • KE 직원 동반 T/S 안내는 FMLY SVC(T/CON) 신청 고객에만 제공 가능함
TRANSIT TO DOM FLT	• 상기 INTL FLT와 동일

▲ 도착지 공항에 대한 정보 예시: 파리 샤를 드골 공항

대한항공을 타고 배낭여행을 하는 승객이 파리 샤를 드골 국제공항을 경유하여 최종 목적지인 스위스 '제네바'까지 에어프랑스 비행기로 갈아타는 방법에 대해 문의하는 경우의 예를 들어 보자.

객실 승무원이 위와 같은 정보를 미리 숙지했다면, 해당 승객은 항공기에 도착 후 '환승 승객(Transit Passenger)' 표지를 따라 이동 후, 도착 층 에어프랑스 환승 데스크에서 연결 편 탑승 수속을 해야 한다는 것, 대한항공은 터미널 2E에 도착하기 때문에 다음 연결 편 항공사가 사용하는 터미널에 따라가는 방법이 다르다는 것을 설명하면 된다. 예를 들면, 터미널 2F는 도보로 이동 가능하며, 터미널 1, 2ABCD 및 2G는 청사 내 버스로 이동할 수 있음을 안내할 수 있다. 또한 추가로 항공편 도착 후 환승 안내 지역 스크린에서 연결 편 청사 및 Gate 정보를 확인할 수 있고, 대한항공 직원 1명이 청사 이동 방법을 안내할 예정이라는 것까지 안내할 수 있을 것이다.

이처럼 공항 정보는 항공사마다 온라인 사이트에 자세한 정보를 공유하고 있으며 이러한 정보를 사전 숙지함으로써 승객에게 올바른 안내가 가능하도록 해야 한다. 또한 객실 사무장은 해당 내용을 브리핑을 통해 다시 한 번 공유하여 동승 승무원들의 이해도를 확인하고 승객에게 정확한 안내를 해야 할 것을 강조한다.

4) 승객 현황, 노선 특성 및 서비스 유의 사항 공유

객실 사무장은 해당 편의 승객 현황을 파악 후 노선의 특성에 따른 서비스 유의 사항 및 비행 계획을 브리핑한다.

Nationality	KOR	JPN	CHN	USA	EUR	SEA	MEA	OCN	CIS
	156	7	0	0	24	0	0	4	0
MMC/MP	SPML	FMLY	UM	WCHR	VOC	HVML	BSCT	CHLD	PETC
25	6	0	0	1	3	1	0	0	0

▲ SCPL PAX 분포도 예시

(1) Special Care PAX 확인

객실 사무장은 해당 편수 Special Care PAX 승객의 예약 현황에 대해 정보를 공유한다. 객실 사무장은 도움이 필요한 승객별 응대 절차에 대한 규정 및 세부 내용을 설명하고 승무원들의 숙지 여부를 확인한다.

SPML 서비스 유의 사항, 서비스 방법, 휠체어 승객 탑승 시 관련 업무 등 해당 편 내 특별히 강조되어야 할 부분에 대해 브리핑한다. 효율적이고 원활한 비행 업무 수행을 위해 승무 인력 및 경력, 능력을 고려하여 객실 사무장의 판단에 따라 담당자를 재지정하거나 추가할 수도 있다.

(2) 기내 판매 관련 유의 사항

기내 판매는 객실 서비스 중 중요한 부분을 차지한다. 승객 중에는 기내식보다 기내 면세품 구입을 우선시하는 경우도 있다. 승객들은 해외여행 시에만 구매 가능한 면세품에 대한 관심이 높으며, 이러한 상품을 구매하는 데 있어서 항공사에서 제공하는 추가적인 혜택을 받을 수 있는 점 또한 매우 중요하게 생각한다. 특히 주류와 같은 상품을 기내에서 구매하고자 하는 경우가 많기 때문에 이러한 상품 구매 시 유의 사항을 잘 숙지하고 안내해야 한다. 보통 면세품 관련 정보는 기내 판매 담당자로 지정된 승무원이 '해당 국가 면세 허용량', '당월 환율'이나 '기내 수수불가 카드', '사전 주문 중지 상품 안내', '사전주문 승객에 대한 정보', '도착 후 환승 시 액체류의 면세품 취급 규정', '해당 편 기내 판매 업무 특이 사항' 등을 브리핑하는 형식으로 정보 공유를 한다.

▲ 기내 판매

5) 항공기 도해도 확인

(1) 비상/보안 장비 수량, 위치, 사용법

객실 승무원은 승객이 목적지에 도착하는 시점까지 승객의 안전을 책임져야 하는 의무를 갖는다. 따라서 비행 중 발생할 수 있는 여러 가지 비상 상황에 신속하고 적절한 대응을 할 수 있어야 하며, 그러한 상황에 필요한 장비를 적절히 사용하여 보다 효과적인 대처가 가능해야 한다.

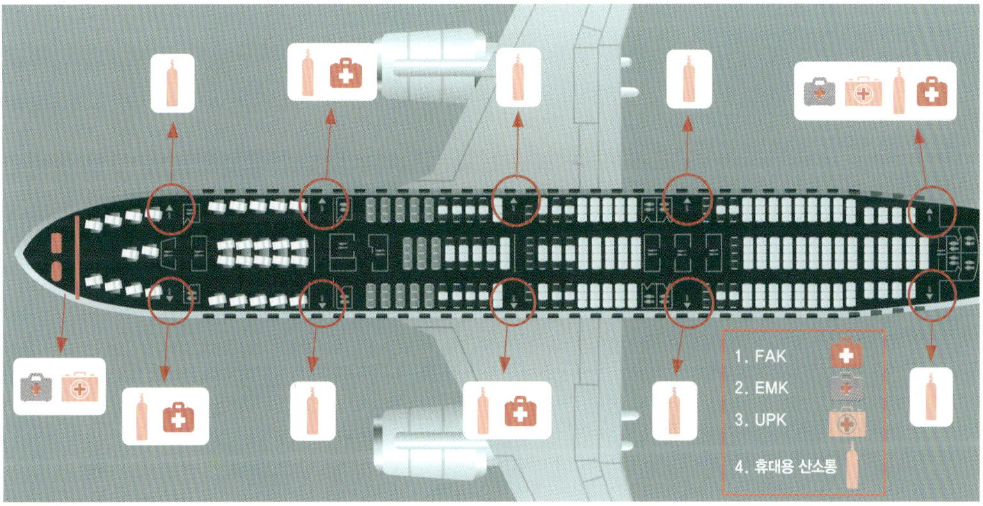

PongPongChing / furtaev / Amin Yusifov / Thinkstock.com
Elena100 / Shutterstock.com

▲ 항공기 도해도 예시

HL No.

HL No.는 항공기 고유의 번호로 자동차의 번호판과 같은 역할을 한다.

'HL7448'의 항공기를 예로 들어 보자.

-'HL'은 국적 기호(무선국 기호: 전 세계 무선국에 지정된 알파벳 2글자 코드)이며 HL로 시작되는 항공기는 '대한민국' 항공기임을 말한다.

-첫 번째 숫자 '7'은 제트엔진을 장착한 항공기를 뜻한다.

-두 번째 숫자 '4'는 4개의 엔진이 장착된 항공기(엔진의 개수)를 뜻한다.

-뒤의 '48'은 동종 기종의 일렬번호이다.

그러나 현재는 항공기 개체의 수가 급격히 늘어 상기의 규칙이 적용되지 않는 경우가 있다.

Vytautas Kielaitis / Shutterstock.com

객실 브리핑 시 해당 편에 배정된 항공기의 HL No.를 확인하고 해당 항공기의 기종에 맞는 도해도를 펼쳐 비상 장비와 보안 장비의 위치를 확인한다. 모든 승무원은 본인의 Jumpseat 주변의 비상 장비를 확인해야 하며, 응급 환자 발생 시 사용 가능한 AED, EMK와 같은 응급 의료 비상 장비의 위치 또한 재확인하여 필요시 신속히 전달될 수 있도록 한다. 또한 이 시점에서 보안 장비에 대한 확인도 필요하며, 비상 탈출의 상황이 발생되면 어떠한 Door로 승객의 비상 탈출을 지시할 것인지 등도 협의한다. 또한 항공기 납치/테러 상황 발생 시 어떠한 신호로 보고할 것인지 등도 논의해야 한다.

(2) 클래스별 장착 좌석 특성 확인

동일 항공사의 항공기인 경우에도 그 항공기의 제조사, 항공기의 규모, 개조 일시에 따라 항공기 내부에 장착된 좌석의 타입이 다를 수 있다. 따라서 항공사에 따라 보유 기종이 매우 다양하고 좌석의 특성도 다르기 때문에 매 비행 전 해당 항공기에 어떠한 타입의 좌석이 장착되어 있으며, 그 좌석의 특징은 무엇인지, 좌석 작동 불능 시 조치 사항 등을 미리 확인하여 비행 중 발생할 수 있는 불편 사항에 적절한 조치가 이루어질 수 있도록 사전 학습이 필요하다.

FR/CL 좌석 (Kosmo Suites 2.0)	**PR/CL 좌석** (Prestige Suites)	**EY/CL 좌석** (New Economy)

(3) Trouble Shooting 방법 숙지

객실 승무원은 해당 편 항공기에 장착된 좌석의 사양을 확인함과 동시에 좌석 앞 개인용 모니터의 어떠한 소프트웨어가 적용되는지 확인하고 승객에게 사용법 등에 대한 안내가 잘 이루어져야 한다. 비행 중 이러한 IFE(In-Flight Entertainment) 시스템에 오류가 발생되면 해당 승객은 불만을 제기할 수 있으므로 신속하고 적절한 조치가 이루어져서 빠른 시간 안에 재사용이 가능하도록 해야 한다. 따라서 객실 사무장은 이러한 내용을 객실 브리핑 시 공유하여 Trouble Shooting 방법을 숙지할 수 있도록 해야 한다. 기종별 자세한 Trouble Shooting 방법은 각 항공사 규정에 따른다.

6) 식사 & 와인 정보

기내 서비스의 꽃이라 불리는 식사 서비스는 항공사를 이용하는 승객에게 매우 기대치가 높은 서비스 중 하나이며, 기내식 관련 만족도에 따라 그날의 비행에 대한 전반적인 평가가 이루어진다고 할 수 있을 정도로 매우 중요한 부분을 차지한다. 따라서 객실 승무원은 해당 편에서 제공되는 식사의 종류와 조리법, 같이 서비스되는 와인이나 음료의 종류 등에 대한 충분한 지식을 갖추고 있어야 한다.

KE081 EY/CL에서 제공되는 식사 중 소고기 요리는 어떠한 방식으로 조리가 되었고 소고기와 곁들어져 제공되는 음식은 무엇인지 등에 대한 사전 설명의 유무가 서비스의 수준을 향상시킬 수 있다. 예를 들면, EY/CL 식사 서비스 제공 시 승무원의 안내에 따라 어떻게 달라지는지 살펴보자.

예) "손님, 오늘 첫 번째 식사로는 비빔밥과 소고기 요리가 있습니다."
"손님, 오늘 첫 번째 식사로는 한식은 비빔밥인데 따뜻한 미역국과 함께 제공되고, 양식으로는 소고기 스튜인데 으깬 감자와 함께 제공됩니다."

위의 예문과 같이 단순히 제공되는 메뉴만 안내하는 것보다 요리의 조리법이나 같이 제공되는 음식에 대한 안내가 더해졌을 때 보다 나은 서비스가 이루어진다는 것을 느낄 수 있다. 이처럼 객실 승무원은 해당 노선에서 제공되는 식사나 음료에 대한 이해가 필요하며, 상위 클래스는 와인의 종류와 포도 품종과 같은 보다 자세한 설명이 필요하기 때문에 식음료 서비스에 대한 배경 지식과 사전 학습이 요구된다.

▪ **Service Procedure**

Phase	Time	Service Detail
1st SVC	15M after take-off	Amenity kit 1st Meal with beverage Entry documents Sales
PAX Rest	–	Beverage
2nd SVC	2H 30M before landing	Aperitif 2nd Meal with beverage
Preparation for approaching	40M before landing	Recheck on the entry documents
Preparation for landing	20M before landing	Sealing carts & locking galley compartments

Service Procedure

	1st Meal	2nd Meal	IN-BETWEEN SNACK
F	1. [KOREAN] BIBIMBAP [한식] 비빔밥 2. [KOREAN] BEEF BULGOGI #RICE [한식] 소고기 불고기 요리 #밥 3. [WESTERN] Seared Hanwoo(Korean Beef) Rib Eye Steak with Madeira Sauce #POTATO [양식] 마데이라 소스의 한우 구이 #감자 4. [WESTERN] ROASTED "JEDONG FREE-RANGE CHICKEN" THIGH WITH RED WINE SAUCE #POTATO [양식] 제동 닭다리살 구이 #감자	1. [KOREAN] SOFT BEAN CURD SOUP #RICE [한식] 순두부 국 #밥 2. [KOREAN] Grilled Hanwoo(Korean Beef) Rib Eye Pumpkin Healthy Rice [한식] 한우 갈비와 영양밥 #단호박 3. [WESTERN] STEAMED LOBSTER WITH CHAMPAGNE SAUCE #POTATO [양식] 샴페인 소스의 랍스터 요리 #감자	o. PECAN TART o. [SNACK] SAMGAK GIMBAP(CHOLPAN FRIED RICE) o. [SNACK] SAMGAK GIMBAP(JEONJU BIBIMBAP)
C	1. [KOREAN] BIBIMBAP [한식] 비빔밥 2. [KOREAN] SPICY STIR FRIED OCTOPUS WITH SPICY SAUCE #RICE [한식] 매콤한 낙지볶음 #밥 3. [WESTERN] SEARED BEEF FENDERLOIN WITH MEAUX MUSTARD SAUCE #POTATO [양식] 머스터드 소스의 소고기 스테이크 #감자 4. [CHINESE] STIR FRIED SEAFOOD AND TOFU WITH HOT BEAN SAUCE #RICE [중식] 핫빈 소스의 해산물 볶음 #면	1. [KOREAN] DONGCHIMI(RADISH WATER KIMCHI) COLD NOODLE [한식] 동치미 국수 2. [WESTERN] CHICKEN THIGH WITH MUSHROOM STEW #POTATO [양식] 닭다리 스튜 #감자 3. [WESTERN] SEARED HALIBUT WITH TOMATO OLIVE SAUCE #POTATO [양식] 토마토 소스의 광어 요리 #감자	o. *ASSORTED FROZEN COOKIES 3KINDS 10PCS EACH o. *CHOCOLATE MARS BAR TYPE, 51GM*288EA/CS o. SAE WOO KKANG IND TYPE o. [SNACK] PIZZA BAR (MARGARITA) o. [SNACK] SAMGAK GIMBAP(CHOLPAN FRIED RICE) o. [SNACK] SAMGAK GIMBAP(JEONJU BIBIMBAP)
Y	1. [KOREAN] BIBIMBAP [한식] 비빔밥(50%) 2. [WESTERN] BEEF STEW WITH THYMEGRAVY SAUCE #POTATO [양식] 소고기 스튜 #감자(50%)	1. [KOREAN] PORK BULGOGI_RICE [한식] 돼지 불고기(60%) 2. [CHINESE] CHICKEN WITH KUNG PAO SAUCE #RICE [중식] 쿵파오 소스의 닭고기 요리 #밥(40%)	o. PIZZA MARGARITA (60% OF PAX) o. SAM GAK GIM BAB (92EA) o. PRAWN CRACKER (10% OF PAX)

Service Wine

	Red Wine	White Wine	Champagne
F	1. CHATEAU NENIN 2008, 750ML, FC 2. GHOSTBLOCK NAPA VALLEY CABERNET SAUVIGNON 2016, 750ML, FC	1. ALBERT BICHOT CHABLIS 1ER CRU CAU DE VEY 2016, 750ML, FC 2. KENDALL JACKSON CHARDONNAY 2016, 750ML, FC	1. PERRIER JOUET BELLE EPOQUE 2012, 750ML, FC
C	1. CHATEAU PALOUMEY 2014, 750ML, PR	1. CHATEAU DE CRAIN 2018, 750ML, PR	1. PERRIER JOUET GRAND BRUT, 750ML, PR
Y	1. COTES DU LUBERON 2016, 750ML, EY	1. JEAN D'ALIBERT GRENACHE MARSANNE 2018	

7) 노선별 주요 강조 사항 확인

브리핑 시트 하단에 해당 노선 비행 시 꼭 알아야 할 지시 공지들이 강조되어 있다.

객실 사무장은 해당 편에 해당되는 기종, 서비스, 안전 등에 관련된 내용을 준수하여 수행해야 한다.

Crew Notice

- [강조] SFO APO 이동 시 주의 사항
  - SFO 공항 이동 시 All Crew Face Mask 의무 착용
  - 불이행 시 Fine 대상

- ['20. 4. 11.부 국토부 강조 사항 – GD 등재 한국 도착 승무원 대상]
  - 자가진단 앱 설치 및 앱을 통한 건강 상태 제출 철저(매 비행 시 삭제 후 재설치)
  - 능동 감시 협조: 매일 1회 복지부 콜센터에서 전화 연락하여 건강 상태 확인

  (중략)

Flight Notice

- Door Open: 744/74HI/777(L1, L2), 388(L1, UL1)
- KE081/2, KE011/2편은 D-40분 전 반드시 Boarding 요망

  (중략)

▲ 브리핑 시트 내 주요 강조 사항 예시

8) 안전/보안

객실 사무장은 해당 편 안전/보안 업무에 대하여 회사에서 정한 규정대로 시행해 줄 것과 비상 상황 발생 시 표준 절차에 따라 비상 신호등을 이용하여 정확하고 신속한 보고를 지시한다.

(1) Alert Level별 표준 조치 사항

객실 승무원은 해당 노선이 어떠한 Alert Level에 속하는 지역인지 확인한 후, 표준 조치 세부 사항에 대해 확인하고 현지 해외 체재 시간을 포함한 비행 근무 시간 동안 단계별 표준 조치 세부 사항을 지킨다. 이러한 항공 보안 등급은 고정된 상태로 공표되는 것이 아니라 해당 국가의 안보나 치안 상태에 따라 기한이 정해지고 등급이 부여되기 때문에 객실 사무장은 이러한 보안 등급 내용을 객실 브리핑 시점에 언급하여 해당 목적지 나라의 Alert Level에 맞는 보안 활동과 체재 규정을 준수할 수 있도록 지도해야 한다.

국가 항공 보안 등급	항공사 Alert Level
평시(Green)	Alert 3(주의: Yellow)
관심(Blue)	
주의(Yellow)	
경계(Orange)	Alert 2(경계: Orange)
심각(Red)	Alert 1(심각: Red)

▲ 국가 항공 보안 등급과 항공사 보안 등급 차이 예시

항공 보안(KE Alert Level/국가 항공 보안 등급)

	KE Alert Level	국가 항공 보안 등급
보안 등급	Alert 2: LHR/ICN, IST/ICN 노선 LHR, IST 지역	관심(Blue): 국내 전 공항
	Alert 3: Alert 2 제외 전 노선/지역	
승무원 조치 사항	단계별 표준 조치 사항 준수	감독관 질의 시 참고

▲ K 항공사 항공 보안 등급 예시

Alert 3(주의/Yellow)	
표준 조치 사항	• 승무원 보안 브리핑을 실시한다. • 항공기 운항 전 보안 점검을 실시한다. • 기내식 Sealing 상태 확인 및 Seal 번호를 20% 확인한다. • 승객 탑승 시 탑승권은 100% 확인한다. • 비행 중 모든 보관 공간을 30분마다 확인한다. • 승객 하기 후 기내 잔류 승객 유무를 확인한다.
비상 연락망 구축	• 해외 체류 시 휴대폰을 소지한다. • 호텔 도착 후 승무원 간 비상 연락망을 공유한다.
해외 체재 규정	• 육로로 3시간 이내 귀환 가능한 곳까지만 외출한다. • 현지 시간 23시 이전까지 호텔로 귀환한다. • 치안이 불안정한 도시에서는 1인 단독 외출을 삼간다.

▲ 단계별 표준 조치 세부 사항 예시

(2) 비상 긴급 신호

비행 전체 단계에서 비상 상황 발생 시 기장을 포함한 전 승무원과의 다자 간 통화를 위해 인터폰을 통해 비상 긴급 신호를 발신한다.

기종	비상 신호	긴급 신호
A380	'EMER' 버튼 1초 이상	'EMER' 버튼 1초 이상
B777/B747/B787/A220	'5' 버튼 2회	B777/B747-8I/B787/A220: '*' 버튼 2회 B747: 'P' 버튼 2회
A330	'PRIO CAPT' 버튼 1회	'CAPT', 'RESET', 'CAPT' 버튼 각 1회
B737	'2' 버튼 3회	'2' 버튼 2회

▲ 기종별 비상 긴급 신호

9) VOC

객실 브리핑 시점 객실 사무장은 최근 발생했던 고객 불만 사례들을 동승 승무원에게 전달하면서 고객 불만이 발생한 원인과 예방 대책에 대한 정보를 공유한다. 또한 고객의 칭송 내용도 공유하여 어떠한 요소가 고객의 마음을 감동시켰는지를 알아볼 수 있다. 이러한 VOC를 통한 Case Study는 고객의 불만을 줄이고 만족 요소를 확대함으로써 고객만족 서비스를 실현시키는 데 매우 중요한 역할을 담당한다.

TIP

VOC란?

Voice Of Customer의 약자로 고객의 소리를 말한다.
VOC는 고객의 칭찬/고객의 제안/고객의 불만으로 구분된다.

05

CHAPTER

합동 브리핑

05 합동 브리핑

주요 업무	객실 사무장	객실 부사무장	팀원
• 합동 브리핑 참석	• 합동 브리핑 참여	• 합동 브리핑 참석	• 합동 브리핑 참석
• 객실 운항 간 협의 사항 논의	• 운항 승무원의 방송 모니터링 협의 • 비정상 상황 발생 시 탈출 신호 협의 • 조종실 출입 절차 논의		

• 객실 브리핑이 끝난 후 **정해진 시간**에 **정해진 장소**에서 운항 승무원과 합동 브리핑을 실시한다.
• 합동 브리핑은 운항 승무원 중 **PIC 기장이 실시**하며, 항로, 기상, 비상사태 발생 시 대처 요령 등을 포함하여 비행 전반에 관한 사항을 브리핑한다.
• PIC 기장은 객실 사무장과 비행 중 의사소통이 필요한 사항에 대해 **사전 협의**하고 비행 시 협의한 대로 따른다.
• PIC 기장은 비행 전반에 대한 **책임**을 갖고 있다.

1. 합동 브리핑 준비

객실 브리핑을 마친 객실 승무원은 운항 승무원과의 합동 브리핑에 참석해야 한다. 운항 승무원은 항공기가 출발하기 전 최신의 운항 정보를 수집·분석한 운항 정보를 운항 관리사로부터 전달받아 객실 승무원과 합동 브리핑 시 정보를 공유하여 안전 운항을 할 수 있도록 해야 한다.

1) 합동 브리핑 장소 및 시간

객실 승무원들은 객실 브리핑 후 정해진 시간 및 장소에서 운항 승무원과 합동 브리핑을 통해 해당 편 비행 정보를 공유할 수 있다.

구분	국내선		국제선	
	GMP	ICN	GMP	ICN
브리핑실	55분 전	1시간 20분 전	1시간 15분 전	1시간 35분 전
승객과 분리된 장소 (Shipside 또는 기내 전방)	출발 35분 전		출발 55분 전	

▲ 합동 브리핑 시간표 예시

2) 합동 브리핑 실시 방법

운항 승무원은 운항 관리사로부터 받은 최신의 운항 정보를 토대로 객실 승무원이 모여 있는 곳으로 가서 운항 브리핑을 실시한다. 운항 브리핑을 실시할 때에는 PIC 기장이 주관하며 당일 편 함께 근무하는 교대 기장, 부기장, Observer 등이 모두 함께 참여하고, 그날의 PIC 기장이 외국인 기장인 경우 영어로 브리핑을 진행하고, 한국인 기장이 PIC

▲ Shipside 합동 브리핑

▲ 객실 전방 합동 브리핑

인 경우에는 한국어로 브리핑을 실시한다. 객실 승무원 중 외국인 승무원(M/C Crew, Multinational Cabin Crew)이 포함되어 있을 경우 영어 등 공용어를 사용하여 중요한 내용을 알려 주어야 한다.

일부 승무원이 합동 브리핑에 참석하지 못하는 불가피한 사정이 있는 경우, 기장 또는 사무장이 브리핑 내용을 해당 승무원에게 따로 전달한다. 또한 기장은 출발 시간이 충분치 않거나, 연속되는 비행을 동일한 객실 승무원과 함께하는 경우에는 브리핑 장소나 시간을 조절하여 객실 사무장에게 대표로 브리핑을 하고 객실 사무장이 승무원들에게 이를 전달할 수 있다.

2. 합동 브리핑 내용

1) 비행 전반적인 계획 안내

기장은 당일 비행 편에 대한 전반적인 비행 계획에 대해 객실 승무원에게 전달한다. 이때 계획된 비행 시간, 고도, 항로, 항로상 기상, Taxiway의 예상 이동 시간, 항로상 예상되는 난기류(Turbulence) 시 신호 방법 및 지속 예상 시간, 승객 예약 사항 및 VIP, CIP, Extra 승무원(Dead Head Crew)을 포함한 운항과 객실 승무원 탑승 인원, 환자 등에 대한 사전 정보를 공유한다.

2) 기상 및 Turbulence 정보 교환

PIC 기장은 전반적인 기상 상황에 대해 설명하고, 비행 중 예상되는 Turbulence 관련 정보에 대해서는 보다 자세하게 설명한다. Turbulence 발생 시 Fasten Seatbelt Sign 운영 방법이나, PA 운영 방법 등의 내용을 객실 승무원과 협의하는 등, Turbulence 발생 시 승무원 행동 요령에 대한 매뉴얼을 다시 한 번 확인시킴으로써 철저한 안전 업무의 중요성에 대해 강조한다

3) 운항 승무원 방송 모니터링 방법 협의

비행 전 지상에서 PIC 기장은 PA 테스트를 하게 되는데, 이때 객실 승무원에게 방송의 음량이나 음질 상태에 대한 모니터링 결과를 구두나 인터폰을 통해 전달해 줄 것을 요청한다. 또한 운항 중 기장 방송 시 객실 승무원은 다시 한 번 기장에게 모니터링 결과를 인터

폰을 통해 전달하도록 되어 있다. 이러한 운항 승무원의 방송 모니터링 결과를 어떤 방식으로 전달해 줄 것인지에 대한 협의도 운항 브리핑에서 이루어진다.

4) 비상사태 발생 시 탈출 신호 및 기장 방송 협의

운항 브리핑 시 비상사태에 대한 운항 승무원과 객실 승무원의 사전 협의가 이루어져야 한다. 비상사태에 대한 사전 협의는 항공기 비상 착륙이나 비상 탈출을 비롯한 운항 중 발생할 수 있는 비상 상황에 대한 운항 승무원과 객실 승무원의 신속한 상황 판단과 상황에 맞는 적절한 비상 탈출 지휘로 얼마나 많은 사람의 목숨을 안전하게 지킬 수 있는지가 결정되는 가장 중요한 사항이다. 따라서 운항 브리핑을 주관하는 PIC 기장은 상황에 따라 어떠한 신호를 어떤 방식으로 부여할지를 통보하고 객실 승무원은 이러한 내용을 숙지하고 있어야 한다.

만약 비행 중 비상사태가 발생되면 비상 착륙을 시도하게 되는데, 이러한 상황에서는 비상 착륙과 비상 탈출을 위한 준비 시간이 부여된다. 상황에 따라 준비 시간이 짧거나 준비 시간이 충분한 경우로 나누어 운항 승무원과 객실 승무원과의 역할이 잘 배분되어야

기장 방송	상황 판단	객실 승무원 수행 절차
"This is the Captain." "Remain seated, remain seated."	비상 탈출이 필요하지 않은 경우	각자의 정위치에서 다음 임무 절차를 대비한다.
"Attention, crew at station."	비상 탈출이 예상되는 경우	각자의 정위치에서 비상 탈출을 위한 대비를 한다.
"This is the Captain. Evacuate, evacuate!"	비상 탈출이 필요한 경우	승객의 비상 탈출을 지휘한다.

▲ 이륙 중단(Rejected Take-off) 후 객실 승무원의 상황 판단

하며, PIC 기장은 짧게나마 객실 사무장과 이러한 상황에 대해 논의하게 된다. 하지만 비행기가 이륙하는 시점에 항공기에 문제가 생겨 갑자기 멈추게 되는 상황이 발생되면 즉각적으로 승객의 탈출이 필요한 상황인지, 다시 이륙을 시도할 수 있는 상황인지에 대해 운항 승무원과 객실 사무장의 논의를 할 수 있는 시간적 여유가 없다. 따라서 이러한 상황에 대비해 운항 브리핑 시점에 이륙 시 발생 가능한 비상 상황에 대해 상황별로 객실 승무원과 비상 신호와 탈출 방법을 논의하게 된다. 위의 표는 이러한 상황에 대해 운항 승무원이 어떤 방송을 하게 되며, 그러한 방송이 나올 경우 객실 승무원의 행동 지침에 관한 것이다.

▲ 비상 탈출을 지휘하는 승무원

5) 조종실 출입 절차 논의

PIC 기장은 해당 편 조종실 주 출입자(대개 조종실과 가장 가까운 위치에 근무하는 상위 클래스 근무자)들을 육안으로 확인하고, 전 승무원과 조종실 출입 절차에 대해 다시 한 번 확인한다.

조종실 출입 시 노크는 몇 회를 할 것이며 인터폰을 할 때 '암호'를 지정할 수도 있고, 조종실 근처에 설치되어 있는 카메라를 통해 신분을 확인하기도 한다.

(1) 조종실 출입 인가 기준

- 조종실 출입이 인가된 사람은 해당 항공편에 근무하는 승무원(운항 승무원과 객실 승무원) 및 운항 관련 운송 직원이다.
- 해당 항공편에 출입이 인가된 사람 이외에 조종실 출입을 위해서는 출입 인가 서류를 소지해야 한다.
- 조종실 출입이 인가된 사람을 제외하고 누구도 조종실에 출입할 수 없다.
- 객실 승무원은 조종실 출입 인가 서류를 소지한 사람이 조종실 출입 의사를 밝히는 경우에 인가 서류와 국가가 인정한 신분증을 확인한 후 기장에게 인터폰으로 연락하고 출입하도록 한다.
- 조종실에 불필요한 자의 출입을 통제하기 위하여 조종실 출입문은 항상 잠금 상태가 유지되도록 한다.

(2) 조종실 출입 인가 서류

- 평상시 조종실에 출입이 인가된 자 이외의 사람이 조종실에 출입하기 위해서는 조종실 출입 인가 서류(회사에서 발행한 조종실 탑승 허가서 혹은 국토교통부에서 발행하는 항공기 출입 요구서)를 소지해야 한다.
- 객실 승무원은 운항중 출입 인가 서류를 소지한 사람이 조종실 출입을 요구할 경우 국가가 인정한 신분증(여권, 공무원증 등)을 확인 후 기장에게 인터폰을 통해 연락한 후

출입 허가를 받는다.

조종실 출입 인가 서류	발행권자
항공기 출입 요구서	국토교통부 장관 또는 지방 항공청장
조종실 탑승 허가서(Cockpit Auth)	항공사 운항 부서 담당 임원

▲ 조종실 출입 허가 서류 발행처

국토교통부
Ministry of Land, Infrastructure and Transport
Republic of Korea

항공기출입요구서
REQUEST FOR ACCESS TO AIRCRAFT

발급번호 제OP-　　　호

이 항공기출입요구서를 소지한 자는 항공안전법 제77조 및 제132조와 운항기술기준 8.1.8.11의 규정에 의하여 항공기의 조종실출입 공무수행자임을 증명합니다.
Pursuant to the Aviation Act and Flight Safety Regulations, access to aircraft is requested for the person herein named

☐ 항공기탑승 ☐ on a must fly / ☐ 관찰·점검좌석제공 ☐ space available basis from

검사관 성명 Inspector's name		검사관 소속·직급 Inspector's Title		증명서번호 Credential No.	
항공사명 Name of Operator					
검사일자 Date		시간 Time		비행편명 flight No.	

점 검 노 선

THE ROUTE(S) TO BE FLOWN

From	To	검사관 서명 Inspector's Signature
From	To	____________

목적 PURPOSE

년　월　일

국토교통부장관 또는 지방항공청장 (직인)

▲ 항공기 출입 요구서

COCKPIT AUTH

1. NAME

구분	DATE	PTN	탑승자	AUTH NBR
KE647(A330) KE644(B777)	2017-06-01 2017-06-03	ICN/SIN SIN/ICN	홍길동 Hong Gil-Dong	2017-SEL00- 05-115

2. REASON: 전문 교관 관숙비행

OSI) PLZ ATTEND CREW BRIEFING

- PLEASE HAVE THE COCKPIT AUTH WITH YOU WHEN YOU BOARD THE FLIGHT-

▲ Cockpit Auth 양식

(3) Two-Crew Rule

항공기의 안전한 운항을 위해 항공사는 Two-Crew Rule을 적용한다. Two-Crew Rule은 운항 중 최소 2명의 승무원이 조종실 내에 상주해야 하며, 운항 승무원 1명만이 조종실에 있게 되는 경우, 다른 한 명의 운항 승무원이 자리로 돌아올 때까지 객실 승무원이 조종실에 대신하여 있어야 한다. 조종실에서 대기하는 객실 승무원은 조종석에 착석해서는 안 되며, 다음 사항을 숙지해야 한다.

- 조종실 내의 비상 장비(비상구, 산소마스크, 구명복, Safety Belt, Safety Harness 등) 사용법
- 조종실의 출입문 작동 방법(기종별로 상이함)
- Cabin과의 연락을 취하기 위한 조종실 인터폰 사용 방법

항공안전감독관 신분증

(앞쪽)

대한민국(Republic of Korea)
국토교통부(Ministry of Land, Infrastructure and Transport)

항공안전감독관증
(CIVIL AVIATION SAFETY INSPECTOR CERTIFICATE)

사 진 3㎝ × 4㎝	성명(Name):	
	성별(Sex):	
	생년월일(Date of Birth):	년(y) 월(m) 일(d)
	소속(Employed by):	
	직무(Occupation):	
	증명서 번호(Certi. No.):	CNS - 000호
	유효기간(Date of Expire):	년(y) 월(m) 일(d)
	서명(Signature of Holder):	

(뒤쪽)

대한민국(Republic of Korea)

이 사람은 「항공안전법」 제132조에 의거 사무소, 항공시설, 비행장, 항공기 등에 제한없이 출입하여 항공기, 항공시설, 장부, 서류 기타의 물건을 검사하거나 관계인에게 질문할 수 있고, 또한 같은 법 제90조에 따라 항공기의 운항 또는 항공종사자의 업무를 일시정지하게 할 수 있는 권한을 가진 항공안전감독관임을 증명함

This is to certify that this person is delegated to exercise the power under the Article 132 of Aviation Safetv Act to free uninterrupted access to offices, aeronautical facilities, aerodromes, aircrafts, etc., to perform inspections of aircraft, aeronautical facilities, documents, records, data, etc., and to ask questions to concerned personnel, and is also delegated to exercise the power under the Article 90 of Aviation Safetv Act to detain aircraft and to prohibit any person from exercising the privileges of any aviation licence, certificate or document for just cause.

발행일자(Issued date):
발행장소(Issued at):

국토교통부장관 또는
지방항공청장 또는 항공교통본부장 (인)
(Minister of Ministry of Land, Infrastructure and Transport or 00 Administrator of the Regional Aviation Administration or Officer of Air Traffic Management Office)

▲ 항공안전감독관 신분증

Sorbis / Shutterstock.com

(4) 조종실 출입 절차

조종실 출입 절차 중 정상 출입 절차와 비상 출입 절차에 대해 객실 승무원과 함께 확인한다.

정상 출입 절차(Normal Access Procedure)

■ 조종실에 들어갈 때

- 조종실에 들어가기 전 운항 승무원에게 허가를 받기 위해 인터폰을 이용하여 Cockpit에 연락한다.
- 기장의 허락을 받으면 객실 승무원은 조종실에 들어가기 전 조종실 출입구 근처(조종실 출입문 근처, 전방 Galley, 조종실 출입문 근처 화장실)의 승객 존재 여부를 확인한다.
- 조종실 출입구 근처에 승객이 없음이 확인되면, 조종실 출입이 승객에게 노출되지 않도록 조종실 앞에 장착된 커튼을 닫고, 브리핑 시 기장과 객실 승무원 간에 미리 정해 놓았던 출입 방법에 따라 노크 후 Normal Access Code를 Keypad에 입력한다.

- 이때 객실 승무원은 2명이 1조가 되어 한 명은 조종실 출입구 입구에서 객실을 향한 자세로 위치하면서 조종실 출입 상황을 모니터하고, 나머지 한 명이 조종실에 출입하게 되는데, 조종실에 들어간 즉시 문을 닫는다.

■ 조종실에서 나올 때

- 조종실 내부에 있던 객실 승무원이 조종실 외부에 있는 객실 승무원에게 인터폰을 통해 연락하여 조종실 앞에서 경계를 해주고, 커튼을 닫아 줄 것을 요청한다.
- 조종실을 나오기 전 객실 승무원은 출입문에 장착된 Camera 및 광폭 렌즈를 통해 외부 상황을 확인한 후 출입문을 개방한다.
- 외부에 있던 운항 승무원이 다시 조종실에 들어갈 때도 객실 승무원이 들어갔을 때와 마찬가지로 외부 상황을 감시할 수 있는 객실 승무원 1명이 Cockpit Door 입구에서 출입을 모니터한다.

▲ 조종실 도어

비상 출입 절차(Emergency Access Procedure)

- 비상 출입 절차란 3회 이상의 정상 출입 절차를 수행했음에도 운항 승무원에게 아무런

반응이 없어서 조종실 내 비상사태가 예상될 경우 사용할 수 있는 출입 절차이다.

- 기종마다 약속된 장소에 표시되어 있는 Emergency Access Code를 찾아내어 Key Pad에 입력하면 Led Light가 점멸하면서 Bell 또는 Buzzer가 지속적으로 울리게 되고, 정해진 시간(대개 60초)이 경과하면 출입문은 자동으로 Unlock되어 열린다.
- 이때도 정상 출입 절차 때와 마찬가지로 객실 승무원 1명은 조종실 출입구 근처에서 객실의 상황을 모니터링해야 한다.
- Cockpit 내 운항 승무원에게 비상사태가 발생하지 않은 경우에는 조종실 밖에서 객실 승무원이 비상 출입 절차를 수행하기 위해 Emergency Access Code를 입력했을지라도, 운항 승무원은 Deny(Boeing 기종) 혹은 Lock(Airbus 기종)을 선택할 경우 정해진 시간(대개 20분) 동안에는 외부에서 Keypad를 작동할 수 없으며, 조종실 출입문은 위험 사항이 모두 해결된 후에 개방할 수 있다.

06

CHAPTER

A/C Show-up 후부터 승객 탑승 전까지

06 A/C Show-up 후부터 승객 탑승 전까지

주요 업무	객실 사무장	객실 부사무장	팀원
• 승무원 이동	• Crew Bus 이동 시 동승 승무원 안전 책임 활동 • 승무원 출국 심사	• Crew Bus 탑승 • 승무원 출국 심사	• Crew Bus 탑승 • 승무원 출국 심사
• Taser 확인	• Taser 확인 최종 책임		• Taser 담당 승무원이 탑재 여부 및 개수 확인
• 기내 비치 서류 확인	• 기내 비치 서류 수량 및 상태 확인 – 피해자 구제 신청서 – 업무 교범 – 기내 방송문		• 방송 담당 Duty 방송문 확인
• 항공기 상태 점검	• Cabin Log – 기재 유무 및 내용 확인 • Potable Water 탑재량 확인 • PA Test • Cabin Light Test • 기내 온도 점검 • Safety Demo Test	• Crew Rest Area Key 점검 • In-Flight Entertainment System 점검 및 설정 – PRAM Test – BGM Test	• PA/PRAM/BGM Test 시 음량 상태 확인 • Cabin Light Test 시 객실 조명 확인 • Safety Demo Test 시 본인 근무 구역 스크린 상태 확인
• 비상/보안 장비 점검	• 비상/보안 장비 체크리스트에 의거하여 점검 실시	• PA에 맞춰 본인 담당 구역 확인	• PA에 맞춰 본인 담당 구역 확인
• 기내 청소 상태 점검	• 청소 상태 확인 PA – 최종 확인 후 기내 청소 점검표에 서명	• 객실 전반 청소 상태 육안으로 재차 확인	• PA에 맞춰 본인 담당 구역 확인
• 기내 탑재 상태 확인	• BSCT • On-Board WCHR • Catering 탑재 내역 확인 후 기내식 탑재품 Seal 인수인계서 확인 후 서명 • 승객용 입국 서류 인수 • Pre-SHR 인수	• BSCT 탑재 수량 및 위치 확인 • Pre-SHR 내 Special Passenger 정보 각 클래스에 전달	• 해당 구역 근무자가 On-Board WCHR 탑재 확인 후 보고 • Meal CHK Duty 승무원이 기내식 탑재품 Seal CHK 후 Catering 세부 탑재 내역 확인 후 보고
• Boarding 준비	• 승객 탑승 시작 시점 협의 • PIC에게 **탑승 준비 완료 보고** • 승객 탑승 시점 확인 후 지상 직원에게 통보 • Boarding Music ON • 탑승 준비 지시 – 승객 탑승 시 환영 준비 – 탑승구별 담당 승무원 정위치 및 객실 내 분산 배치 확인	• L2에서 탑승 준비 • Special Passenger 인계 준비	• FR/PR 승객 Escort 준비 • UM/WCHR 담당 승무원 탑승구 앞 대기

- 객실 브리핑을 마치면 승무원들은 서둘러 항공기로 이동해야 하는데 이것을 A/C Show-up이라고 한다.
- **A/C Show-up**은 최소 STD 55분 전에 이루어져야 한다.
- 승무원은 해당 편수 항공기에 도착하면 가장 먼저 본인의 짐을 승무원 짐 보관 공간에 정리한 후 맡은 바 업무를 수행하다가 객실 사무장이 실시하는 PA에 맞춰 일괄적으로 동시에 점검해야 하는 시점에서는 개인적인 업무보다 PA 지시 사항에 우선하여 따른다.
- 기내 비상/보안 점검과 같은 PA로 지시되는 점검 사항이 끝나면 각자 맡은 바 업무를 신속히 마무리하고 승객 탑승 준비를 실시한다.
- 승객 탑승 시점 각자 지정된 구역에서 바른 용모와 환한 미소로 승객을 맞이할 준비를 한다.
- 객실 사무장은 **승객 탑승 준비가 완료**되면 PIC 기장에게 탑승 준비 완료 상태를 보고하고 승객 탑승 시작 시간을 협의한다.
- PIC와 탑승 시작 시간 협의가 끝나면 지상 직원에게 탑승 시작 시간을 알려 정해진 시각에 승객이 탑승할 수 있도록 한다.

CHAPTER 06

1. A/C Show-up

1) 승무원 이동

(1) Crew Bus

공항에서 떨어진 지정된 공간에서 브리핑을 실시한 경우 같은 편 동승 승무원은 회사에서 제공하는 승무원 전용 버스를 이용하여 공항으로 다 함께 이동한다.

객실 사무장은 동승 승무원들의 승하차 모니터링을 통해 동승 승무원의 안전을 책임져야 하는 임무를 수행해야 하기 때문에 업무상 재해 예방의 차원에서 가장 늦게 탑승하고, 가장 먼저 하차하여 안전한 승하차를 지도한다.

▲ 승무원 전용 버스

(2) 승무원 출국 심사

승무원이 비행 업무를 수행하기 위해 출국하는 경우에는 일반 승객들과는 별도로 분리된 승무원 전용 출국 심사대를 이용한다. 일반 승객들과는 달리 여권 스캔이나 지문 인식의 과정을 생략한 채 승무원 등록증을 스캔하는 과정만 거치면 출국이 허용된다.

2) A/C Show-up Time

국제선	항공기 출발 65분 전
국내선	항공기 출발 35분 전

▲ 항공기 탑승 시각

항공기 출발 시각 기준으로 정해진 시점까지 항공기에 도착해야 하는 시간을 A/C Show-up Time이라고 하며, 객실 승무원은 브리핑을 마친 후 신속히 이동하여 A/C Show-up Time을 준수해야 한다. 승객이 탑승하기 전 객실 승무원은 항공기에 미리 도착을 하여 항공기의 상태를 확인하고 기내 서비스에 사용되는 물품들이 빠짐없이 실렸는지, 객실 내 청소 상태는 청결한지 등을 확인해야 한다. 여기에 주어진 시간은 약 15분이므로 가능하다면 항공기에 빨리 도착하여 승객이 탑승하기 전 비행을 위한 모든 준비를 마칠 수 있도록 맡은 업무를 신속히 수행한다.

만약 연결 편 관계 등의 사유로 항공기 도착이 지연되어 탑승 시각을 준수하지 못할 경우에는 가능한 한 항공기 도착 장소 근처에서 대기한다.

2. 승객 탑승 전 업무

1) Taser 확인

객실 사무장은 기내에 탑승 직후 사무장이 지정한 Taser 담당 승무원과 함께 2인 1조가 되어 기내 무기함에 상시 비치되어 있는 Taser를 확인한다.

TIP

Taser는 항공기의 안전 및 승객이나 승무원의 안전을 위협하는 불법행위를 제압하기 위해 사용하는 전자충격기이다.

	A380	A380 제외 전 기종
Air Taser	2	1
Cartridge	6	3

▲ 기종에 따른 Air Taser 및 Cartridge 개수

Taser는 승무원이나 승객의 안전을 위협하는 불법행위를 하는 승객을 제압하기 위한 용도로 사용되지만, 비살상 무기로 구분된다. 그러나 반드시 Taser에 대한 교육을 이수한 승무원에 의해 사용되어야 한다. 또한 국가별로 Taser를 반입하는 것이 금지된 국가가 있기 때문에 해당 편 목적지가 Taser 반입이 가능한 국가인지 아닌지를 사전에 확인한다. 객실 브리핑 시간에 정한 Taser 담당 승무원은 해당 국가 기준에 따라 Taser의 탑재 유무를 반드시 확인하고 객실 사무장과 상호 확인해야 한다.

국가명	공항명
영국	LHR, LGW
호주	SYD, BNE, CNS, MEL
뉴질랜드	AKL, CHC
캐나다	YVR, YYZ, YYC
인도	BOM, DEL, VNS
네덜란드	AMS
캄보디아	PNH, REP

TIP

Air Taser 사용 규정

• 사용 목적

– 항공 보안을 해치는 행위를 제압한다.(승무원 폭행, 협박, 위계 등)

– 인명이나 재산에 위해를 주는 행위 제압한다.(승객 및 승무원의 폭행 및 난동 행위 등)

• 사용 주체: 객실 승무원 전원

• 사용 전 확인 사항

– 카트리지가 정위치에 장착되어 있는지 확인한다.

– 협조자와 포박장비가 준비되어 있는지 확인한다.

– 적정 사거리(2~3m)가 확보되어 있는지 확인한다.

• 사용 방법

– 난동 행위 승객을 향해 경고한다.

– Stun Mode로 사용한다.(선택 사항이며 이때는 카트리지를 제거한다)

– Taser를 격발한다.(Stun Mode 사용 절차 생략 후 바로 격발할 수 있다)

2) 기내 비치 서류 확인

객실 사무장은 항공기에 탑승 후 기내에 상시 비치되어 비행 근무 시 참고하거나 사용할 수 있는 서류를 점검해야 한다. 상시 비치되어 있는 서류에는 객실 승무원 업무 교범(Cabin Operations Manual: COM), 기내 방송문, '항공교통 이용자 피해 구제 신청서'(30매) 등이 있다. 또한 객실 사무장은 기내 보안 서류의 종류 및 개수도 확인해야 한다. 기내 보안 서류는 보안 서류 List가 첨부되어 Sealing되어 있는데 Seal의 훼손 여부를 확인하여 정상일 경우 추가 확인은 불필요하고, 훼손되었을 경우에만 서류 종류 및 개수를 확인하면 된다.

<table>
<tr><th rowspan="2">서류 종류</th><th colspan="2">운영 방식</th></tr>
<tr><th>현행</th><th>변경</th></tr>
<tr><td>기내 흡연 사건용 간이 진술서</td><td rowspan="4">비행 준비실 비치</td><td rowspan="6">기내 탑재(각 1부)</td></tr>
<tr><td>In-Flight Disturbance Report</td></tr>
<tr><td>Witness Report</td></tr>
<tr><td>진술서</td></tr>
<tr><td>현행범인 체포서</td><td rowspan="5">기내 탑재</td></tr>
<tr><td>확인서</td></tr>
<tr><td>KE NO-FLY 안내문</td><td rowspan="3">기내 미탑재
*Google Drive 등재 내용 활용</td></tr>
<tr><td>체포 시 고지 사항</td></tr>
<tr><td>자발적 하기 안내문</td></tr>
</table>

▲ 기내 탑재 운영 서류: 경찰 제출용 서류(보안 서류 Pouch 내)

T I P

항공교통 이용자 피해 구제 신청서

피해 구제 신청이란 소비자가 구입한 상품이나 용역으로부터 어떤 피해나 불이익을 받았을 때 해당 판매자나 제조자에게 손해배상을 청구하는 제도이다. 항공교통을 이용하는 이용자도 소비자 기본법에 따라 피해 구제 신청을 할 수 있고 이것을 '항공교통 이용자 피해구제 신청'이라고 한다. 따라서 이러한 상황이 발생되는 것에 대비하여 항공법에 따라 항공교통 이용자 피해 구제 신청서를 기내에 의무적으로 비치하게 되었다.(2012. 10. 22.부) 따라서 이러한 구제 신청을 요구하는 승객이 구제 신청서를 제출하게 되면 항공사는 해당 신청서 접수 후 처리해야 한다.

• 피해 구제 대상 사례
- 항공교통 사업자의 운송 불이행 및 지연
- 위탁 수하물의 분실 및 파손
- 항공권 초과 판매
- 취소 항공권의 대금 환급 지연
- 탑승장, 항공편 등 관련 정보 미제공으로 인한 탑승 불가
- 항공사 과실로 인한 항공 마일리지의 누락
- 항공사의 사전 고지 없이 소멸된 항공 마일리지
- 『교통약자의 이동편의 증진법』에 따른 이동 편의시설 미설치로 인한 항공기의 탑승 장애(단, 기상 상태, 항공기 접속 관계, 안전 운항을 위한 예견하지 못한 정비 또는 공항 운영 중 천재지변 등의 불가항력적인 사유로 발생한 피해는 구제 대상에서 제외됨)

• 기내 탑재 내역
- 국내선 및 국제선 동일하게 FLT당 30매를 상시 비치한다.
- 객실 사무장은 신청서 확인 후 재고 부족 시 조업원에게 요청하여 탑재 후 근무해야 한다.
- 고객이 '피해구제 신청서' 요청 시 기내 탑재된 양식을 제공하되 피해 구제 대상 사례에 적합한 용도로만 제공한다.
- 고객이 접수 방법 문의 시 양식 앞면 내용 참고하여 안내한다.

대한항공 항공교통이용자 피해구제 안내

Damage Redress for Korean Air Customers

1 법적근거 : 항공사업법 제61조 및 항공사업법 시행규칙 제64조

Legal Basis : Aviation Business Act §61 and Aviation Business Act Enforcement Regulations §64

2 피해구제 대상 Damage Redress in Cases of:

① 항공교통사업자의 운송 불이행 및 지연 Failure or delay of transport by aviation transporter
② 위탁수하물의 분실·파손 Loss and/or damage of checked baggage
③ 항공권 초과 판매 Oversold flight tickets
④ 취소 항공권의 대금 환급 지연 Delayed payment of refund for cancelled flight tickets
⑤ 탑승장, 항공편 등 관련 정보 미제공으로 인한 탑승 불가
Unable to board flight as airline did not provide information about boarding gate, flight number, etc.
⑥ 항공사 과실로 인한 항공마일리지의 누락 Missing mileage due to airline's negligence
⑦ 항공사의 사전고지 없이 소멸된 항공마일리지 Mileage expired without airline's prior notice
⑧ 「교통약자의 이동편의 증진법」제2조 제7호에 따른 이동편의시설의 미설치로 인한 항공기의 탑승장애
Impediments to boarding due to failure to install mobility facilities as required by Act on Promotion of the Transportation Convenience of the Mobility Disadvantaged, §2.7

* 단, 기상악화, 안전운항을 위한 예견하지 못한 정비, 천재지변, 항공기 접속관계주1) 또는 이에 준하는 부득이한 사유로 발생한 불가항력적 피해는 구제대상에서 제외 However, redress is not provided if the damage is due to uncontrollable circumstances, such as bad weather conditions, unforeseen maintenance required for safe flight operations, natural disasters, issues with flight connections*, etc.

주1) 항공기 접속관계 해당 조건 * Issues with flight connections are as follows:

- 이륙 대기 및 공중 체공 등의 사유로 항공교통관제 허가가 지연된 경우
  Air Traffic Control delays approval for reasons such as airplane standing by for takeoff or remaining in the air, etc.
- 항공로 혼잡으로 운항이 지연된 경우 Flight delay due to congested air route
- 테러 및 전염병 등의 발생으로 조치가 필요하여 운항이 지연된 경우 Flight delay due to acts of terrorism, contagious diseases, etc.
- 공항시설에 장애가 발생하여 운항이 지연된 경우 Flight delay due to problems with airport facilities
- 그 밖에 지방항공청장이 인정하는 경우 Other conditions acknowledged by the director of local aviation office

3 피해구제 접수처의 설치 및 운영 Applying for Damage Redress

① 피해접수처 및 문의처 Locations and contact information

◆ 우 편 : 서울특별시 강서구 하늘길260 대한항공 고객서비스실 (우)07505
Korean Air Customer Relations Department, 260 Haneul-gil, Gangseo-gu, Seoul, Republic of Korea 07505
◆ 방 문 : 대한항공 고객서비스실, 각 공항지점 Customer Relations Department at Korean Air Headquarters; Korean Air airport offices
◆ 문 의 : 02-2656-7700, customersvc@koreanair.com (피해구제 담당부서)
phone : 02-2656-7700, email : customersvc@koreanair.com

② 처리기한 : 피해구제신청 접수일로부터 14일 이내 Processing time : within 14 days of receipt of application
③ 처리결과 안내 : 전화, 문자메시지, 이메일, 우편 중 신청서 작성 시 선택 Notification of outcome : Choose phone, text, email or mail
④ 이의신청 방법 및 절차 : 처리결과 통지 후 고객이 이의신청 시 항공사에서 한국소비자원으로 이송
Filing an appeal: After receipt of outcome, customer may file for an appeal by completing the appeal application and sending it to Korean Air by mail/email; the appeal will be forwarded to Korea Consumer Agency
⑤ 피해구제 업무 담당부서의 역할과 임무 Functions and duties of Damage Redress Department
- 공 항 지 점 : 피해구제신청 접수 Korean Air airport offices : Receipt of Damage Redress
- 고객서비스실 : 피해구제신청 접수 및 처리 Customer Relations Department : Receipt & Handling of application

4 피해구제 처리절차 Procedure for Damage Redress

피해구제신청서 작성·제출 (이용고객) Complete/submit application (Customer)
⇨ 피해구제신청 접수 및 확인증(내용) 발송 (대한항공) Receipt: confirmation sent (Korean Air)
⇨ 피해발생 경위조사 (대한항공) Investigation of damage (Korean Air)
⇩ 관련법령 및 약관 등 처리방법 검토(대한항공) Evaluation of related laws and terms of carriage, etc. (Korean Air)
⇦ 처리결과 고객 통지(대한항공) Notice of outcome to customer (Korean Air)
⇦ 고객요청 또는 이의신청 시 한국소비자원 이송 (대한항공) Transfer to Korea Consumer Agency if customer requests or appeals (Korean Air)

* 항공사에서 신청내용에 대한 처리가 곤란하거나 고객의 요청이 있을 경우에는 그 신청을 접수 받은 날로부터 14일 내에 피해구제 신청서를 「소비자기본법」에 따라 한국소비자원에 이송하여 처리 In accordance with the Framework Act on Consumers, an application for damage redress may be transferred to Korea Consumer Agency within 14 days of receipt if it is difficult for Korean Air to process the application or if the customer so requests.

출처: 대한항공 홈페이지(koreanair.com)

▲ 항공교통이용자 피해구제 안내 예시

출처: 대한항공 홈페이지(koreanair.com)

항공교통이용자 피해구제신청서

Damage Redress Application for Air Transportation Users

접수번호 Application No.		접수일자 Date	20 . . . (Year. Month. Day)	접수직원 성명 Person in Charge	

신청인 Applicant	성명 Name		성별 Sex	남 Male □ 여 Female □
	주소 Address			
	연락처 Contact No.		이메일 Email	
	편명 / 탑승일자 Flight No. / Date		탑승구간 / 좌석번호 Airline Segment / Seat No.	
피해유형 (√표시) Type of damage (check one)	□ 운송불이행 및 지연 Failure or delay of transport □ 항공권 초과 판매 Oversold flight tickets □ 탑승장, 항공편 등 관련정보 미제공으로 인한 탑승불가 Unable to board flight due to lack of information about boarding gate, flight number, etc. □ 사전고지 없이 소멸된 항공마일리지 Mileage expired without airline's prior notice		□ 위탁수하물의 분실·파손 Loss and/or damage to checked baggage □ 취소 항공권의 대금환급 지연 Delayed payment of refund for cancelled flight tickets □ 항공사 과실로 인한 항공마일리지 누락 Missing mileage due to airline's negligence □ 이동편의시설 미설치로 인한 항공기 탑승장애 Impediments to boarding due to failure to install mobility facilities	
피해액/근거 Basis for calculation of requested amount				
회신방법 Preferred method of communication	□ 전화 Phone	□ 문자메시지 Text	□ 이메일 Email	□ 우편 Mail

피해 내용 (가급적 6하 원칙에 따라 작성) Details of damage (who, what, where, when, why, how?)

* 단, 기상악화, 안전운항을 위한 예견하지 못한 정비, 천재지변, 항공기 접속관계 또는 이에 준하는 부득이한 사유로 발생한 불가항력적 피해는 구제대상에서 제외 However, redress is not provided if the damage is due to uncontrollable circumstances, such as bad weather conditions, unforeseen maintenance required for safe flight operations, natural disasters, issues with flight connections, etc.

항공사업법 제61조 및 항공사업법 시행규칙 제64조에 의거 위와 같이 피해구제를 신청합니다.
I hereby apply for damage redress based on Aviation Business Act §61 and Aviation Business Act Enforcement Regulations §64

2 0 년(Year) 월(Month) 일(Day) 신청인 Applicant's Name/Signature ____________ (서명 또는 인)

항공교통이용자 피해구제 접수증 Damage Redress Receipt for Air Transportation Users

항공사업법 제61조 및 항공사업법 시행규칙 제64조에 의거 피해구제신청을 접수했음을 확인합니다.
I hereby confirm that this application for damage redress has been received based on Aviation Business Act §61 and Aviation Business Act Enforcement Regulations §64

○ 접수번호 Application No. : ○ 접수일자 Date : 2 0 년(Year) 월(Month) 일(Day)

○ 접수직원 : (소속)____________ (성명) ____________ (서명) ____________
Person in Charge Department Name Signature

▲ 항공교통이용자 피해구제 신청서

확 인 서

성　　명 :　　　　　(　　　　)

생년월일 :　 .　 .　 .(　　세)

주　　거 :

본인은 20　.　.　.　:　경　　　에서 체포·긴급체포·현행범인체포·구속되면서 피의사실의 요지, 체포·긴급체포·현행범인체포·구속의 이유와 변호인을 선임할 수 있으며, 체포·구속적부심을 청구할 수 있음을 고지받고 변명의 기회가 주어졌음을 확인합니다.

20　.　.　.

위 확인인 ㉿

위 피의자를 체포·긴급체포·현행범인체포·구속하면서 위와 같이 고지하고 변명의 기회를 주었음(변명의 기회를 주었으나 정당한 이유 없이 기명날인 또는 서명을 거부함).

20　.　.　.

항공운송사업자(　항공)

항공기내보안요원 ㉿

▲ 현행범 체포 확인서 양식

3) 항공기 상태 점검

(1) CL

항공기에 탑승하여 객실 사무장은 CL(Cabin Log. 객실 일지)에 기록된 이전 구간의 결함 사항을 확인하여 조치 결과 및 정상 작동 여부를 확인하고, 객실 정비사로부터 정비 관련 사항에 대해 브리핑받는다. 해당 설비가 정상 작동되지 않는 경우 정비사에게 보고하여, 결함 사항을 최대한 해결하고 운항되도록 노력한다. 하지만 완전히 해결되지 않은 결함 문제는 항공기 안전 운항에 영향을 미치지 않는 사항이라면 해당 편 전 승무원들과 그 내용을 공유하고 그 설비를 사용 불가 상태로 비행한다. 하지만 항공기 안전 운항에 영향을 미치는 사항이라면 항공기 교체 또는 정비에 의한 지연이 발생되기도 한다.

■ 목적

- 객실 설비 이상의 보고 및 수리를 위해 기록하는 서류이다.
- 각 페이지 및 CL 내 부속물이 훼손되거나 분실되지 않도록 유의한다.
- 총 3매의 Sheet로 구성되어 있다.(Yellow: Master Sheet, 영구보존용, Pink: 정비 시스템 입력 및 확인용, Green: 해당 Station 보관용)

■ 사용법

- 날짜, 구간, 비행 편수, HL No., 기장 이름, 사무장 이름 등을 기입하며 결함 사항 발생 시 작성한다.
- 비행 전, 비행 중, 비행 후에 발생하는 모든 객실 설비의 결함에 관하여 기장에게 알리고 CL에 기재한다.

- 정비사나 기장에게 구두 전달한 객실 설비 결함도 반드시 해당 편 구간에서 객실 일지를 작성해야 한다.

(2) Potable Water 탑재량 확인

객실 사무장은 항공기에 탑승하여 Potable Water의 탑재량을 확인한다. Potable Water는 비행 중 기내에서 화장실 물 공급 및 Galley 내 식음료 준비를 위한 필수 탑재 요소로서 부족 시 승객들에게 막대한 불편을 초래할 수 있으므로 적정량 탑재 확인 과정이 매우 중요하다.

■ International Passenger Flight 기준

A/C TYPE	Reservation	Flight Time(hour)					
		-2	-4	-6	-8	-10	10+
A380-800	+80%	30%	40%	60%	80%	100%	100%
	+60%	30%	40%	50%	70%	80%	90%
	-60%	30%	30%	40%	50%	70%	80%
B747-8i	+80%	1/4	3/8	1/2	5/8	7/8	F
	+60%	1/4	1/4	1/2	1/2	5/8	F
	-60%	1/4	1/4	3/8	3/8	1/2	3/4
B747-400 (747T)	+80%	1/4	5/8	7/8	F		
	+60%	1/4	4/8	6/8	F	F	
	-60%	1/4	3/8	4/8	7/8	F	F
B777-200	+80%	1/4	3/8	1/2	5/8	3/4	F
	+60%	1/4	3/8	3/8	1/2	5/8	7/8
	-60%	1/4	1/4	3/8	3/8	1/1	5/8
777-300	+80%	1/4	1/2	5/8	3/4	F	F
	+60%	1/4	3/8	1/2	1/2	7/8	7/8
	-60%	1/4	1/4	3/8	3/8	5/8	3/4
B777-300ER	+80%	1/4	3/8	4/8	3/4	7/8	F
	+60%	1/4	3/8	1/2	1/2	3/4	7/8
	-60%	1/4	1/4	3/8	3/8	1/2	3/4
B787-9	+80%	90Gallon	120Gallon	180Gallon	210Gallon	270Gallon	270Gallon
	+60%	90Gallon	90Gallon	150Gallon	180Gallon	210Gallon	270Gallon
	-60%	90Gallon	90Gallon	120Gallon	150Gallon	180Gallon	240Gallon

A/C TYPE	Reservation	Flight Time(hour)					
		-2	-4	-6	-8	-10	10+
A330-200	+80%	25%	50%	50%	75%	F	F
	+60%	25%	25%	50%	50%	75%	75%
	-60%	25%	25%	50%	50%	50%	75%
A330-300	+80%	50%	75%	75%	75%	F	F
	+60%	25%	50%	50%	75%	75%	F
	-60%	25%	50%	50%	75%75%	75%	F
B737	+80%	1/2	3/4	7/8			
	+60%	1/2	3/4	3/4			
	-60%	1/2	3/8	3/4			
A220-300	+80%	70%	100%	100%			
	+60%	60%	90%	100%			
	-60%	60%	70%	90%			
A321	+80%	75%	F	F	F		
	+60%	75%	F	F	F		
	-60%	50%	75%	F	F		

▲ 기종별 Potable Water 탑재량 예시

Potable Water는 기종별, 비행 시간별, 승객 예약 현황별 정해진 탑재 기준이 있으므로 다양한 요소를 고려하여 정확한 탑재량을 확인한다.

탑재량이 충분치 않을 경우 객실 사무장은 객실 담당 정비사에게 통보하여 즉각 조치 되도록 한다.

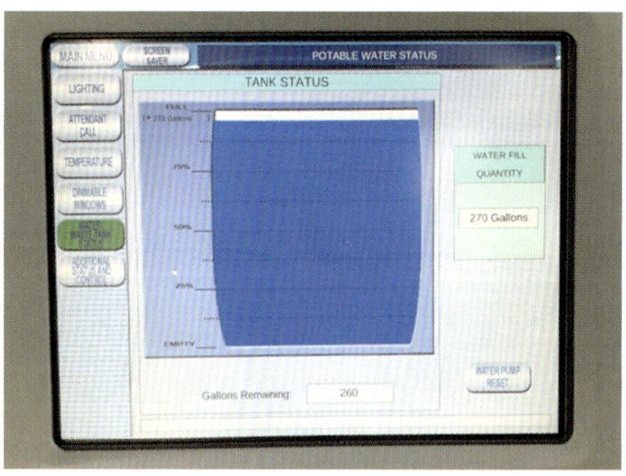

▲ Potable Water 잔량 확인이 가능한 FAP 화면

TIP

Potable Water 탑재량 확인 및 전송 보고

- 해당 편의 Potable Water 탑재량 확인 ⇨ 통합 로그인 Potable Water 메뉴 실행 ⇨ Water 양 입력 ⇨ Send 버튼 클릭
- 출발 전 및 도착 전(Approaching과 Landing 시점 사이) Potable Water 양 확인 ⇨ Tablet에 Water 양 입력 ⇨ 전송

(3) PA Test

객실 사무장 및 방송 Duty 승무원, 기장은 지상에서 적절한 시점에 PA Test를 실시한다. 실시 방법은 본인이 방송하는 위치의 인터폰을 사용하여 PA Test 방송 문구를 직접 읽는다. 방송을 실시하지 않은 타 승무원들은 본인의 위치에서 방송의 음질이나 음량이 적절한지를 확인한 후 방송 실시자에게 피드백해 준다. 객실 사무장은 방송 모니터링을 통해 이상이 있음을 보고받는 경우 시정하도록 지시한다.

(4) Cabin Light Test

객실 사무장은 항공기 탑승 후 기내 조명 작동 상태를 확인한다. 객실 조명은 서비스 내용이나 서비스 시간대에 따라 밝기를 조절하는데, 단계적인 조명 조절 기능이 있는 기종에서는 Control Panel을 적절히 활용한다. 식사 서비스 중 객실 조명은 Full Bright가 원칙이나 서비스 시간대에 따라 Medium이나 Dim의 상태로 유연하게 조절 가능하다. 기내 판매 시점의 객실 조명은 Medium으로 유지하나, 심야 출발 편은 Dim으로 유지하여 휴식을 취하거나 취침하는 승객의 편의를 고려하고, 필요시 Reading Light 등을 이용할 수 있도록 승객에게 개인적인 안내를 실시한다. 하지만 단거리 노선의 경우는 Full Bright로 운영해도 무방하다. 승객 휴식 중에는 Dim이나 Night로 객실 조명을 어둡게 유지하여, 승객의 편안한 휴식을 돕는다. 이처럼 객실 사무장은 기내 서비스 형태나 승객 휴식 등 객실의 상황에 따라 유연하게 객실 조명 상태가 유지되도록 총괄 관리한다.

TIP

객실 조도 단계

항공기 기종에 따라 객실 조도를 조절하는 단계는(3~5단계 등) 상이할 수 있다.

- Full Bright: 가장 밝은 상태로 승객 탑승이나 식사 서비스 시점
- Medium: 중간 밝기 정도로 기내 판매 등
- Dim: 약간 어두운 정도로 심야 기내 판매 등
- Night: 완전 Off 상태로 승객 휴식 시점

(5) 기내 온도 점검

객실 사무장은 항공기 탑승 후 온도 조절 패널의 현지 온도 또는 구역별 체감온도를 확인하여 운항 승무원과 기내 온도 정보를 공유한다. 적정 기내 온도는 24±1℃이고 이 범위를 벗어났을 경우 신속히 적정 온도에 도달하도록 유연성 있게 온도를 조절한다. 온도 조절이 필요한 경우 Cabin Control Panel을 통해 온도를 설정하고, Panel이 없는 기종은 기장에게 연락하여 온도 조절을 요청할 수 있다.(기종에 따라 Cockpit에서 객실 온도를 조절할 수 있는 경우가 있다) 특별히 혹서기의 경우 기내 온도가 26℃ 이상인 경우, 객실 사무장은 운송 직원이나 정비사에게 통보하여 적정 기내 온도 유지를 위해 APU나 지상 냉방 장비를 이용하도록 요청할 수 있다.

T I P

APU

Auxiliary Power Unit: 항공기의 제3의 엔진이라고도 한다. 자동차의 배터리와 같은 역할을 하는 전원 공급 장치로 항공기 꼬리 부분에 위치한다. 항공기는 엔진이 가동되면 항공기 내 전원이 공급되고 항공기가 움직일 수 있게 된다. 하지만 승객이 탑승하는 시점에는 엔진 시동이 걸려 있지 않은 상태지만 항공기에 전기가 공급되고 있다. 보통 항공기가 주기하고 있을 때는 GPU(Ground Power Unit)로부터 전력을 공급받지만 탑승이 완료되고 탑승교로부터 분리되는 시점에 항공기 엔진을 켜게 되는데 이때 필요한 전력 또한 APU로부터 공급받을 수 있다. 또한 비상시 양쪽 날개의 엔진에 문제가 생겨 엔진 Off 상태가 되면 APU는 비상 전원 공급장치로 사용된다.

(6) Crew Rest Area 점검

Crew Rest Area는 승무원 휴게 공간으로 비행시간이 8시간 이상일 경우 승무원에게 비행 중 부여되는 휴식시간에 승객과 분리된 공간에서 잠시 쉴 수 있게 만든 공간이다. 이러한 Crew Rest Area는 외부인의 은닉 공간 등으로 사용될 수 있으므로 항공기 테러, 보안상의 이유로 매 비행마다 점검하도록 되어 있다. 점검 담당자는 객실 사무장과 Crew Rest Area 출입구에 가까운 Jumpseat에 배정된 승무원이다. 점검은 비행 전, 착륙 전, 비행 후에 실시한다. 하지만 Crew Rest Area를 사용하지 않는 노선의 경우에는 Crew Rest Area Door의 잠금 상태만 Landing Signal 시점에 확인하면 된다. 점검 담당자는 Crew Rest Area 점검 완료 후 이상 유무를 객실 사무장에게 보고하고, 점검 시 의심스러운 물건이 발견될 경우 객실 사무장이나 기장을 통해 관계 기관에 신고할 수 있도록 한다.

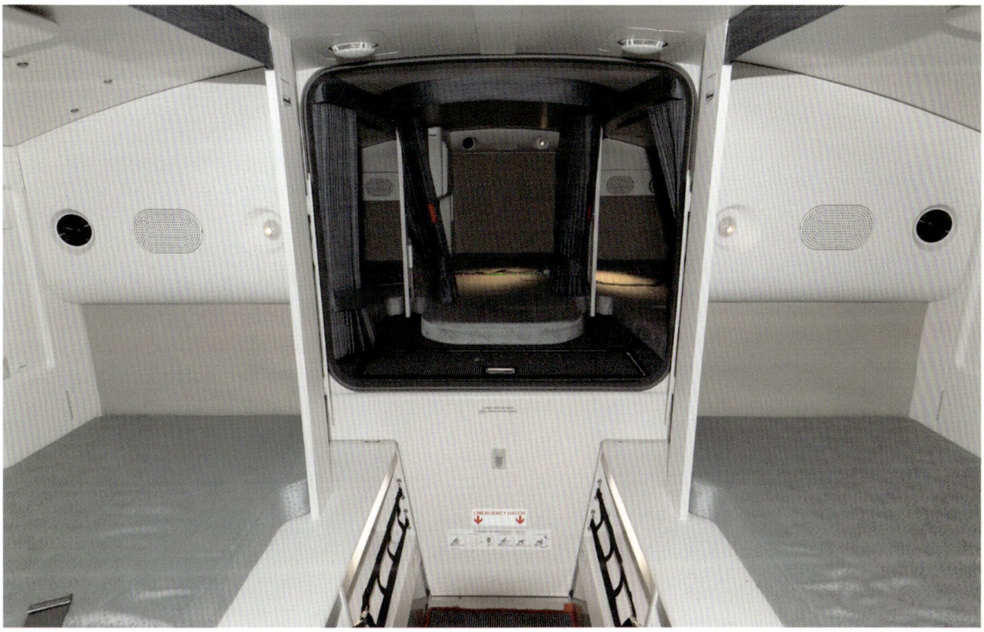

Thiago B Trevisan / Shutterstock.com

Crew Rest Area의 점검 항목에는 안전장비 점검, 보안상 의심스러운 물건 확인, 계단 Light Switch 정상 작동 여부 등이 있다. 기종에 따라 보안 스티커 부착 및 훼손 확인, Main Entrance Hatch 닫힘 상태 확인, FES(Fire Extinguishing System) Switch의 Sealing 상태 점검 항목 등이 추가될 수 있다. Crew Rest Area의 시건장치는 기종별로 상이하나 Key Type인 경우 보안이 확보된 곳에 보관되어야 하며, 보관 장소 및 Key 보관함 비밀번호 관련해서는 사전에 승무원 간 정보가 공유된다.

(7) In-Flight Entertainment System 점검

객실 사무장은 항공기 탑승 후 기내 Entertainment System의 정상 작동 여부를 확인해야 한다. IFE 시스템 내에 비행의 기본 자료를 입력하는 Open Flight 절차를 수행한 후, 기내 Entertainment System을 작동시킨다. 각종 BGM, PRAM, Safety Demo 등의 정상 작동 여부를 확인한다. IFE 시스템의 작동 이상 여부 발견 시 객실 정비사에게 통보하여 조치받는다.

(8) Safety Demo Test

Safety Demo Video는 비상 절차에 대한 승객 브리핑 내용을 포함하고 있는 안전 관련 절차이므로 모든 승객에게 이륙 전 안내해야 하는 필수 항목이다.

따라서 객실 사무장은 항공기에 탑승하여 해당 기종에 맞는 Safety Demo 영상을 미리 상영해 본다. 전 객실에 개인용 모니터 또는 공용 모니터로 상영이 잘 되는지, 음량은 적절한지 등을 구역별 담당 승무원에게 확인하도록 지시하고, 객실 사무장은 객실 전체를 직접 돌아보며 정상 작동 여부를 최종 확인한다.

지상에서 Video의 모니터가 정상 작동하는지 확인하고, 정상 작동하지 않을 경우 기내 정비사에게 통보하여 조치받도록 한다. Video가 장착되지 않은 기종으로 운영되는 비행편이나 Video가 장착되어 있으나 작동에 오류가 발생하여 Video 상영이 불가한 비행 편에서는 객실 승무원에 의해 Safety Demo가 시연될 수 있도록 담당 승무원에게 Demo 장비를 체크하고 본인의 Demo 시연 위치를 확인하도록 지시한다. 또한 객실 구조상 Video를 볼 수 없는 좌석의 승객이나, 비상탈출 시 도움이 필요한 승객들(UM, 장애인, 노인 승객 등)에게는 이륙 전 승무원에 의한 개별 브리핑이 이루어질 수 있도록 담당자를 지정한다.

Tham KC / Shutterstock.com

(9) ISPS 점검

ISPS(In-Seat Power Supply)는 좌석 전원 공급 장치로서 승객 좌석에 장착된 전원 공급 장치를 의미한다. ISPS는 객실 사무장이 '정', VCC(Video Control Center)가 위치한 구역의 최선임 승무원이 '부'를 담당하여 점검 및 관리의 책임을 맡는다.

ISPS는 지상에서 반드시 정상작동 여부를 확인해야 하는데 지상에서 정상 작동 여부 확인 후 Power Switch Off 상태로 만들고, 이륙 후 Seatbelt Sign Off 후에 다시 Power Switch를 On으로 둔다. 또한 Approaching Sign 이후에는 ISPS를 사용중인 손님들에게 전원 플러그를 모두 제거하도록 안내하고, Landing Sign 후에 Power Switch Off로 둔다.

▲ EY/CL 좌석 ISPS

4) 비상/보안 장비 점검

객실 사무장(또는 지정 승무원)은 청소 인력의 하기를 확인한 후 PA로 보안 점검 시작을 알리고, 사무장 포함 전 승무원은 본인 Jumpseat 주변 장비를 점검한다. 또한 사무장은 본인 Zone 보안 점검 대신 전체 관리/감독/인력 재배치 등을 실시한다. 전 승무원은 정해진 점검 요령에 따라 비상/보안 장비를 점검하고, 객실 사무장은 전 객실을 다니며 점검 현장을 육안으로 확인하고 감독한다. 또한, 기존에는 이상이 있는 경우만 보고하였으나, 보안 점검에 이상이 없어도 완료 보고는 필수이다. 객실 승무원은 비상/보안 장비 점검 시 이상이 발견되면 객실 사무장에게 보고하여 적절한 조치가 취해지도록 한다. 모든 점검이 완료되면 객실 사무장은 기장에게 보고하고, 이상이 있는 경우 객실 정비사에게 알려 조치를 받도록 한다. 비상/보안 장비의 이상을 보고받은 기장은 MEL(Minimum Equipment List)에 의거하여 조치 사항을 결정할 수 있다. 보안 장비의 경우에는 선 비행 후 후속 조치가 가능하기 때문에 비행을 마친 후 처리 결과에 대하여 차후에 보고해도 무방하다. 하지만 비상 장비의 경우 MEL 상 최소 필요 수량을 충족하지 못하면 비행을 시작할 수 없으므로 신속한 보고로 비행 전 조치를 받을 수 있어야 한다. 따라서 객실 승무원들은 각 기종별 '근무 위치 및 비상 장비 도해도'를 참고하여 본인 담당 구역의 비상 장비 및 보안 장비의 종류와 개수를 사전에 인지하고 있어야 한다. 만약 같은 날 같은 항공기로 연속해서 다른 구간을 비행하는 Multi-Flight인 경우에는 첫 편수에서만 비상 장비 점검을 수행하고 다음 편수에서는 생략할 수 있다.

5) 항공기 보안 점검

보안 점검은 항공사별 보안 규정에 의거하여 비행 전 비상/보안 장비 점검 시에 함께 실시하거나, 비상 장비 점검과는 별개의 절차로 '항공기 보안 점검 체크리스트'에 의해 운영된다. 승무원은 기종별 객실 승무원 업무 배정표의 '비행 전 점검' 구역을 참고하여 본인의 구역에서 실시한다. 기존에는 Jumpseat에 따른 Zone 점검이었으나 브리핑 시트 상 서비스 Duty에 따른 서비스 Zone 보안 점검이 원칙이다. 보안 점검은 Alert Level 발령/조치 사항을 매월 확인하여, 해당 편 Alert Level에 해당되는 항목을 점검하면 된다. 해외 취항지 국가의 보안 점검 규정이 해당 항공사와 상이할 경우, 해당 국가에서 요구하는 보안 규정에 따라 보안 점검을 실시한다. 점검 중 의심스러운 물건이 발견되면 즉시 점검을 중지하고 보고하여 객실 사무장이나 기장을 통해 관계기관에 신고될 수 있도록 조치한다. 보안 점검이 모두 완료되면 객실 사무장은 지급된 Tablet PC 내 전자 '항공기 보안 점검 체크리스트'에 이상이 없음을 표시하여 사인하고, 기장에게 보고하여 기장의 사인을 받는다. 기내 보안 점검은 기내 청소나 기내식 조업 작업과 분리하여 실시하는 것이 원칙이나, 기내 청소의 경우 청소가 완료된 구역부터 보안 점검을 실시할 수 있으며, 기내식 조업의 경우 보안 점검 실시중에도 항공사 직원이나 지정된 대리인의 감독하에 기내식 탑재 작업이 가능하다.

항공 보안(Alert Level)

• Alert 3(주의: Yellow)

승무원 및 현장 직원의 보안의식 고취 및 관심이 필요한 경우로서, 구체적이고 믿을 만한 위협 정보는 없으나 허위 위협이나 합법적 시위 등이 있는 경우에 발령한다.

• Alert 2(경계: Orange)

실제 폭파 위협이나 정치사회적 불안 등 구체적이고 믿을 만한 위협 정보로 인해 항공기 안전 운항을 위해 강화된 보안 대책이 필요한 경우에 발령한다.

• Alert 1(심각: Red)

항공기나 공항에 대한 테러 공격, 항공기 납치, 전쟁, 폭동 등 실제 위험이 존재하고, 항공기 안전 운항을 위해 최고 수준의 보안 대책이 필요한 경우에 발령한다.

①

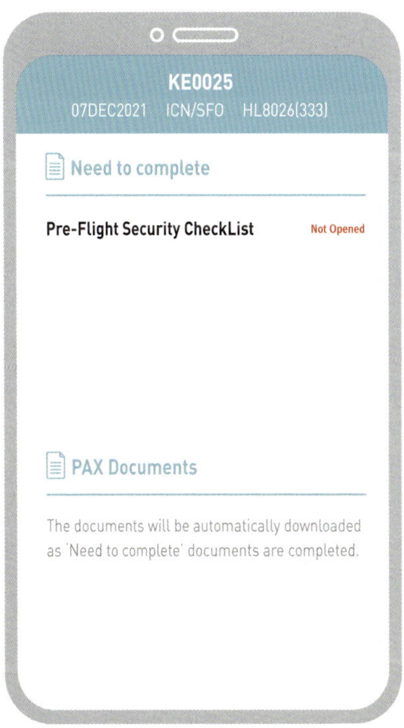

②

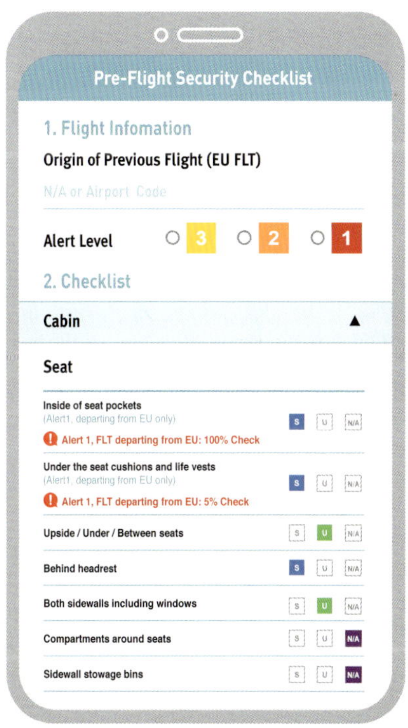

▲ 항공기 보안 점검 체크리스트 예

6) 기내 청소 상태 점검

기내 청소는 기본적으로 청소 담당 조업 직원에 의해 이루어지나, 기내 조업사에 의한 청소가 완료된 후 객실 승무원이 구역별로 재차 청소 상태를 점검한다. 점검 시 화장실, Galley 및 Aisle 주변, 좌석 주변 및 Tray Table, Seat Pocket 등을 꼼꼼히 점검하고, 이상이 있는 경우 객실 사무장에게 보고한다. 담당 구역 객실 승무원이 1차 점검을 하고, 객실 사무장이 2차로 전 객실의 청소 상태를 최종 점검한다. 청소 상태 불량 발견 시, 기내 청소 담당 조업 직원에게 재작업을 요청하여, 청소 조업 상태가 양호한 상태로 출발할 수 있도록 한다. 객실 사무장은 운송 직원으로부터 '기내 청소 점검표'를 인계받아 점검 항목별 이행 여부를 점검하고, 점검 완료 후 서명 및 평가 실시 내역을 기입하여 운송 직원에게 제출한다.

7) 기내 탑재 상태 확인

(1) BSCT

객실 사무장은 Pre-Flight Info를 통해 당일 BSCT(Bassinet) 신청 승객 현황을 파악하고, 항공기에 탑승하여 탑재 개수 및 탑재 위치를 확인한 후, Catering 담당 매니저와 상호 확인한다. 탑재 위치는 기종별로 상이하나 탑재 수량은 통상 출발 편과 도착 편에 BSCT 예약 신청 수 중 많은 편수를 기준으로 탑재된다.

예) 출발 편 2개, 도착 편 3개 → 3개 탑재

▲ 지정된 BSCT 보관 공간

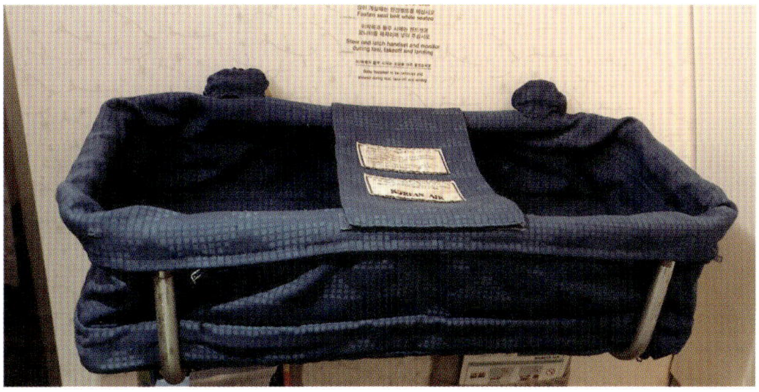

▲ BSCT 장착 시 모습

(2) On-Board WCHR

미주행 항공편을 비롯한 전 항공기에 상시 탑재되며, 기종별로 그 탑재 위치는 상이하다. 해당 장비 탑재 구역에 근무하는 객실 승무원이 항공기 탑승 후 지상에서 비상/보안 장비 점검 시 함께 점검하고 이상 유무를 객실 사무장에게 보고한다. 미탑재 시 객실 사무장은 해당 편 담당 객실 정비사에게 통보하고 즉시 조치되도록 요청한다. 미주행 항공편의 경우 '장애인 차별 금지법'에 의거하여 반드시 해당 장비를 탑재하고 운항해야 하므로 탑재가 완료된 후에 출발할 수 있다. 미주 외 항공편의 경우는 정시 운항에 지장이 없는 범위에서 시간이 허락할 경우 탑재하고 출발하나, 탑재 시간이 촉박하여 정시 운항에 지장을 줄 가능성이 있는 경우 객실 정비사와 협의하여 미탑재 상태로 출발할 수 있다. 미탑재 상태로 운항했을 경우 객실 사무장은 해당 내용을 다음 팀에 인계하고 해당 편 종료 후 미탑재 상황에 대해 회사에 보고한다.

▲ On-Board WCHR

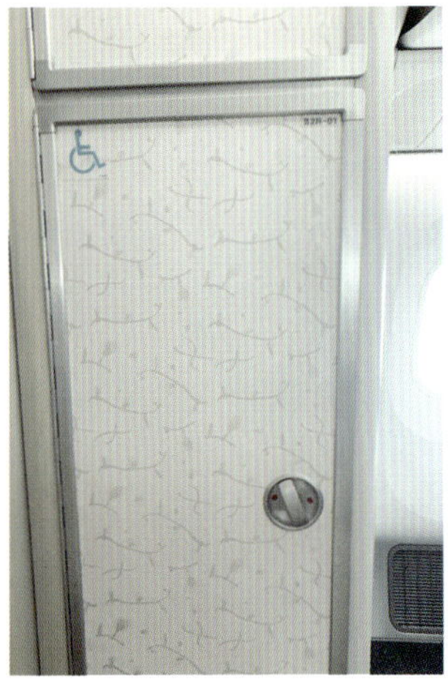

▲ 승객 소유의 WCHR 보관 공간

(3) 기내 탑재품 Seal Number Check

항공기의 기내 탑재품에 대하여 객실 승무원은 Catering Supervisor와 협조하여 Seal Number를 20% 정도 Random Check해야 한다. 객실 승무원은 Catering Supervisor를 통해 Seal 체크리스트를 받아 기내에 탑재된 Cart 및 Carrier Box를 봉인한 Seal의 Number와 20%가 일치하는지 확인하는 절차를 갖는다. 객실 사무장은 해당 편 객실 승무원 중 Seal Number Check 담당 Duty를 사전에 브리핑시트를 통해 지정해 주므로, 담당자는 항공기에 탑승하여 해당 업무를 수행하고, 기내 탑재품의 이상 유무를 확인한다. 이상이 없는 경우 객실 사무장에게 보고하고 객실 사무장은 'Seal 체크리스트'에 서명하여 Catering Supervisor에게 인계한다. Seal이 훼손되거나 번호가 불일치하는 경우 해당 Cart나 Carrier Box를 객실 승무원과 기내식 담당자가 내부를 상호 확인하고 내용물에 이상이 없다면 그대로 정상 운영하고, 이상 물품이 발견되는 경우에는 즉시 하기 조치하고 관계 기관에 연락하여 필요한 조치를 받는다.

SEAL 번호 인계인수서

편명: KE 011　　A/C type: 744L　　HL#: 7460　　날짜: 2020. 6. 25.

※ 체크한 Seal 번호는 동그라미를 쳐서 체크 여부를 표시한다.

기내식				소모품				기물	
				LIQ(Red Seal)		BEV, Dry Item			
5387021	5387031	5387041		1003317		3103105		7023896	
5387022	5387032	5387042		1003318		3103106		7023897	
5387023	5387033	5387043		1003319		3103107		7023898	
5387024	5387034	5387044		1003320		3103108		7023899	
5387025	5387035	5387045		1003321		3103109		7023900	
5387026	5387036	5387046		1003322		3103110		7023901	
5387027	5387037	5387047		1003323		3103111		7023902	
5387028	5387038	5387048		1003324		3103112		7023903	
5387029	5387039	5387049		1003325		3103113		7023904	
5387030	5387040	5387050		1003326		3103114		7023905	

추가 사용 Seal #	작업장	담당자	비고

※ Alert 3, 2: 기내 탑재품의 Seal 번호가 리스트에 있는지 20% Random CHK(단, Alert 1에는 100% CHK)

확인　KE SPVR: ____________________　사무장: ____________________

Seal 총수량: 113개　　점검한 Seal 수량 __________ 개

▲ 국제선 Seal 체크리스트 양식

(4) Catering 탑재 내역 확인

객실 부사무장은 Class별로 당일 기내식 탑재를 확인하는 Galley Duty 승무원으로부터 Catering 탑재 내역에 대해 보고받아 취합한 후 객실 사무장에게 최종 보고한다. 객실 사무장은 Catering Supervisor에게 '기내식 및 객실용품 인수인계서'를 전달받아 해당 편 Catering 탑재 내역과 Galley Duty 승무원으로부터 보고받은 내용이 일치하는지 최종적으로 확인한 후 인수인계서에 서명한다. 탑재 내역이 불일치하거나 미탑재되었을 경우 Catering Supervisor를 통해 즉시 조치를 받는다. 갑작스럽게 승객이 많아진 경우에는 최종 탑승 인원수에 맞는 기내식이 탑재될 수 있도록 조치를 받고 신속히 추가 식사를 공급받는다. 또한 Catering Item을 주문할 필요가 있는 경우, 항공기 정상 운항에 지장이 없도록, 항공기 출발 25분 전까지는 주문이 완료되어야 한다.

(5) 승객용 입국 서류 인수

객실 사무장은 운송 담당 직원으로부터 각종 입국에 필요한 서류(입국 서류, GD, PM, Cargo Document 등)를 전달받고 상호 확인한다. 객실 사무장은 승객용으로 실린 출입국 카드, 세관 신고서, 검역 설문서 등의 도착용 Entry Document 탑재 여부와 더불어 국적별 승객수를 감안하여 각국의 언어별로 실어 주는 입국 서류 탑재량을 확인한다.

(6) Mobile SHR 확인

SHR(Special Handling Request)은 기내 탑재된 KALPOS 내에 승객의 특이 사항 및 요청 사항 등이 기록된 특별 보조 승객 관련 정보 문서이다. 보통 항공기 탑승 시 비행 정보를 입력하여 Mobile SHR을 다운받아 승객의 정보를 확인한다. 하지만 Pre-SHR의 경우 승객에 대한 정보가 불완전할 수 있으므로 각 Class별로 정보를 공유하되 참고용으로 삼고, 탑승 완료 후 Final-SHR을 통해 변경 사항 여부 등을 확인한 후 승무원 간 최종적인 정보를 재공유한다. 해당 편 항공기의 승객에 대한 개인 정보가 집약된 정보를 다루는 문서이므로 외부로 유출되지 않도록 각별히 유의하되, 승객 정보를 적극적으로 활용하여 서비스의 기초 자료로 활용한다. 비행 종료 후, Mobile SHR 로그아웃을 진행하여 고객 정보를 폐기해야 한다.

8) 승객 탑승 준비

(1) 탑승 준비 완료 보고

국제선 기준 항공기 출발 40분 전(기종/편수에 따라 변경 가능)에 승객 탑승이 이루어지도록 모든 객실의 준비 업무가 마무리되면 기장에게 Cabin의 탑승 준비가 완료되었음을 보고한다. Cockpit도 탑승 준비가 완료되면 기장이 사무장에게 탑승 사인을 주고 객실 사무장은 KALPOS 내에 Boarding Sign을 지상 직원에게 전송한다.

(2) Boarding Music On

객실 내 승객 탑승 준비가 완료되면 사무장은 Boarding Music을 튼다. Boarding Music은 공통 Boarding Music(New age Inst./ Drama OST/ Classic)으로 구성되어 있으며, 국제선 해외 도착편 중 노선 특화 Boarding Music이 적용되는 일부 Station을 제외하고 출발 및 도착 구분 없이 기내 상황에 맞게 사무장이 선택하여 재생한다. 특별히 크리스마스 시즌에는 12월 한 달간 전 노선 크리스마스 캐럴로 운영되기도 한다.

(3) 탑승 준비 지시

승객 탑승 준비가 완료되면 객실 사무장은 PA를 통해 승무원들에게 승객 탑승 시각을 알린다. 담당 구역별로 승무원은 용모 복장 상태를 다시 한 번 확인한 후 탑승 시 정해진 위치에 대기하여 승객을 맞을 준비를 하게 된다. 모든 승무원들이 전 객실에 골고루 분산 배치되어 탑승을 준비하고 있는지 여부를 객실 사무장이 최종 확인한다. 또한 Special Care

가 필요한 승객들(UM, WCHR 이용 승객 등)의 우선 탑승을 돕기 위해 일부 승무원은 탑승구에서 대기하도록 지시할 수 있다.

▲ WHCR 이용 승객 우선 탑승 시 모습

07

CHAPTER

승객 탑승 시부터 이륙 전까지

07 승객 탑승 시부터 이륙 전까지

주요 업무	객실 사무장	객실 부사무장	팀원
• 승객 탑승 안내	• 탑승권 확인 – 탑승권 확인 승무원 관리 감독 • Special Passenger – UM/INAD/DEPO – 장애인/한가족 서비스 – 유아 동반 승객	• L2 탑승권 확인 업무 수행	• Sales Duty 승무원 L2에서 탑승권 확인 업무 수행
• 인식 서비스	• Irregular 시, 추가로 객실 사무장이 인식 서비스 실시		• 각 클래스 담당자가 인식 서비스 실시
• Door Close 전	• Door Close 준비 완료 사항 확인 • 항공기 보안 점검 체크리스트 제출 • Head Count 확인 • 항공기 입출항 서류 인수 • 최종 탑승객 수/PM/기내식 탑재 수량 확인	• Head Count 실시 • 항공기 입출항 서류 인수 확인 • 객실 사무장 확인 사항 상호 점검	• Head Count 실시 시 모든 승객 착석 상태 유지, 화장실 Door Open • 비상구 담당 승무원 비상구 브리핑 실시
• Door Close	• PIC 보고 사항 – Door Close 준비 완료 보고 – Extra Crew 수 및 승객 탑승 인원 보고 – PIC 허가 후, Door Close • Door Mode 변경 지시	• 객실 사무장 확인 사항 상호 체크 • Door Mode 변경	• Door Mode 변경
• Push Back	• Push Back 준비 완료 사항 확인 후 PIC 보고 • BGM Off • 환영 인사	• 환영 인사	• 방송 Duty 승무원 환영 인사 방송 실시 • 방송 담당 승무원 제외하고 본인 구역 최전방에서 환영 인사 실시
• Safety Demonstration	• Safety Demonstration – Video 장착 기종 상영 – Video 미장착 기종 승무원 실연 • 개별 브리핑 실시 확인	• Safety Demonstration 실시 확인 및 감독 • 개별 브리핑 실시 여부 확인 후 보고	• 개별 브리핑 대상자 개별 브리핑 실시
• 이륙 준비	• 이륙 준비 완료 사항 확인 • Captain Take-off Signal 후 이륙 준비 완료 보고 • 사무장의 'Take-off' 방송 실시	• 이륙 준비 완료 사항 확인	• 이륙 준비 안전 활동

- 승객 탑승이 실시되면 모든 승무원은 탑승 승객 전원의 **탑승권을 확인**한다.
- **탑승 시 도움을 필요로 하는 승객**에게는 적극적인 도움을 제공하고, 일반 승객에게도 좌석 안내와 짐 정리와 같은 도움을 제공해야 한다.
- 항공기 Door를 닫기 전 객실 사무장은 그 시점에 실시되어야 하는 항목들이 잘 실행되었는지 확인하고, **비상구 좌석 착석 승객의 적정성 여부**를 비롯하여 확인해야 하는 사항을 빠짐없이 확인한 후 PIC에게 **Door Close 준비가 완료**되었음을 보고한다.
- Door Close를 실시한 직후 사무장을 항공기 Door Mode 변경을 지시하고 **Push Back 준비 완료** 사항을 PIC에게 보고한다.
- 항공기가 이륙을 위해 지상 이동을 할 때 반드시 **Safety Demonstration**을 상영하거나 승무원이 직접 실연하고, 개별적으로 브리핑이 필요한 승객은 **개별 브리핑**을 실시하여 모든 승객에게 안전 브리핑이 이루어질 수 있도록 한다.
- Take-off Signal이 나오기 전 객실은 모든 이륙 준비를 마쳐야 한다.
- Take-off Signal이 나오면 객실 사무장은 PIC에게 **이륙 준비 완료** 보고를 하고 사무장 방송인 'Take-off' 방송을 실시한다.

CHAPTER 07

1. 승객 탑승 안내

1) 탑승권 확인

(1) 승객 탑승 시점

객실 사무장은 승객 탑승 직전, 탑승구별 환영 인사 및 탑승권 확인 담당 승무원의 위치를 최종적으로 확인한다. 보통 탑승구를 두 곳을 이용할 경우에는 L1과 L2 Door를 사용하게 되는데, L1 Door로는 상위 클래스의 승객이 탑승하고, L2 Door로는 이코노미 승객이 탑승하게 된다. 각 Door당 원활한 탑승을 위하여 2명 이상의 탑승권 확인 담당 승무원을 지정한다. 보통 L1 Door에는 객실 사무장을 비롯한 상위 클래스 전담 승무원, L2 Door에는 객실 부팀장과 Sales Duty 담당 승무원이 탑승권 확인 및 환영 인사를 담당한다. A380 항

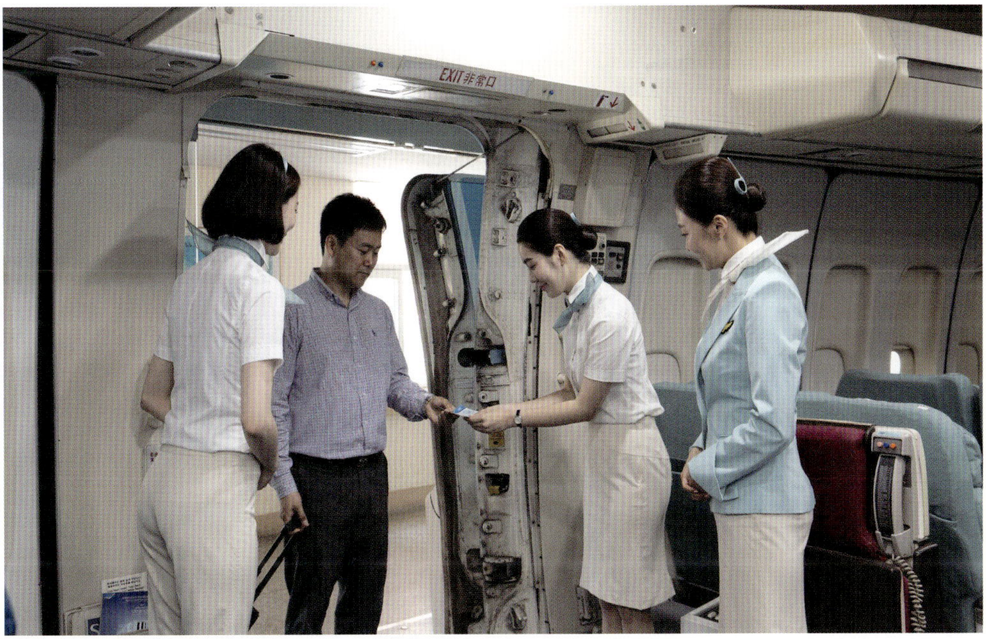

공기의 경우에는 Upper-Deck(2층) Door 중 UL1 Door도 Open하기 때문에 승객 탑승 전 UL1 Door의 지정 승무원의 정위치 여부를 객실 사무장이 직접 확인한 후 탑승을 시작한다. 더불어 환영 인사 및 좌석 안내를 위한 객실 내 모든 승무원의 분산배치 상태가 적정한지 확인한다.

항공사에 따라 탑승권 확인을 자동화한 경우에는 해당 기기 사용 가능 여부 및 날짜, 편수 입력 상태를 확인하여 시스템이 원활하게 작동되는지 사전에 확인한다.

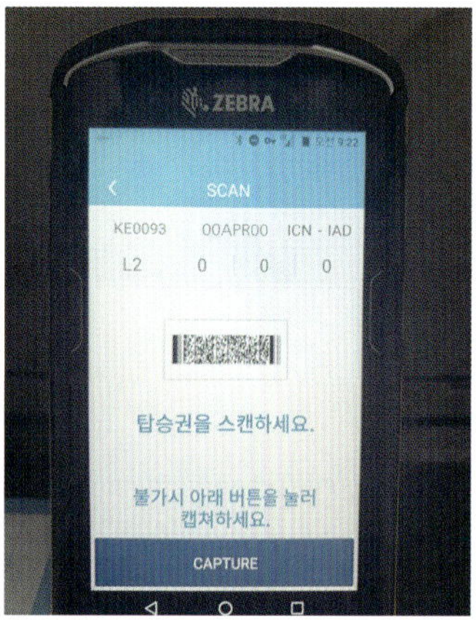

▲ 탑승권 확인용(KE Boarding 활용) 자동화 기기

▲ 탑승권 확인용 자동화 기기 홀더

▲ 자동화 기기를 홀더에 장착한 모습

(2) 승객 탑승 중

객실 사무장은 특정 장소에 고정하여 위치하지 않으며, 승무원의 탑승권 확인이나 좌석 안내 업무를 관리 감독해야 한다. 즉, 최초 승객 탑승 시점에는 L1 Door에서 환영 인사를 담당하지만 승객 탑승 관련 비정상 상황이 발생한 경우 객실 사무장이 적극적으로 개입하여 문제를 파악한 후 신속히 후속 조치가 이루어질 수 있도록 한다.

승객 탑승 중 발생하는 비정상 상황 대처 요령

- 탑승권을 가방에서 꺼내기 힘든 핑계 등으로 탑승권 제시를 거부할 경우

⇨ 보안상 탑승권을 제시한 후 탑승할 수 있다는 것을 안내한 후 탑승권 확인 전까지 탑승을 제지한다.

• 탑승권 제시를 지속적으로 거부하는 경우
⇨ 해당 승객의 기내 진입을 제지하고, 운송 직원을 호출한다.

• 승객이 탑승권을 명확히 제시하지 않은 채 기내로 무단 진입을 시도하는 경우
⇨ 승객의 기내 진입을 제지하고 승객의 탑승권을 확인한다.
(편명 또는 날짜가 다른 경우 운송 직원에게 인계한다)

• 휠체어 승객의 보호자로 탑승하는 경우
⇨ 휠체어 승객 및 보호자의 탑승권을 각각 확인한다.

• 앞에 탑승한 일행이 탑승권을 갖고 있다고 말하는 경우
⇨ 해당 승객의 일행을 항공기 입구로 오게 하여 탑승권을 반드시 확인한다.

• 여러 명으로 구성된 일행이 탑승 시 그중 한 승객이 탑승권을 한 번에 제시할 경우
⇨ 개별적으로 탑승권의 숫자와 날짜, 편명을 확인한 후 승객을 탑승시킨다.

• 탑승 승객의 좌석이 중복된 경우
⇨ 즉시 객실 사무장 및 운송 직원에게 연락하여 조치한다.

탑승권 확인 절차는 항공기의 보안 유지 및 테러 활동 사전 방지를 위해 굉장히 중요한 절차이다. 간혹 승객은 여러 번의 탑승권 확인 절차를 귀찮아하거나 불만을 제기하는 경우도 빈번하다. 하지만 항공법으로 반드시 모든 승객의 탑승권 확인을 실시해야 하는 것을 규정하고 있으며, 이것은 항공기의 안전한 운항을 위한 조치임을 잘 설명할 필요가 있다.

승객 신원 확인
(국가 항공보안 계획 8.1.39)

항공운송 사업자는 다음 각 호의 방법으로 승객의 신원을 확인하여야 한다. (중략)
4) 항공기에 탑승하기 바로 전에 승객의 탑승권[모바일 탑승권 또는 그 사본(화면 캡처)을 포함한다]으로 유효한 승객임을 확인

▲ 국가 항공보안 계획 8.1.39

탑승 거절 대상자
(항공보안법 시행규칙)

제13조(탑승 거절 대상자) ① 항공운송 사업자는 법 제23조 제7항 제4호에 따라 다음 각 호의 어느 하나에 해당하는 사람에 대하여 탑승을 거절할 수 있다.

1. 법 제14조 제1항에 따른 항공운송 사업자의 승객의 안전 및 항공기의 보안을 위하여 필요한 조치를 거부한 사람

▲ 항공보안법 시행 규칙 제13조

탑승권 확인 절차가 항공기의 안전한 운항을 위한 필요 조치임을 설명해도 탑승권 확인에 비협조적이거나 확인을 거부하는 경우에는 항공보안법에 의거하여 탑승을 거부할 수 있다.

비협조 승객에 대한 승무원 안내 예시

국가 항공보안 계획에 의거하여, 항공기 앞에서 탑승권을 재확인하고 있습니다.
미협조 시 탑승이 불가합니다.

In accordance with National Aviation Security Program, boarding pass must be rechecked at the aircraft door.
Anyone who does not cooperate will be denied boarding.

▲ 항공보안법 시행 규칙 제13조

2) Special Passenger 탑승 시

객실 사무장은 승객 탑승 순서에 따라 탑승을 준비하는데 Special Passenger 탑승 시 도움을 제공할 승무원을 지정하고 배치한다. 또한 해당 승객 탑승 시 지상 직원으로부터 해당 승객 관련 서류 인수인계에 책임을 갖는다.

객실 사무장은 UM, 한가족 서비스, WCHR 승객의 탑승이 완료되면 해당 인원수를 지

상 직원과 상호 확인한 후 서류에 서명한다.

(1) UM, 한가족 서비스, WCHR 승객

UM

객실 사무장은 UM이 탑승하면 UM 전담 승무원에게 해당 승객을 인계하고 운송 직원으로부터 목적지 국가 입국에 필요한 서류와 여권이 든 UM Envelope을 전해 받는다. UM이 기내로 가지고 들어온 가방의 개수를 지상 직원과 함께 확인한 후 서명한다. 또한 항공기가 목적지 공항에 도착하면 객실 사무장은 도착지 운송 직원에게 UM을 인계할 때 UM Envelope 안에 있는 서류와 짐의 개수를 다시 한 번 확인한다.

한가족 서비스

객실 사무장은 Family Care 신청이 되어 있는 승객이 탑승 시 적극적인 도움을 제공한다. 이후 담당 승무원이 좌석 안내 및 짐 보관에 도움을 제공하고, 본인 소개 등 따뜻한 환영 인사를 한다.

WCHR 승객, 장애인

객실 사무장은 승객 탑승 전 지상 직원에게 On-Board WHCR를 필요로 하는 승객이 있는지 확인하여 탑승 시 미리 준비해야 한다.

노선의 특성상 WCHR 승객이 많은 경우, 탑승 지연이 발생할 수 있다. 따라서 객실 사무장은 원활한 탑승을 위해 모든 승무원들에게 적극적으로 해당 승객의 짐 보관 협조 및 좌석 안내를 지시할 수 있다.

(2) INAD, DEPO

INAD 또는 DEPO의 추방을 명령한 국가의 지점장은 해당 승객이 탑승하는 편명의 객실 사무장에게 INAD 혹은 DEPO의 탑승 사실을 알리고 해당 승객을 직접 인계한다. 해당 승객을 인계할 때에는 여권 및 탑승권을 포함한 모든 서류를 지점장이 객실 사무장에게 직접 인계하고 비행 중에도 객실 사무장이 별도로 보관했다가 목적지 공항에 도착한 후 해당 승객과 함께 해당 승객의 서류를 도착지 공항의 지상 직원에게 인계해야 한다.

Deporting Station(INAD 또는 DEPO의 추방을 명령한 국가 Station)의 지점장은 다음 서류를 해당 승객 탑승 항공편 객실 사무장에게 인계하고 DEPO 승객의 탑승 사실을 통보한다.

- DEPO의 여권
- 추방 명령을 내린 관계 당국의 추방 명령서(입수 가능 시)
- DEPO의 성명과 좌석번호가 명시된 SHR
- Credit Agreement 및 Invoice Copy(DEPO의 복편 항공권을 항공사가 지불하였을 경우)

TIP

INAD/DEPO

■ **DEPO(Deportee, 추방자)**

합법 혹은 불법 등의 이유로 일단 목적지에 입국했다가 승객이 일정 기간 경과 후 주재국의 관계 당국에 의해 강제 추방 명령을 받은 승객

■ **INAD(Inadmissible Passenger)**

여권 유효기간 경과, 사증 미소지 또는 사증 목적 외 입국 시도 등의 입국 자격의 결격 사유로 인하여 경유지 또는 여행 목적지에서 통과 상륙 또는 입국이 거절된 승객

(3) 유아 동반 승객

유아 동반 승객 중 별도로 유·소아 승객 자가 휴대 안전 의자(CRDS)의 사용을 원하는 경우 기내 사용을 허가할 수 있다. 안전 의자의 경우, 미국연방항공청(Federal Aviation Administration: FAA)의 승인을 받은 제품에 한하여 사용할 수 있고, 유아용 안전 의자를 설치하기 위해서는 좌석을 별도로 구매해야 한다.

▲ 안전 의자

2. 인식 서비스

인식(Recognition) 서비스란 상위 클래스 및 주요 승객 대상으로 사무장이 실시하는 탑승에 대한 감사 인사를 의미한다. 국제선/국내선 동일하게 승객 탑승 시, 담당 승무원이 환영 인사를 실시하도록 한다. 단, 불가피한 사유로 인해 미실시하였을 경우, 이륙 후 Seatbelt Sign Off 이후 즉시 실시하도록 한다.

인식 서비스 대상 승객은 상위 클래스(FR/PR) 탑승객 전원과 VIP, 3S 인사(A1/A2/A3), 상용 고객(MMC/MP/SkyTeam Elite Plus), SPCL PAX(필요시) 등 주요 승객이다.

▲ 객실 사무장의 인식 서비스

객실 사무장의 탑승 시 관련된 여러 업무 총괄에 대한 부담을 줄이기 위해 서비스 IRRE 등 Recovery가 필요하다고 판단될 시 추가 인식 서비스를 실시할 수 있다.

TIP

주요 인사 코드(K 항공사 기준)

Code	의미
A3	• 전 · 현직 3부 요인 • 주요 매체 회장, 사장단 (조선, 동아, 중앙, 한국, 매경, 연합뉴스, KBS, SBS, MBC, YTN) • 경제 5단체장 (전경련, 대한상의, 무역협회, 중기중앙회, 경총)
A2	• 국회의원 및 장 · 차관급 이상 (전직 장관은 퇴임 후 1년까지 A2 서비스 제공) • 재계 30대 그룹 중 비오너 그룹, 항공사 유관 공사, 30대 기업 사장 • 시중은행장 • 조선, 중앙, 동아, MBC, KBS, SBS 편집국장 및 보도국장 • 기타 언론 매체 사장단 • 시중 은행장, 전경련 이사진 • 한진 계열 사외 이사 • 항공교통심의위원 • 주요 국립 · 사립 대학교 총장 • KE + SKYTEAM 200만 마일 이상 우수회원
A1	• 주요 정부 부처 팀장급 이상 및 건교부 주요 실무자 • 주요 매체 사회 · 경제 · 산업 부장 및 기타 일간지 편집국장 • 100대 기업 사장 • 종교계 인사 • A3, A2 인사 배우자 • 지방 유력 인사
KIP	KOREAN AIR Important Person: 상무급 이상 및 그룹사 사장단

3. Door Close 전

1) Door Close 준비 완료 사항 확인

승객의 탑승이 완료되면 객실 사무장은 다음과 같은 사항이 완료되었는지 확인하고 운송 직원에게 'Door Close 준비 완료'를 통보한다.

Door Close 준비 완료 사항

- 모든 승객 탑승 완료
- 모든 휴대 수하물의 정위치 보관 완료
- 모든 Overhead Bin의 닫힘 상태

운송 직원은 Door Close 준비 완료를 보고받으면 최종적으로 객실 사무장에게 전달해야 하는 서류 등을 인계하고 구두로 상호 확인한다.

2) 항공기 보안 점검 체크리스트 제출

승객 탑승 전 객실 보안 점검 완료 및 비상/보안 장비가 사용 가능한 상태로 탑재되어 비행 준비에 이상 없음을 확인하는 의미로 객실 사무장은 모든 점검이 끝난 후 '항공기 보안 점검 체크리스트'에 서명한다. 이후 PIC 기장의 서명을 받아서 승객 탑승 준비 완료가 되었음을 상호 확인한다. 또한 항공기 보안 점검 체크리스트는 항공기 Door Close 전까지 지상 직원에게 제출해야 한다.

3) Head Count 확인

객실 사무장은 모든 승객의 탑승이 완료되면 스캔된 탑승권 승객 수를 확인하여 지상 직원의 시스템상의 탑승 인원수와 일치하는지 확인해야 한다. 이러한 절차를 'Head Count 확인' 절차라고 하며 Head Count를 실시한 후 KALPOS 기기 내 'RESULTS' 버튼을 눌러 시스템 숫자까지 동일하면 PIC 기장에게 승객 탑승 완료를 보고한다. 그러고 나서 승객 탑승 완료 상황 및 확인된 승객 수를 KALPOS 기기 내 '메시지 전송' 버튼을 눌러 통제센터에 전달한다.

▲ KALPOS 내 Head Count 확인 전송 화면

만약 기기상 총원과 운송 직원이 제시한 총원의 수가 일치하지 않는 경우에는 객실 사무장이 탑승 인원 재확인을 위한 안내 방송을 실시하고 승무원에 의한 정확한 Head Count가 이루어질 수 있도록 한다. 이때 승무원들은 계수기를 이용하여 본인의 담당 구역의 승객을 일일이 세어 합산한 후 총탑승 승객의 수와 일치하는지 확인한다. 정확한 계수를 위해 동일한 방법으로 2회 실시하며 2회 이상 실시했을 때 동일한 값이 나오는지 확인한다. 자세한 방법은 항공사 지침에 따른다.

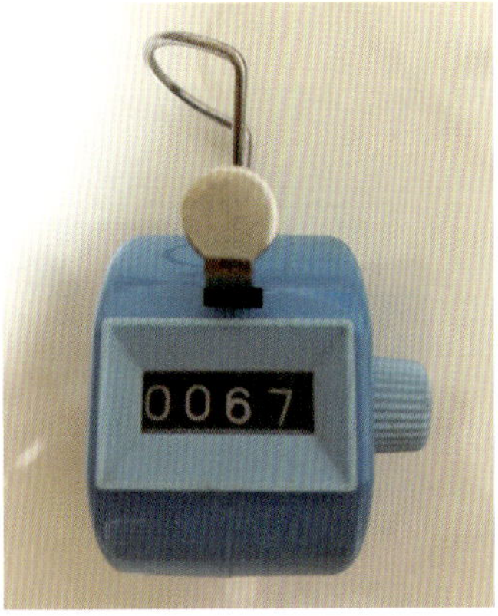

▲ 계수기

"손님 여러분, 지금부터 탑승 인원을 확인하겠습니다. 탑승 인원을 확인할 때까지 모두 자리에 앉아 계시기 바랍니다. 손님 여러분의 협조를 부탁드립니다."

▲ 탑승 인원 재확인을 위한 사무장 기내 방송

4) 항공기 입출항 서류 인수

객실 사무장은 지상 직원으로부터 도착지 입항에 필요한 최종 서류인 GD/PM/CM/SHR/서약서 등을 인계받아 확인한다. 객실 사무장은 인수받은 서류의 날짜와 편명을 확인하고 필요 부수에 맞게 탑재되었는지 확인한다. 서류에 따라서는 해당 직인이나 도장 등의 유무를 확인해야 한다.

또한 객실 사무장은 기내 서류와 함께 최종적으로 보고받은 각종 Special Handling Item의 수량과 Final SHR에 기재된 SPML의 종류 및 수량, BSCT 탑재 수량 내용의 일치 여부 등을 확인한 후 Door Close 준비를 한다.

TIP

항공기 입출항 서류 약어

- GD: General Declaration
- PM: Passenger Manifest
- CM: Cargo Manifest
- SHR: Special Handling Requst

4. Door Close

1) PIC 보고 사항

운송 직원에게 Door Close 준비 완료가 통보되고, 객실 내 탑재되어야 할 모든 서류 및 Item이 이상 없는지 확인한 후, 객실 사무장은 PIC 기장에게 인터폰으로 "승객 ○○○명, 편승 승무원 ○○명(해당 시) 탑승하였습니다. Door 닫을 준비가 되었습니다."라고 보고한다. 이때 승객 관련 특이 사항(응급 환자, 만취 승객 등) 발생 시 기장에게 보고한다. 기장은 객실 사무장이 보고한 최종 승객 수를 상호 확인한 후 Door Close를 허용한다.

PIC 기장에게 Door Close 보고 사항

- Door Close 준비 완료 보고
  - 모든 승객 탑승 완료
  - 모든 휴대 수하물의 정위치 보관 완료
  - 모든 Overhead Bin의 닫힘 상태
- Extra Crew 인원수 및 승객 탑승 인원 보고

2) Door Mode 변경

항공기 Door가 닫히면 객실 사무장은 Door Mode 변경을 지시한다. 이 절차는 항공기가 지상에 정상적으로 주기해 있을 때, 항공기 Door는 탑승구로 사용이 되며, 항공기의 이동이 시작되는 시점부터 완전히 멈추는 시점까지는 비상 탈출구로 사용이 되기 때문에

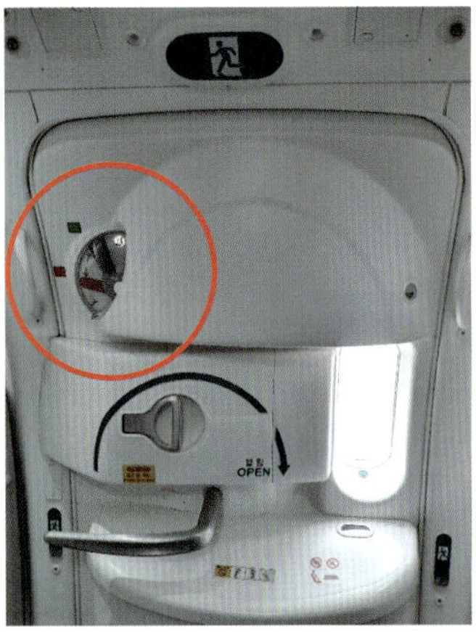

항공기 Door

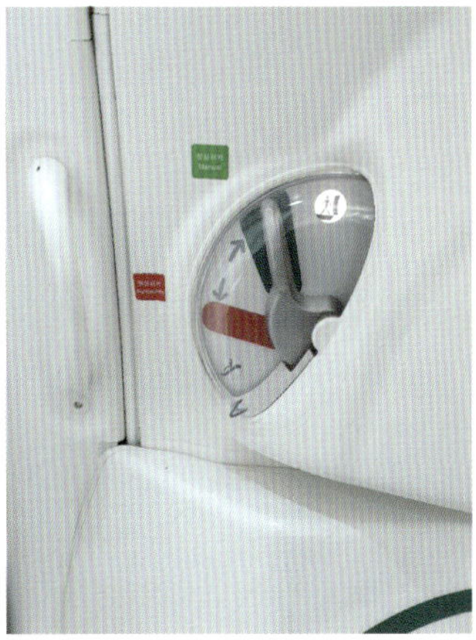

정상 상태(Normal Mode)

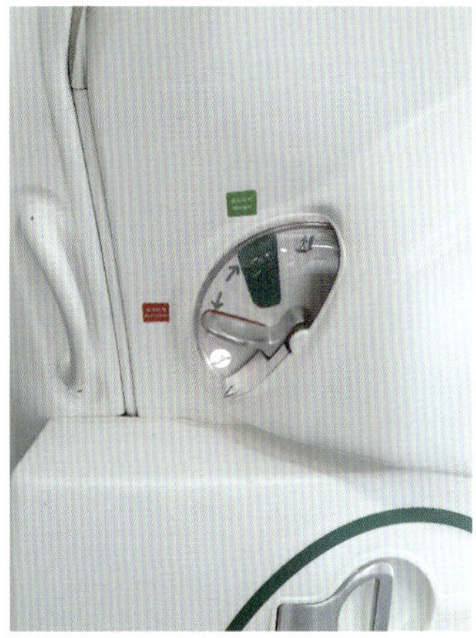

팽창 상태(Armed Mode)

Door Mode 변경 절차가 필요한 것이다. 즉, Door Mode가 'Normal' 혹은 '정상'일 때에는 탑승구로 사용되어야 하기 때문에 Door를 Open할 경우 아무런 장치가 작동되지 않지만 Door Mode를 'Armed' 혹은 '팽창' 상태로 바꾸면 Door는 비상 탈출구로 변경되어 Door 자동 Open 기능 및 Slide 팽창과 같은 비상 탈출 시 필요한 장치들이 작동된다.

Door Mode 변경은 객실 사무장의 All Attendant Call에 의해 실시되며, 객실 승무원은 All Attendant Call에 응답한다. Door Mode 변경 후 Door를 개방해야 할 경우에는 객실 사무장은 반드시 기장에게 보고해야 한다. 만약 Door 한 개에 두 명의 객실 승무원이 배정되어 있는 경우, 상위 직급 객실 승무원이 Door Mode 변경에 일차적 책임을 갖는다. 또한, 최소 탑승 인원으로 운영되는 비행 중 승무원이 배정되지 않은 Door의 경우에는 반대쪽 Door의 담당 승무원이 책임을 갖는다.

출발 시 Door Mode 변경 요령

• 객실 사무장의 지시

객실 사무장은 Bridge(또는 Step Car)가 항공기로부터 분리될 때 "Cabin crew, door side stand by, arm doors and cross check."이라고 PA로 지시한다.

이는 Door Mode의 선택 레버를 팽창 위치(Armed)로 변경해야 함을 의미한다.

• Door Mode 변경 및 상호 확인

객실 승무원은 Door Mode의 선택 레버(B737인 경우 Girt Bar)를 팽창 위치(Armed)로 변경한 후 변경된 Arming Lever를 손으로 가리키며 "Armed check!"이라고 소리 내어 확인한 후 반대편 승무원과 함께 각자의 Arming Lever(B737인 경우 Girt Bar)를 가리키면서 "Cross check."이라고 소리 내며 상호 확인한다.["Cross check."이라고 소리 내어 상호 확인할 때 반대편 Door Mode(B737인 경우 Girt Bar)가 Armed 상태인지 반드시 육안으로 재확인한다.]

- All Attendant Call에 응답

항공기 기종에 따라 L1의 패널 등을 통하여 항공기의 모든 Door Mode의 변경 상태를 확인할 수도 있으나 객실 사무장은 All Attendant Call을 발신하여 Door Mode 변경을 재확인한다. All Attendant Call이 울리면 객실 최후방 승무원부터 차례로 **"L4, Safety Check 했습니다!"**라고 답한다. 이것은 본인의 담당 Door를 포함한 양쪽 Door 모두 이상이 없다는 의미이다. 그러나 특이 사항 있는 경우에는 반드시 상황을 보고해야 한다. 보통 Wide Body 항공기의 경우, L-side 객실 승무원은 All Attendant Call에 응답하여 Safety Check을 보고해야 하고 R-side 객실 승무원은 All Attendant Call에 응답하지 않고 L-side 객실 승무원의 보고 절차가 완료될 때까지 담당 Door 앞에 대기한다. 또한 2층으로 구성된 항공기의 경우에는 Main-Deck 최후방 L-side에서부터 L2 Door까지 보고가 완료되면 이어서 Upper-Deck 최후방 승무원부터 응답한다.

- Safety Check 완료 보고

Safety Check의 의미는 단순히 Door Mode 변경 사항만을 의미하는 것이 아니라 항공기의 지상 이동을 위한 객실의 준비 상태가 완료되었음을 함께 보고하는 절차이다. 모든 승무원이 All Attendant Call에 응답하여 Door Mode의 변경 상태를 보고했다면 객실 사무장은 PIC 기장에게 **'Push Back 준비 완료'**를 보고해야 한다.

5. Push Back

1) Push Back 준비 완료

Mehdi Photos / Shutterstock.com

▲ Towing Car에 의해 움직이는 항공기

Push Back 시점은 항공기가 Towing Car에 의해 움직였다면 최초로 항공기 바퀴가 움직인 시점, 또는 자체 추진력으로 항공기가 움직였다면 Engine Start 시점이다. Push Back을 하기 전, 객실 사무장은 아래와 같은 객실 준비 사항을 재확인한다.

객실 승무원은 승객의 탑승이 완료되면 Door Close 후 Push Back이 실시될 것을 예상하고 객실 내 상태를 점검한다. 객실 사무장은 모든 승객의 탑승이 끝나고 항공기 입항에 필요한 서류를 챙기는 등의 업무가 끝나면 항공기 정시 출발을 위해 기장에게 보고한 후 항공기 문을 닫고 Door Mode 변경 절차를 수행한다. 이때 모든 승무원은 항공기 Door

Mode에 대한 변경 상태뿐만 아니라 Push Back 준비 완료 사항을 포괄하여 보고하는 것이기 때문에 **'Push Back 준비 완료 사항'**에 해당되는 활동을 미리미리 해두어야 한다. 하지만 장애인이나 응급 환자 등의 경우에는 해당 승객의 좌석 등받이가 통로나 비상구 접근에 방해되지 않는다면 반드시 세울 필요는 없다. Door Mode 변경 후 이륙 시점까지 승객의 좌석 이탈을 막기 위해 제지 및 감시를 강화해야 하며 Door 주변 공백의 예방을 위해 최소 1명 이상의 승무원은 담당 비상구 주변에 위치한다.

객실 사무장은 **'Push Back 준비 완료 사항'**에 이상이 없을 시 기장에게 인터폰을 이용하여 'Push Back 준비 완료(Cabin Is Ready For Push Back)'를 보고한다. 기종에 따라 'Cabin Ready' 기능으로도 보고가 가능하다. 기장은 객실 사무장의 'Push Back 준비 완료' 보고 없이 항공기 Push Back을 할 수 없다.

Push Back 준비 완료 사항

- 비상 장비 점검 상태(기보고되지 않은 경우)
- 비상구 열 좌석 승객 착석 상태
- 서비스 Cart의 정위치 및 보관 상태
- 화장실 내 승객 유무 확인 후 모든 승객의 착석 완료 및 좌석 벨트 착용 상태
- 좌석 등받이, 개인용 Monitor, Tray Table, Footrest 등의 원위치 상태

TIP

'Cabin Ready' 기능

객실 사무장이 사용하는 Handset 안에 'Cabin Ready' 버튼이 있는 경우, 버튼을 누름으로써 Cockpit 내 Cabin Ready 알림 신호가 발신된다.(기종에 따라 정해진 번호로 발신할 수도 있다) 객실 사무장은 합동 브리핑 시점에 기장에게 어떠한 방식으로 Rush Back 준비 완료 보고를 할 것인지 사전에 상의한다.

2) Welcome 인사

항공기의 Push Back이 시작되면 객실 사무장은 승객 탑승 시점 틀어 두었던 BGM (Boarding Music)을 끄고, 정해진 위치에서 모든 승무원들이 환영 인사를 할 준비가 되었는지 확인한다. 모든 승무원들은 하던 일을 멈추고 본인의 근무 구역 최전방에 위치한 후 승객들에게 Welcome 방송에 맞춰 정중례를 실시하여 승객의 탑승을 환영한다.

▲ Welcome 인사를 위한 Stand by

▲ Welcome 방송에 맞춘 정중례 모습

6. Safety Demonstration

모든 비행 편에서 이륙을 위한 Taxi-out 중에는 비상 절차에 대한 승객 브리핑과 안전 관련 방송을 실시해야 한다. 해당 내용은 좌석 벨트, Emergency Exits, 구명복, 산소마스크, 기타 해당 노선에 탑재된 필요한 비상 장비, 승객 좌석에 비치된 Safety Information Card 내용, 기타 승객이 알아야 할 내용(금연 규정 등)이다. 승객 브리핑이 실시되는 동안에 모든 객실 승무원들은 담당 구역의 비상구 주변에 고르게 위치해야 한다.

1) Video 장착 기종 상영

Video 장비가 설치되어 있는 경우 승객 브리핑은 Video를 이용하여 실시한다. 이 경우 객실 승무원은 Video의 모니터가 모두 작동하는지 확인하고 작동하지 않는 모니터가 있는 경우 모니터를 볼 수 없는 위치에 있는 승객을 위해서는 개별적으로 승객 브리핑을 실연해야 한다. Video 장비가 고장이 난 경우는 Video 미장착 기종의 경우와 같이 승무원에 의해 실연될 수 있다.

2) Video 비장착 기종 승무원 실연

Video 미장착 기종인 경우에는 객실 사무장은 객실 브리핑 시점 Demo를 실연할 승무원을 지정하고 그 승무원이 실연하는 장소 등을 COM을 통해 미리 확인한다. Welcome 방송이 끝나면 Demo를 실연할 객실 승무원은 Demo 용구를 준비하여 지정된 장소에서 대기한다. 객실 사무장은 승무원 실연 대기 상태를 확인한 후 PRAM(Pre-Recorded Announcement)을 재생한다. 이후 객실 사무장은 정해진 위치(항공기 최후방 등)에서 승무원들의 Demo 실연을 감독한다. 만약 PRAM이 작동되지 않는 경우 객실 사무장의 방송에 맞춰 Demo를 실연할 수 있다.

▲ Safety Demo 실연

3) 개별 브리핑

객실 승무원은 개별적 안내가 필요한 승객들을 대상으로 개별 브리핑을 실시해야 한다. 해당 승객의 좌석에서 비상구까지의 통로에 대한 안내와 탈출을 시작해야 하는 가장 적절한 시점에 대한 안내를 포함한 내용의 개별 브리핑을 실시해야 한다. 비상 탈출 시 도움이 필요한 승객들은 UM, 장애인, 노인 승객 등이다. 또한 객실 승무원은 객실 구조상 Video를 볼 수 없는 좌석의 승객에게도 개별 브리핑을 실시해야 한다. 더불어 유아(Infant)를 동반한 승객의 경우 승객 브리핑 내용 외 유아용 구명복이나 성인 구명복을 유아에게 입히는 방법 등 필요한 사항에 대해서도 개별적으로 브리핑을 해야 한다. 객실 사무장은 개별 브리핑이 실시 대상 승객에게 추가적으로 실시되었는지에 대해 확인해야 한다.

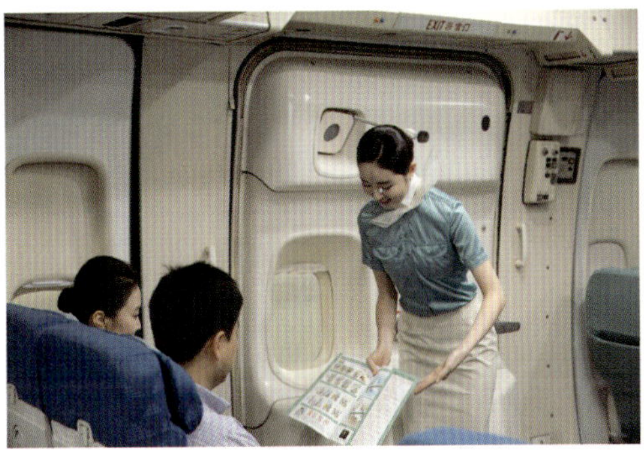

▲ 비상구 좌석 브리핑

▲ 장애인 승객 개별 브리핑

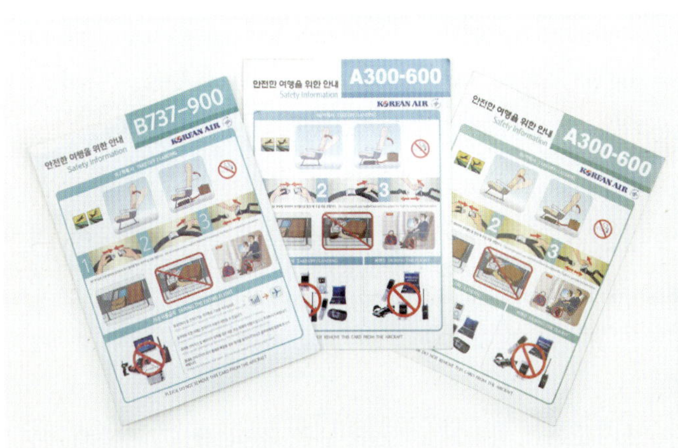

▲ Safety Card

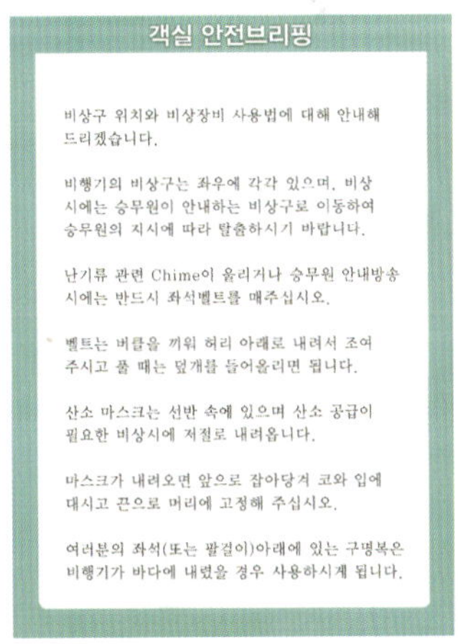

객실 안전브리핑

비상구 위치와 비상장비 사용법에 대해 안내해 드리겠습니다.

비행기의 비상구는 좌우에 각각 있으며, 비상시에는 승무원이 안내하는 비상구로 이동하여 승무원의 지시에 따라 탈출하시기 바랍니다.

난기류 관련 Chime이 울리거나 승무원 안내방송 시에는 반드시 좌석벨트를 매주십시오.

벨트는 버클을 끼워 허리 아래로 내려서 조여주시고 풀 때는 덮개를 들어올리면 됩니다.

산소 마스크는 선반 속에 있으며 산소 공급이 필요한 비상시에 저절로 내려옵니다.

마스크가 내려오면 앞으로 잡아당겨 코와 입에 대시고 끈으로 머리에 고정해 주십시오.

여러분의 좌석(또는 팔걸이)아래에 있는 구명복은 비행기가 바다에 내렸을 경우 사용하시게 됩니다.

▲ 개별 브리핑용 점자(시각 장애인용) 안전 브리핑 책자(CL 보관 장소에 탑재)

CHAPTER 07

7. 이륙 준비

항공기가 이륙하기 전 객실 사무장은 모든 승무원들이 객실 내 안전 업무를 수행한 후 Jumpseat에 착석하였는지 확인한다. 객실 내 모든 준비가 완료되고 모든 승무원이 Jumpseat에 착석한 것을 확인하면 PIC 기장에게 **'이륙 준비 완료 보고(Cabin Is Ready)'**를 실시한다. 이륙 준비 완료 보고를 미리 실시하지 못한 경우 기장이 발신한 **Take-off Signal**에 맞춰 실시할 수 있으며, 기종에 따라 Cabin Ready 기능으로 보고할 수도 있다. 기장은 객실 사무장의 '이륙 준비 완료' 보고 없이 이륙을 실시할 수 없다.

이륙 준비 완료 사항 확인

- Push Back 준비 완료 사항
- 승객 안전 브리핑 실시
- 객실 및 Galley 내 유동물 고정
- 객실 승무원 착석 상태 점검(좌석 벨트, Shoulder Harness 착용)

* 객실 승무원은 담당 Zone에 이동 승객 또는 승무원이 있거나 기타 사유로 이륙 준비가 완료되지 않았을 경우 객실 사무장에게 보고하고 객실 사무장은 기장에게 즉시 보고하여 이륙을 지연시킬 수 있다.

객실 사무장은 기장의 Take-off Signal 후 이륙에 대한 사무장 안내 방송을 한국어, 영어에 한하여 실시하고, 객실 조명을 적합한 상태로 조절한다.

TIP

이착륙 시 조도 조절 이유

항공기 사고 중 대부분의 경우가 항공기 이착륙 시 발생된다. 이때 승객들의 신속한 탈출이 요구되는데, 외부 환경보다 밝은 기내에서 탈출 시 승객들의 시야 확보에 어려움이 따른다. 따라서 항공사는 항공기 이착륙 시 조도를 외부 환경에 비해 어둡게 조절하도록 규정하고 있다.

▲ 이륙 준비(Take-off) 방송을 실시하는 사무장

Take-off 사무장 방송

"우리 비행기는 이제 이륙하겠습니다. 좌석 벨트를 매셨는지 다시 한번 확인해 주시기 바랍니다."

"We are now ready for take-off. Please make sure that your seatbelt is securely fastened."

Denis Kabelev / Shutterstock.com

08

CHAPTER

비행 중

08 비행 중

주요 업무	객실 사무장	객실 부사무장	팀원
• PA 모니터링	• 이륙 후 첫 방송의 음량 · 음질 모니터링 후 취합 조정	• 해당 구역에서 방송 음량 모니터링	• 해당 구역에서 방송 음량 모니터링
• In-Flight Entertainment SVC 개시	• ISPS Switch 'On' • UM 좌석 영화 등급 설정 • 개인용 AVOD 상시 점검 • Trouble Shooting 담당	• 사무장 업무 보조	• ISPS 공급 상태 확인 • 개인용 AVOD 작동 불능 상황에 조치 후 보고
• SHR 정보 숙지	• SHR 내 승객 정보 공유	• SHR 내 EY 승객 정보 공유	• SHR 내 본인 담당 승객 정보 확인
• 1st 갤리 브리핑	• 클래스별 특별 승객/요청 내역 확인	• EY/CL 1st 갤리 브리핑	• 담당 구역 1st 갤리 브리핑 참석
• 서비스 전 객실 순회	• SPCL PAX Care • 불만 승객 Handling	• SPCL PAX Care(EY) • 불만 승객 Handling	
• Meal SVC	• SPML SVC • PR/CL Meal SVC 가담 • 취식 만족도 및 불만 사항 점검	• SPML SVC • EY/CL Meal SVC 가담 • 취식 만족도 및 불만 사항 점검	• 담당 구역 SVC
• 입국 서류	• 적정 배포 확인 및 작성 협조	• 적정 배포 확인 및 작성 협조	• 작성 협조
• 기내 판매	• 기내 판매 진행 점검	• 기내 판매 가담	• 기내 판매 가담
• 승객 Rest 시점	• SPCL PAX Care • 객실 온도/소음 점검		
• Cabin Log 작성	• 항공기 설비 관련 이상 발생 시 Squawks 내용 확인 및 기록		

비행 중 상시 관리 내용

• 객실 사무장은 모든 단계의 서비스가 고객 관점에서 제공되도록 **전반적인 서비스를 관리 감독**한다.
• 객실 사무장은 전 객실을 수시로 순회하며 비행 중 지속적으로 **개별 승객의 서비스 만족도**를 확인한다.
• 객실 사무장은 Meal SVC가 이루어지는 동안 **Meal 서비스 진행 체크리스트**와 **Galley Info**에 맞게 서비스가 이행되고 있는지 확인한다.
• 객실 사무장은 승무원의 밝은 표정, 바른 자세, 태도 및 단정한 용모 복장을 상시 관리한다.
• 객실 사무장은 **기내 온도는 24+1℃**를 유지하고 객실 조명 운영 점검 및 관리를 담당한다.
• 객실 사무장은 화장실을 비롯한 객실 전반에 관해 청결 상태가 유지가 되도록 관리 감독하고, 승객 휴식 중 객실 소음 및 **Class Divider**를 관리한다.

1. 시점별 객실 사무장 업무

1) PA 모니터링

(1) PA 모니터링 실시 목적

기내 방송은 승객에게 비행 중 필요한 정보를 제공하는 서비스적인 측면과 더불어 비행 중 안전 사항에 대해 승객을 효율적으로 통제하여 안전하고 편안한 여행을 보장하는 것이 목적이다. 또한 비행 중 비정상 상황이 발생했을 때 신속하고 정확한 방송을 통해 승객의 불안감이나 궁금증을 해소시키고, 승객의 알고자 하는 욕구를 충족시켜야 한다. 이러한 중요한 기능을 가진 기내 방송은 일차적으로 기내 방송 담당 승무원의 명확하고 정확한 전달능력이 중요하다. 따라서 항공사는 기내 방송을 담당할 수 있는 자격을 갖춘 승무원을 양성시키고 그 능력에 맞는 방송 자격을 부여하여 해당 편수의 가장 상위 자격을 갖춘 승무원이 방송을 담당하게 된다. 또한 해당 편 전 승무원은 업무 시작 전 자신의 담당 구역에 대기하여 승객의 입장에서 기내 방송을 청취하고, 기내 방송 내용이 잘 전달되는지 확인해야 한다.

(2) 비행 중 PA 모니터링 실시 방법

이륙 후 Seatbelt Sign이 Off되면, 방송 담당 승무원은 인터폰의 All Call 기능을 통해 전 승무원에게 방송 모니터링을 요청한 후 방송을 시작한다. 방송 담당 승무원을 제외한 모든 승무원은 방송을 주의 깊게 청취한 후, 모니터링 취합 승무원에게 수신호를 통해 방송의 상태를 전달한다.

모니터링 취합 승무원은 방송 담당 승무원에게 수신호를 이용하여 모니터링 결과를 전달하고, 방송 담당 승무원은 입과 마이크 간의 거리, 성량의 강약을 조절하여 적절한 볼륨을 유지한다. 이후 비행 중 실시되는 방송에 대해서도 계속해서 전 승무원이 귀를 기울여 모니터링을 실시하고, 조치가 필요한 경우 모니터링 취합 승무원 또는 객실 사무장에게 수신호나 인터폰을 통해 모니터링 결과를 전달하여 최상 상태의 방송을 실시할 수 있도록 해야 한다. 또한 기장 및 RS(Regional Crew) 승무원 방송 시에도 모니터링을 실시한 후 동일한 방법으로 전달하고 필요시 조치한다.

방송 모니터링 결과 수신호 전달 방법

- 방송이 실시되면 모든 승무원은 방송을 귀 기울여 청취한다.
- 방송의 음량과 음질의 상태가 좋으면 Thumb-up Signal을 객실 후방 승무원부터 앞쪽으로 보낸다.(방송 담당 승무원이 방송하는 Station으로 보낸다)
- 방송 담당 승무원 근처에 있는 승무원은 모니터링 결과를 취합하는 역할을 담당한다.
- 취합 결과에 따라 방송 취합 승무원은 볼륨의 크기나 파열음 유무 등을 수신호를 통해 방송 중인 방송 담당 승무원에게 전달하여 즉각적인 시정이 이루어지도록 한다.

2) In-Flight Entertainment

(1) 항공사 기내 잡지 제공

항공사 자체 제작 기내지

항공사마다 승객에게 다양한 정보를 제공하기 위해 월간 기내 잡지를 제작하여 운영하고 있다. 이 잡지에는 항공사가 취항하는 노선에 대한 안내나 기내 서비스에 대한 안내, 서류 작성법 등 승객에게 여행 중 필요한 정보를 담고 있다. 그뿐만 아니라 여러 나라의 문화를 소개하고 새롭게 취항하는 여행지를 소개하는 등 다양한 볼거리를 제공하고 있으며 이는 e-Book 형태로도 제공된다.

▲ K 항공사의 기내 잡지. 현재 Morning Calm, SKY Shop만 제공되고 있다.

(2) 개인용 모니터와 AVOD

항공사는 승객들이 AVOD(Audio Video On-Demand. 주문형 오디오 및 비디오 시스템)를 통해 다채로운 영화, 단편물, 음악, 게임 등을 제공받아 비행 중 언제든지 즐길 수 있도록 하고 있으며, 주기적으로 Contents를 교체하여 승객의 다양한 Needs를 충족시키기 위해 노력한다. 기내 오락물 이외에도 기내 면세품 정보, 항공사 정보, 운항 정보 등의 다

gypsy.aiko / Shutterstock.com

▲ EY/CL 좌석 개인용 모니터

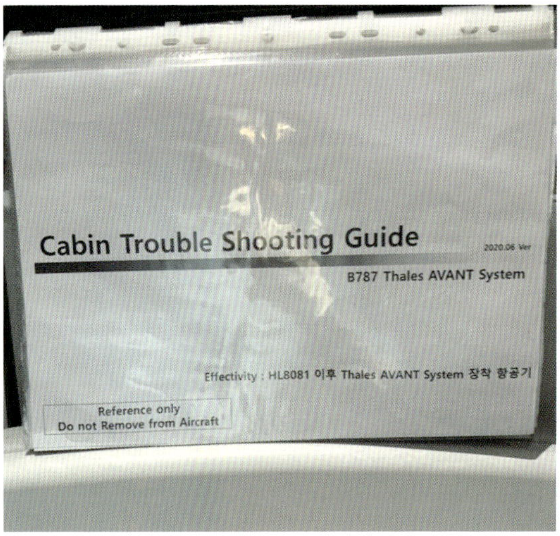

▲ Trouble Shooting Guide

양한 정보를 제공한다. 객실 사무장은 비행 중 AVOD의 정상 작동 여부를 확인하고, 작동상의 이상이 발생하는 AVOD에 대해서는 기내 비치된 Trouble Shooting Guide를 참고하여 문제를 해결하도록 노력한다. 이후에도 정상 작동 여부에 대해 지속적으로 모니터링하며 해당 승객에게 불편을 초래한 부분에 대해 사과를 표명하고 회사 규정에 의거하여 승객에게 적절한 보상을 제공한다.

(3) 벽면형 와이드 스크린 장착

일부 기종에 한해 객실 벽면에 와이드 스크린이 장착되어 있어서 외부 전경 카메라를 통해 이착륙 시 항공기 외부의 모습을 시청할 수 있으며, 항공기 Demo 상영 및 검역 관련 영상물 등을 상영하기도 한다. 객실 사무장은 객실 공용 모니터를 통해 표출되는 영상물이 정상적으로 작동하는지 확인해야 한다.

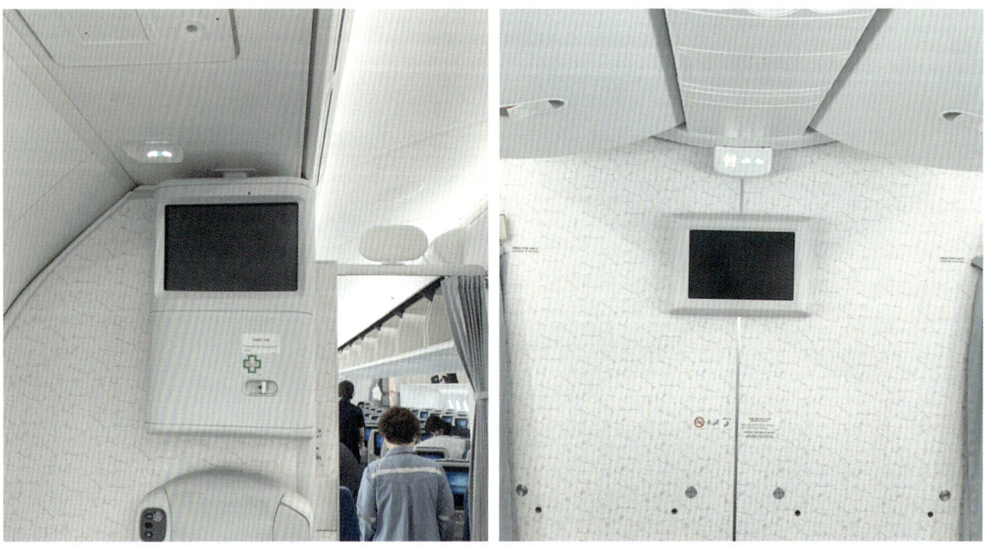

▲ 벽면형 와이드 스크린

3) 1st 갤리 브리핑

(1) 갤리 브리핑 시점

갤리 브리핑(Galley Briefing)은 전 노선에서 서비스 개시 전에 실시한다. EY/CL은 객실 부사무장 주관하에 Galley Duty 담당 승무원과 Aisle Duty 담당 승무원이 함께 참여하고, 상위 클래스는 해당 클래스의 선임 승무원 주관하에 해당 클래스 담당 승무원이 함께 실시한다.

(2) 갤리 브리핑 내용

탑승객 정보

해당 편수에 탑승객 정보에 대해 공유한다. 탑승 중 특이 사항이 있는 승객에 관해 승무원 간 정보 공유하여 주의를 기울이고 Special Care가 필요한 승객들(UM, FMLY, WCHR, 환자 승객 등)의 Handling 내역 등에 대해 공유한다.

해당 편 Meal 내용 및 탑재량

해당 편수에 승객 대비 탑재된 Meal의 총개수와 내용에 대해 다시 한 번 정보 공유하고, 각 구역별로 사용할 수 있는 Meal Cart의 개수와 위치 등에 대해 확인한다. Meal의 내용은 Main 요리의 조리법 및 함께 제공되는 Starch 등에 대해 자세히 살펴보고, 한식과 양식, 중식 등의 종류를 구분하여 제공되는 Meal Tray의 구성품을 다시 한 번 재확인한다.

해당 편 SPML 내용 및 탑재량

해당 편수에 탑재된 SPML(Special Meal, SPCL Meal)의 종류와 개수에 대해 정보 공유하고, 담당 구역별로 SPML 신청 승객을 분류하여 명확하게 업무를 배정한다. SPML Tray의 구성품을 재차 확인하여 빠짐없이 서비스하도록 강조하고, SPML 관련하여 특이 사항이 있을 경우 즉시 보고할 것을 지시한다.

GALLEY BRIEFING (ZONE:)

■ MEAL LOADING STATUS

DESC.	NORMAL MEAL	SPECIAL MEAL	TOTAL
ZONE			

■ PASSENGER SERVICE STATUS

No. of PAX	L SIDE	R SIDE	L SIDE	R SIDE
SPML				
SPML BBML				
VIP				
BSCT UM/FMLY WCHR				
KEEPING ITEM				
OTHERS				

■ SQUAWKS

ITEM(LOCATION)	DETAILS

■ IN-FLIGHT SERVICE FLOW

SNACK SVC TIME:			2ND MEAL SVC TIME:	LANDING TIME:
CREW REST PLAN	A	~	(TP/TA)	
	B	~	(TP/TA)	

▲ Galley Briefing Information Sheet

서비스 방법 및 유의 사항

전반적인 서비스 절차에 대해 다시 한번 상기하고 식사와 음료의 안내 방법 등에 대해 통일되게 서비스하도록 정보 공유한다.

기타 특이 사항

특정 메뉴가 부족한 현상이 발생하거나, 특별한 이유로 기내식 취식을 거부하는 승객, 혹은 식사 관련하여 불만을 제기하는 승객 등이 발생할 경우, 전 승무원은 일관성 있게 안내하도록 강조하고 같은 상황 발생 시 사무장에게 즉시 보고하도록 한다.

(3) 갤리 브리핑 Sheet

비행 중 갤리 브리핑 Sheet에 승객에 대해 공유할 사항을 기록하여 같은 구역에서 근무하고 있는 승무원 간 정보 공유를 한다. 예를 들면, 약물 제공 시점, 주류 제공 횟수 등과 같은 특이 사항에 대한 기록을 유지하여 동일한 승객에게 제공 기준을 초과하여 서비스되지 않도록 한다. 하지만 특정 승객에 대한 개인 정보에 대해 기록하지 않으며, 모든 비행이 마무리되는 시점에 누락된 것은 없는지 확인하는 습관을 갖는다.

4) Meal SVC

비행기를 통하여 항공 여행을 하는 승객들의 기내식에 대한 기대는 매우 높으며 자국 항공사의 비빔밥을 먹기 위해 특정 항공사만을 이용하는 승객이 있을 정도로 객실 서비스 항목 중 기내식에 대한 비중은 매우 높다. 따라서 객실 승무원은 당일 편수에서 제공될 기내식의 종류와 조리법 재료 등을 사전 숙지해야 하며, SVC(Service) Standard Motion을 몸에 익혀 보다 세련된 서비스를 제공하여 승객에게 기분 좋은 식사 시간이 될 수 있도록 해야 한다.

식사 서비스를 실시하기 전 갤리브리핑을 클래스별로 실시하여 당일 편수에 탑재된 총 Meal의 개수와 탑승 승객의 수를 대조하고 여유분이 있는지, 없다면 승무원용 식사(Crew Meal)의 활용이 가능한지 등을 파악한다. 또한 SPML(Special Meal, SPCL Meal) 승객의 수, Meal Tray의 구성품 등을 확인하고 승객에서 제공하기 전 온도, 청결도 등을 살핀 후 서비스를 개시한다.

일반적으로 객실 사무장은 상위 클래스(PR/CL)의 식사 서비스에 가담하고, 객실 부사무장은 EY/CL의 식사 서비스를 총괄한다.

(1) 일반 Meal SVC 기준

기내식은 서양식 및 내국인 승객을 위한 한식과 노선의 특성을 살린 일본식, 중국식 등을 제공하며, 다양한 메뉴 제공과 기내식 서비스 향상을 위해 대략 3개월을 주기로 메뉴를 변경하여 운영하고 있다. 일반석의 경우 2~3가지의 식사 종류가 있으며 승무원은 승객에게 메뉴를 설명할 때 단순히 식사 종류만 말하지 말고 식재료 소개나 조리법 등을 함께 설명하여 승객이 메뉴 선택 시 어려움이 없도록 도움을 제공해야 한다.

▲ EY/CL 식사 서비스 모습

식음료를 제공할 때에는 항상 승객에게 일사일언(一事一言)을 하여 승객이 요청한 사항이 맞는지 확인해야 하며 승객 착석 위치 기준으로 창 쪽 승객부터 순차적으로 주문받아 제공한다. 식음료는 항상 승객이 취식하기 전 온도를 체크하여 적절한 온도 및 상태로 제공하도록 해야 하며, 뜨거운 식음료를 제공할 때에는 반드시 화상에 주의하도록 안내해야 하고 또한 반드시 승객 Table에 놓아주는 것을 원칙으로 해야 한다. 하지만 Meal Tray에 준비된 Coffee Cup을 이용하여 Hot Beverage를 제공하는 경우, Tray를 이용하여 승객이 직접 집도록 안내한다.

대분분의 승객이 식사를 다 마친 경우 객실 승무원은 회수를 위한 Cart를 준비하여 회수를 시작할 수 있다. 회수 시에는 취식에 대한 승객의 만족도 및 회수 여부를 확인하고, 먼저 제공한 승객의 Tary부터 회수하는 것을 원칙으로 하되 승객이 요구하거나, 취식이 일찍 끝나 회수를 요청하는 경우 취식 만족도를 묻고 먼저 회수할 수 있다.

회수 시에는 통로 쪽 승객부터 시작하여 창 쪽 승객 순서로 회수하며 Meal Tray 회수 시 Tray는 한 번에 한 개씩 회수하고 승객 앞에서 포개어 회수하지 않도록 한다.

객실 사무장과 객실 부사무장은 식사 서비스의 전체적인 흐름을 파악하여 속도를 조절하고 누락된 승객이 없는지 확인하는 등 전반적인 식사 서비스를 총괄해야 하며 기내식 관련 불만 사항이 발생 시 적극적으로 나서서 해결해야 한다.

▲ 식사 후 티/커피 서비스 모습

(2) SPML 제공 방법

SPML(Special Meal, SPCL Meal) 서비스는 Zone별 담당 승무원이 제공함을 원칙으로 하되, 일반석의 경우 객실 부사무장이, 상위 클래스의 경우 객실 사무장이 객실 순회를 통해 정확하게 제공되었는지 최종 확인한다. SPML은 일반 식사보다 우선하여 제공하며, 제공 시 승객 성함, 주문 메뉴 내용을 승객에게 재확인한 후 서비스한다. SPML 개봉은 승객이 직접 하도록 안내하여, 신청 내역의 이상 여부를 직접 승객이 확인하도록 한다.

▲ SPML 제공 모습

(3) 식사 관련 불만 승객 처리 절차

SPML 미탑재 시 대응 절차

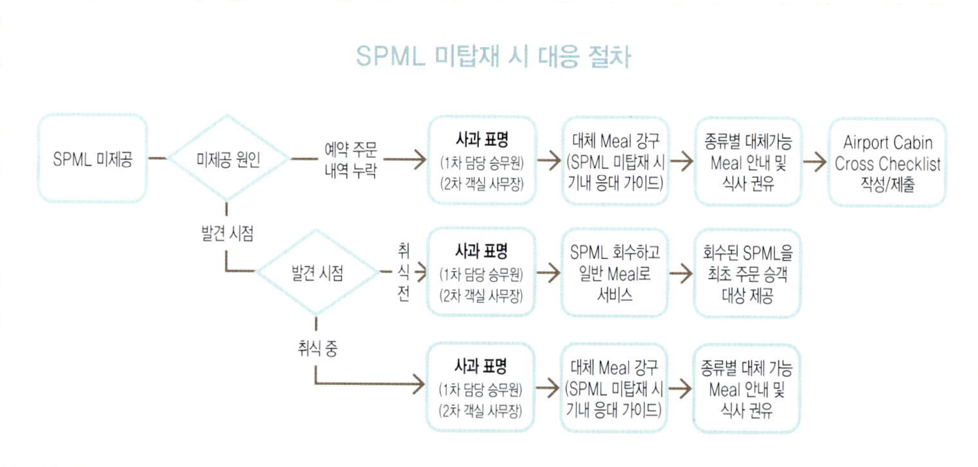

주문한 SPML이 제공되지 못한 경우 1차적으로 담당 승무원이 사과하고 필요시 2차적으로 일반석의 경우 객실 부사무장이, 상위 클래스의 경우 객실 사무장이 추가로 사과하여 응대한다. 승무원 과실에 의해 SPML이 제공되지 못한 경우, 취식 전 발견했을 경우에는 잘못 전달된 승객에게 양해를 구한 후 SPML을 즉시 회수하여 일반 Meal을 서비스하고, 회수된 SPML은 최초 주문한 승객에게 제공해 드린다. 취식 중 발견했을 경우에는 잘못 전달된 승객에게 양해를 구한 후 일반 Meal로의 변경 여부 의사를 확인한 후 원할 경우 일반 Meal을 서비스하고, 최초 SPML 주문 승객에게는 사과 후 대체 가능한 Meal을 강구하여 제공한다.

예약 주문 내용 누락으로 SPML이 전달되지 못한 경우에는 승객의 양해를 구하고 의향을 확인한 후 승객의 동의가 있을 시, 가능한 한 승객이 주문한 SPML과 가장 유사한 대체 Meal을 제공하되, 승무원이 임의로 조리하거나 가공하지 않도록 유의한다. 환승 승객의 경우 객실 사무장은 다음 구간에 SPML이 탑재될 수 있도록 'Airport Cabin Cross Checklist'에 SPML 누락 내용을 작성하여 도착 지점에 인계한 후 다음 구간에서 탑재될 수 있도록 조치한다. 이후 같은 상황에 관련하여 추가 불만 사항을 제시하는 고객의 경우, 다른 요인으로 인하여 승객의 불만이 가중되지 않도록 특별히 유의하고, 모든 승무원들이 해당 내용을 공유한다. 승객의 불만 사항은 추후 회사에 보고서 형식으로 보고한다.

메뉴 선택 불가 시 대응 절차

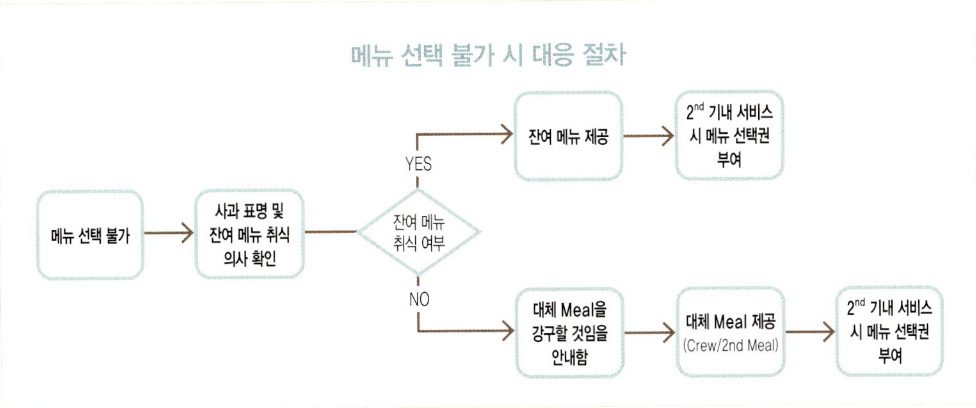

승객이 원하는 메뉴가 당일 모두 소진되어 선택한 메뉴를 제공하기 어려운 경우 승객에게 사과를 표명한 후 잔여 메뉴를 소개하고 승객의 취식 의사를 확인한다. 잔여 메뉴를 취식하고자 하는 경우 즉시 제공하고, 두 번째 식사나 간식 서비스가 있는 경우 우선적으로 메뉴 선택권이 있음을 안내하며 양해에 대해 감사를 표시한다.

잔여 메뉴 취식을 거부하는 경우, 승객에게 대체할 수 있는 메뉴를 안내하고 Crew Meal이나 두 번째 식사를 제공하며, 두 번째 식사 서비스나 간식 서비스가 있는 경우 우선적으로 메뉴 선택권이 부여됨을 안내한다.

5) 입국 서류

입국 서류 배포 시점은 각 클래스별 서비스 절차에 따르나 객실 사무장은 클래스별로 서비스 흐름에 따라 도착지 입국에 필요한 서류의 배포 시점을 주관한다. 단거리 노선의 경우, 안전 규정 허용 범위 내에서 시상에서 배포하며, 이륙 후 Meal SVC 실시 전에 완료한다.

■ 검역법 시행규칙 [별지 제9호서식]

건강상태 질문서

(앞쪽)

성명	성별 [ ]남 [ ]여
국적	생년월일
여권번호	도착 연월일
항공기 편명	좌석번호
한국 내 주소	
휴대전화	

과거 21일 동안의 방문 국가명을 적어 주십시오.

1)	2)	3)

과거 21일 동안에 아래 증상이 있었거나 현재 있는 경우 해당란에 "√" 표시를 해주십시오.

[ ] 설사	[ ] 구토	[ ] 복통	[ ] 발열	[ ] 오한
[ ] 콧물 또는 코막힘	[ ] 기침	[ ] 인후통	[ ] 근육통	[ ] 두통
[ ] 호흡곤란	[ ] 발진	[ ] 모기물림	[ ] 눈충혈	[ ] 기타 ( )

건강상태 질문서 작성을 기피하거나 거짓으로 작성하여 제출하는 경우 「검역법」 제12조 및 제39조에 따라 1년 이하의 징역 또는 1천만원 이하의 벌금에 처해질 수 있습니다.

작성일 년 월 일

작성인 (서명 또는 인)

국립검역소장 귀하

148mm×210mm (황색지 70g/㎡)

▲ 검역 설문서

ARRIVAL CARD ※ Please fill out in Korean or English.

入境卡(外国人用) ※ 请填写韩文或英文。

Family Name / 姓	Given Name / 名		□ Male / 男 □ Female / 女
Nationality / 国籍	Date of Birth / 出生日期 Y Y Y Y M M D D	Occupation / 职业	

Address in Korea / 在韩地址 (☎:)

※ 'Address in Korea' should be filled out in detail. (See the back side)

※ 必须填写'在韩地址'。(参考后面)

Purpose of visit / 入境目的		Signature / 签名
□ Tour 观光	□ Visit 访问	
□ Business 商务	□ Employment 就业	
□ Others 其他 (	)	

▲ 대한민국 입국 신고서

객실 사무장은 입국 서류 배포 시 전체적인 업무에 대한 관리 감독의 책임이 있다.

입국 서류 배포 시점 객실 사무장의 관리 감독 업무

- 담당 구역별로 도착지 입국에 필요한 서류를 서비스 기준에 준하여 준비했는가? (2종류 이상의 서류인 경우 Small Tray에 준비, 승객 요청에 즉시 응대할 수 있도록 여분의 펜 준비)
- 객실 승무원들이 도착지 국가의 출입국 규정을 숙지한 후 정확하게 안내하는가?
- UM, 노약자, 한가족 서비스 승객 등 도움이 필요한 승객에게 적극적으로 서류 작성을 위한 도움을 제공하는가?

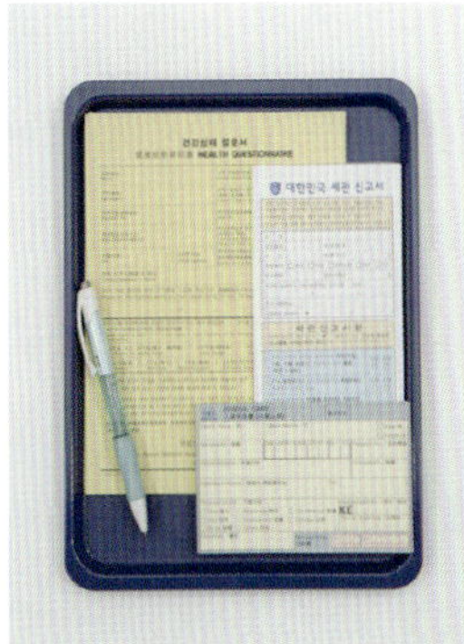

6) 기내 판매

기내 판매 업무는 국제선 탑승객에 대한 기내 서비스의 일환으로 세계 유명 Brand의 면세 상품을 기내에서 판매하는 업무이다. 객실 사무장은 기내 판매 시 전체적인 업무에 대한 관리 감독의 책임이 있다.

Paul Antonescu / Shutterstock.com

기내 판매 시점은 각 노선별로 정해진 서비스 단계에서 실시하는 것이 원칙이나 객실 사무장은 클래스별 서비스 흐름에 따라 유연하게 기내 판매 시점을 주관할 수 있다. 전체적인 식사 서비스가 종료된 후라면 승객의 쾌적한 휴식을 위해 Sales Cart를 이용한 기내 판매를 실시한다. FR/CL의 경우에는 모든 서비스가 On-Demand로 진행되기 때문에 휴식을 취하는 승객에게 방해가 되지 않도록 개별적으로 기내 면세품의 구매 의사를 묻고, 기내 판매 방송은 제외시킬 수 있다.

객실 사무장은 기내 판매 시 객실 조명을 Medium으로 유지하고, 20시 이후 출발 편은 Dim으로 조절한다. 기내 판매 담당 승무원이 전체적인 기내 판매 업무를 담당하며, 승객 수 및 분포 정도에 따라 사무장 판단에 의거하여 판매 주문 접수, 대금 계산, Packing 및 물품 전달 임무, 물품 Delivery 및 판매 업무를 보조할 승무원을 적절히 지정하여 운영한다. 노선 특성 및 당일 승객의 구성 등을 고려하여 1차 기내 판매 이후 2차 기내 판매의 실시 여부 및 판매 방법 등을 결정할 수 있다. 기내 판매는 Approaching 시점까지 종료해야 하나 기내 판매에 대한 별도의 세관 Report 작성이 필요한 Station의 경우, 객실 사무장의 판단에 따라 보고서 작성에 필요한 최소 업무 시간의 범위 내에서 기내 판매 종료 시점을 조정할 수 있다.

기내 판매 시점 객실 사무장의 관리 감독 업무

- Mobile SHR에 기재되어 있는 기내 판매 사전 주문 승객(HTH, IFS, CSS 등)의 물품이 정확하게 판매 완료되었는지 최종 확인
- 최종 금액과 판매 내역 일치 여부 확인
- 사전 주문서 서류 접수 확인(매수 포함)
- 연결 편 승객 STEB 여부 제공 확인

TIP

HTH(Heart to Heart)

소중한 사람에게 기내 면세품을 선물할 수 있는 기내 서비스로서, 인터넷을 통해 주류를 제외한 면세품을 선물로 고른 후 탑승자 정보(여권 번호/편명/날짜)를 입력한 후 메시지를 작성하면, 기내에서 승무원이 해당 면세품과 카드를 함께 전달해 주는 서비스이다.

TIP

IFS(In-Flight Sales)

비행기 탑승 전, 전화 · FAX · 인터넷 등의 방식으로 승객이 원하는 면세품을 사전 구매하는 방식으로, 결제는 사전에 하거나 비행기 탑승 후 후불로 가능하다.

TIP

CSS(Cyber Sky Shop)

대한항공 인터넷 면세점 https://cyberskyshop.koreanair.com/에 접수하여 기내에서 판매되고 있는 면세품을 사전 구매하는 방식으로 선불 결제가 이루어지고 KAL Limousine Ticket의 사은품이 증정된다.

TIP

STEB(Safety Temper Evident Bag)

9·11 테러 사건 이후 항공기 객실 내 액체류 반입 규정이 강화됨에 따라 100ml를 초과하는 액체류는 기내 반입이 불가하다. 하지만 항공사에서 판매하는 제품을 비롯한 면세품은 STEB에 구매 영수증과 함께 동봉되어 밀봉된 상태라면 국가별 면세품 규정에 따라 객실 내 반입이 허용되기도 한다. 따라서 면세품을 구매하고자 하는 승객에게 최종 목적지를 묻고, 연결편 탑승이 예정된 승객인 경우 구입한 면세품이 액체류인 경우에 한하여 반드시 STEB에 구매 영수증을 함께 넣어 밀봉 상태로 상품을 판매해야 한다.

기내 면세품 판매 시 유의 사항

- 기내 면세품 물품 전달 시 '주문하신 ○○○와 ○○○입니다. 확인해 보시겠습니까?' 등의 대화문을 사용하여 객실 승무원과 고객 간의 상호 확인을 통해 물품 오전달을 방지한다.
- 기내 면세품 주문 수량이 많은 경우라면 승객 좌석 앞 Tray Table 위에 물건을 놓아 상호 확인할 수 있게 한다. 면세품 중 유사 품목이 많으므로 물품 전달 시에는 재차 확인하도록 한다.
- 기내 판매 시 대금 및 거스름돈의 수수는 정확해야 하며 계산 착오, 판매 지연, 거스름돈 미지급 등으로 인한 승객의 불만이 없도록 해야 한다.
- 수수 가능 화폐 및 신용카드는 회사가 지정한 세계 주요 화폐(원화/달러/엔화/유로화/위안화), Traveler's Check 및 신용카드이다.
- 기내 면세품 판매 시 승객에게 환승 여부를 반드시 확인하여 필요시 STEB을 제공한다. 도착지에 따라 STEB에 지입된 경우라도 100ml 이상 불투명 유리나 금속병의 액체류는 반입이 불가한 경우도 있으니, 비행 전 도시별 액체류 규정을 확인한다.

7) 승객 Rest 시점

(1) 승객 Rest 시점 승무원의 기본 업무

승객 Rest 시 객실 사무장은 다음과 같은 업무가 원활하게 진행되는지 전 클래스 기내를 순회하여 안전하고 쾌적한 분위기 조성을 위해 힘쓴다.

- 객실의 안전을 유지하고 기내 상황 점검을 위해 각 클래스별로 담당 승무원은 해당 클래스를 15분 간격으로 순회하며 객실을 살핀다.
- 승객의 요청 사항은 즉시 해결하도록 노력해야 하며 메모지를 적극 활용하여 주문 사항을 잊어버리지 않도록 한다. 만약 즉시 해결이 불가능한 경우에는 해결 가능 시점을 안내하고 양해를 구한다. 승객이 희망하는 물품을 제공할 수 없는 경우 또는 재고가 없는 경우에는 사유를 정중히 설명하고 대체 물품을 권유한다. Pax Call 응대 시에는 승객의 요구 사항을 끝까지 경청한 후 Pax Call을 Reset한다.
- 승객 기호 및 상황을 감안하여 적정량의 음료를 Tray에 준비하여 휴식을 취하고 있는 승객에게 개별적으로 제공한다.
- 갑작스러운 환자 및 화재 발생에 대비하여 화장실 및 Door Side, 객실 후방 등 안전 취약 지역을 30분 간격으로 점검한다.
- 다른 좌석보다 쾌적성이 낮다고 생각되는 Galley 주변, Door Side, 화장실 주변 등에 착석한 승객들에게는 불편한 사항이 없는지 수시로 관심을 갖고 서비스하며 승객 휴식 중 Galley 내 작업이 필요한 경우 빛이 새어나가거나 소음이 발생되지 않도록 유의하며, Earplug와 Slumber Mask를 적극적으로 권유하거나 제공한다.
- 승무원들이 통로를 지날 때는 승무원의 발걸음 소리로 인해 소음이 발생되지 않도록 하고, 승객을 치지 않도록 유의한다.
- 담당 구역 순회 후에는 승객의 요청에 즉시 응대할 수 있도록 승객의 가시권에서 대기한다. 대기 장소는 상위 클래스의 경우에는 Galley 주변이고, EY/CL의 경우에는 화장실 주변이나 비상구 주변 Jumpseat이다.
- 상위 클래스의 빈 좌석의 AVOD 모니터는 주변 승객의 눈부심 방지를 위해 Off 상태를 유지한다.

(2) In-Between Snack 서비스 실시

장거리 노선에서는 정규 Meal 서비스 외에도 원하는 승객에게 간식으로 다양한 스낵을 제공한다. 객실 사무장은 Meal 서비스와의 적정 시간 간격을 유지하여 In-Between Snack 서비스를 실시한다.

▲ In-Between Snack 탑재 Cart

▲ Basket을 이용한 In-Between Snack 준비 상태

▲ Self-Service Snack Corner(기종별 중간/뒤쪽)

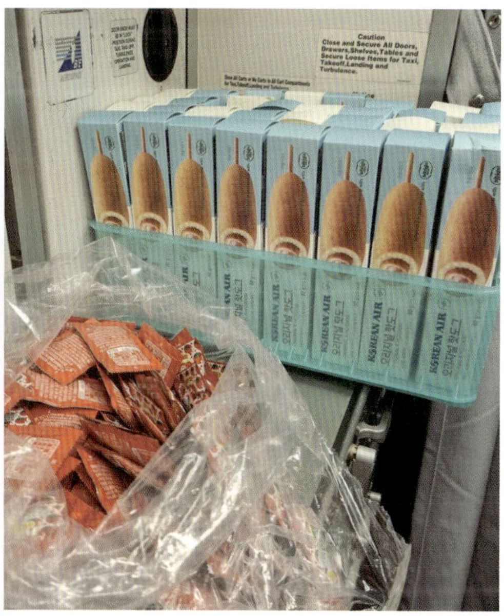

▲ 한국 출발편 장거리 Y/CLS에서 서비스하는 핫도그와 케첩

상위 클래스에서는 승객 휴식 시 Serving Tray를 이용하여 음료와 함께 수시로 제공하고 Bar가 있는 경우 스낵을 종류별로 준비해 놓는다.

EY/CL에서는 승객 휴식 시 준비된 간식을 Bread Basket 또는 Drawer에 담아 음료와 함께 수시로 제공한다. 이때 Galley Light는 Dim 또는 Off 후 부분 조명을 사용하여 Galley 주변 승객의 휴식에 방해되지 않도록 한다. 간식은 2개의 투명 Drawer를 이용하여 Juice류와 In-Between Snack을 Setting하고 Galley 내 최소 1명의 승무원 대기하여 관리하는데 컵라면, 주류 및 Hot Beverage는 안전을 고려하여 진열하지 않고 승객의 요청 시 승무원이 직접 제공한다.

8) CL 작성

CL(객실 정비 일지. Cabin Log/Cabin Maintenance Log)은 객실 설비 및 장비에 결함이 발생했을 경우, 결함 내용을 기록하는 일지를 말한다. 객실 사무장은 비행 중 발견한 비정상 상황의 기내 설비 및 장비에 대해 기록을 남기고, 착륙 후 객실 정비 담당자에게 이 사실을 알린다. 특히 좌석이나 AVOD 등과 같이 직접적인 고객의 불편이나 불만이 있었던 고장 내역은 반드시 기록하여 도착 후 바로 정비될 수 있도록 하여 다음 편 비행에 영향을 주지 않도록 한다.

객실 정비 담당자는 객실 정비 일지를 통해 결함 내역을 파악하고 조치할 수 있다.

▲ CL(Cabin Log)

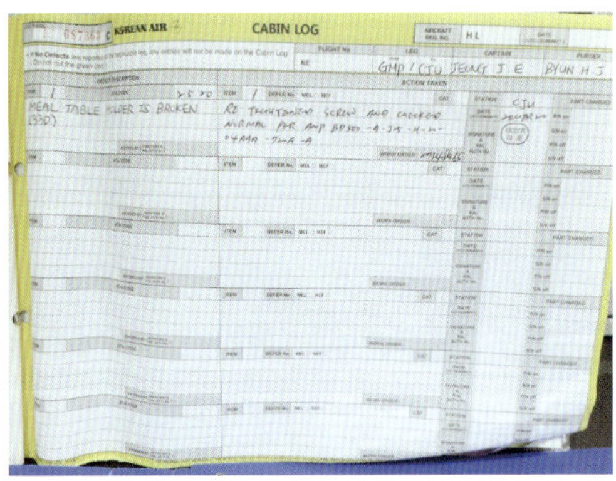

▲ CL 내부 속지

CL은 항공기의 건강 진단서와 같다. 항공기 고유의 HL No.에 맞게 한 권의 CL이 운영된다. CL의 내용만 살펴보아도 해당 항공기의 어떠한 설비가 고장이 났었는지 몇 번 고장이 났었는지 등의 이력을 확인할 수 있다. 또한 CL은 정기적으로 수검을 받으므로 작성 시 오류가 발생해도 절대로 속지를 찢거나 훼손하지 않는다.

CL 작성 요령

- 상단에 필수 기록란에 해당 편수, 구간, HL No., 운항 일자, PIC 이름, 객실 사무장 이름을 작성한다.
- 운항 일자는 UTC 기준으로 dd/mm/yy(예: 25/OCT/08) 형식으로 기재한다.
- 비행 중 항공기 설비 및 장비에 결함이 발생하였을 경우 좌측 DEFECT DESCRIPTION란에 객실 사무장이 순서대로 결함 내용을 기록한다.
- 모든 기록 용어는 영어로 작성한다.
- 기내 설비 결함의 순서는 숫자를 사용한다.
- 객실 설비 결함 사항은 정비사 또는 기장에게 구두 전달한 경우라도 해당 편 구간에서 CL을 작성한다.
- 도착 후 객실 정비사가 해당 장비에 대한 정비를 마치고 CL 우측 ACTION TAKEN란에 조치 사항에 대한 기록을 남긴다.

2. 비행 중 상시 객실 사무장 업무

1) 승무원 업무 활동 관리

(1) Galley 작업 시

항공기는 기종별로 Galley(주방)의 구조 및 설비 품목이 조금씩 상이하다. 따라서 승무원은 당일 항공기 운항 기종을 사전에 파악하여 Galley 내 장착된 각종 설비(오븐, 냉장고, 전자레인지, Warmer, Chiller, Coffee Maker 등)를 완벽히 숙지하고 비행기에 탑승해야 하며 지상에서 해당 설비들의 작동 여부를 반드시 확인해야 한다. Galley 장비를 사용하기 전, 사용 설명서가 부착되어 있는 경우에는 내용을 숙지하고, 장비 내부(Oven, Warmer 등)에 이물질이 있지 않은지 점검한 후 안전하게 사용한다. 특히 Water Boiler나 Coffee Maker를 사용하기 전에는 반드시 Air Bleeding를 실시해 주어야 하는데, 이것은 뜨거운 물을 사용하기 전에 내부의 공기를 빼내어 주는 작업을 의미한다. 또한 Galley 내에는 각종 Compartment, Cart, Carrier Box 등이 다양하게 산재되어 있기 때문에 취급 시 주의가 요구된다. 이착륙 시에는 반드시 문을 닫은 후 이중으로 잠금장치를 해야 하고, 문을 여닫을 때에는 소음이 발생하지 않도록 유의해야 한다. 또한 Carrier Box에서 기내 용품이나 서비스 용품을 꺼낼 때 물건이 떨어지지 않도록 주의해야 한다. Galley 작업 시에는 소음이 나지 않도록 특별히 주의를 기울여야 하는데, Galley 주변에 착석한 승객들이 Galley 내 소음이나 빛으로 인해 불편함을 느끼시지 않도록 수시로 확인하고 신경을 써야 한다. 객실 사무장은 이러한 승무원의 업무가 잘 이루어지고 있는지 관리 감독의 책임이 있다.

기내 Oven의 종류

<table>
<tr><th>제작사</th><th>B/E
B/E
(INVENTUM)</th><th>ZODIAC
(SELL)</th><th>B/E</th><th>JAMCO</th><th>ZODIAC
(SELL)</th></tr>
<tr><td>작동 온도
(℃)</td><td colspan="2">1. B/E: LOW(145±10), MED(175±10), HIGH(200±10)
2. B/E(INVENTUM): LOW(150±15), MED(190±15), HIGH(235±15)
3. ZODIAC(SELL): LOW(170), MED(200), HIGH(230)</td><td colspan="3">1. B/E: LOW(110), MED(130), DRY HEAT(170), KEEP WARM(80)
2. JAMCO: LOW(110), MED(130), HIGH(150), DRY HEAT(100~180)*, WARM(70~90)
*Steam Oven Heating 가이드라인 내 Heating Time을 적용할 경우 STANDARD MODE에서 DRY HEAT 작동 온도를 170℃로 설정 권장 (Auto Mode 사용 시 180℃ 고정됨)
3. ZODIAC(SELL): LOW(130), MED(150), HIGH(170), *LOW/MED만 Steam 가능</td></tr>
</table>

▲ Galley 내 장착 Oven

기내 Refrigerator의 종류

구분	A Type	B Type	C Type
Part No.	600-1/2/3	247-21-1	229-3
장착 기종	• P/N 600-1/2/3: 77WS, 77WI, 388S, 332Q(En), 333E • P/N 600-2: 74HI	• 744R/Q/T, 772S/K, 773Q, 332Q, 333Q※	• 333Q※
작동 모드	• 냉동(Freezer): -18℃ • 냉장(Refrigerator): 4℃ • 냉장(Wine Chiller): 8℃	• 냉동(Freeze): -17.8℃ ~-6.7℃ • 냉장(Chill): 0.6~7.2℃	• 냉장(Chill): -3.3~7.2℃
비고	• P/N 600-1/3 작동 버튼 2개(On, Off) • P/N 600-2 작동 버튼 3개 (PWR, Start, Stop)		• 냉동 모드 없음

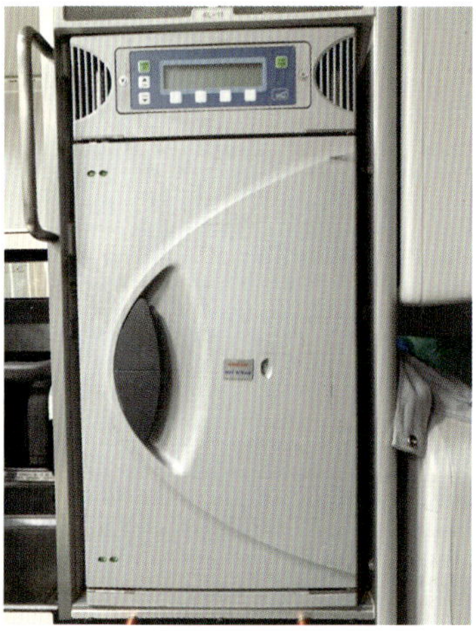

▲ Galley 내 장착 Refrigerator

(2) 객실 순회 시

객실 승무원이 Aisle을 걸을 때에는 가슴과 등을 곧게 펴고 시선을 승객을 향하도록 하며 보행 중 다리가 벌어지지 않도록 양 무릎을 스치듯 걷는다. 발은 끌지 않도록 주의하고 뒷짐을 지거나 주머니에 손을 넣는 행위, 팔짱을 끼는 행동 등은 삼간다. 비상 상황의 경우를 제외하고는 Aisle을 지날 때에는 천천히 걸으면서 승객의 휴식에 방해가 되지 않도록 유의하고, 급한 일이 있을 경우에는 빠른 걸음으로 조용히 걷도록 한다.

비행 중 Aisle은 정돈된 상태가 유지되도록 담당 승무원은 담당 구역을 15분 간격으로 순회하며 기내 환경을 점검하고, 사용된 컵이나 이물질 등은 수시로 회수하여 쾌적한 환경이 유지되도록 한다. 특히 Galley 주변이나 Door Side, 화장실 주변 좌석에 착석한 승객들에게는 각별한 관심을 표명하고 수시로 점검해야 한다. 기내 순회 중 승객과 마주쳤을 경우 밝은 표정으로 가볍게 목례하며 승객이 먼저 지나가도록 배려한다.

(3) 승무원들 대화 시 유의 사항

승무원들 간의 대화 시 고객에 대한 험담은 삼가며, 목소리를 크게 내어 대화하는 일이 없도록 주의해야 한다. 동료들 간의 대화 시에도 반말이나 은어 등의 사용을 지양하고 개인적이고 사적인 주제로 장시간 대화하는 일은 삼가며 업무적인 주제에 대하여 간단 명료하게 대화를 나누도록 한다.

2) 승객 정보 공유

객실 사무장은 다음과 같은 승객에 대한 정보를 동승 승무원과 공유해야 하며, 해당 승객에 대한 처리 절차를 숙지하여 상황별 적절한 조치가 이루어질 수 있도록 해야 한다.

(1) 탑승 거절

제한 승객(Incapacitated Passenger)은 승객의 정신적 장애와 의학적으로 비정상적 상태로 일반 승객과 다르게 비행 중이나 지상 이동 시 별도의 도움이 필요한 승객으로서, 항공사 여건에 따라 탑승이 제한될 수도 있다. 제한 승객에는 정신적·신체적 장애로 인해 제3자의 도움 없이는 여행이 불가능한 환자 승객, 성인 동반자 없이 항공 여행을 하는 유·소아 승객, 임신 32주 이상의 임산부로 의사 소견서가 요구되는 승객, 항공 보안법에 따라

MEDIF(Medical Information Form)

운송 제한 승객 중 승객이 제출해야 하는 의사 소견서로서 탑승 전 항공의료센터의 의학적 승인을 반드시 받아야 항공기 탑승이 가능하다.

항공사별로 예약/발권 시점에 환자 승객의 주치의에 의해 작성된 MEDIF 및 서약서를 접수하여 해당 승객의 항공 여행 적합성 여부를 판정하는 근거로 삼으며, 이후 항공사별 항공의료 센터의 의학적 승인 및 특수 예약과의 운송 허가(Medical Auth)를 받은 후 승객 탑승을 결정한다.

탑승을 거절할 수 있는 승객 등으로 구분된다. 특히 탑승 거절 승객은 비상구 열 좌석 제한 지시를 거부하는 승객, 지상 또는 기내에서 항공기 운항을 방해하는 승객, 탑승권을 미소지한 승객, 감염 위험의 질병을 가진 승객, 37주 이상의 임산부 승객, 만취자 또는 정신이상 승객, 승무원의 통제를 거부하는 승객 등이 이에 속하는데 탑승 시점에 이러한 승객이 발견되면 즉시 보고 절차를 통해 비행 전 조치가 이루어지도록 해야 한다.

건강상태 서약서

건강상태 서약서(Declaration of Indemnity)는 임산부를 포함한 환자 승객이나 그 보호자가 작성하는 서류로서, 비행 중이나 그 후에 발생할 수 있는 일련의 문제에 대해 항공사가 책임을 질 의무가 없으며, 환자 승객의 주변 승객이나 해당 항공사에 손해를 끼칠 경우 환자 승객이나 그 보호자가 모든 책임을 진다고 서약하는 서류이다.

공항 운송 지점으로부터 탑승 허가는 받았으나 공항 주재 의사가 실시하는 의료 검사를 받지 않고 탑승하는 경우에는 환자 승객이나 그 보호자가 서약서를 작성해야 한다.

단, 좌석 예약 시 병명에 관한 충분한 설명이 이루어져 탑승 허가를 받았거나, 공항 주재 의사가 실시하는 의료 검사를 받았을 경우 환자 승객이나 그 보호자는 서약서를 작성할 필요가 없다.

TIP

임산부 승객 제한

32주 미만의 임산부에게는 항공기 탑승 시 제약이 없지만 33주 이상에서 36주 미만의 임산부에게는 72시간 이내에 작성한 주치의의 소견서를 제출해야 항공기 탑승이 가능하다. 하지만 쌍태아인 경우나 다른 질병이 있는 임산부는 32주 미만이어도 탑승이 제한될 수 있다. 또한 37주 이상의 임산부의 경우에는 기내 출산의 위험이 있어 탑승이 불가능하다.

(2) 기내 불법 방해 행위

기내 불법 방해 행위는 승무원의 정당한 직무 집행을 방해하거나 승무원과 탑승객의 안전한 운항이나 여행을 위협하는 일체의 행위를 일컫는 것으로 항공보안법 제23조 등에서 명시하는 모든 행위를 포함한다.

승객의 위법 행위는 모든 항공편에서 '항공보안법'에 따라 적용되며, 탑승 승객은 '항공보안법'의 제반 규정을 준수해야 한다.

탑승자가 해서는 안 되는 사항(Unacceptable Conduct)
(운항기술기준 8.1.12.1)

항공기에 탑승 중인 어느 누구도 직무 수행 중인 승무원을 방해해서는 아니 된다.

가. 각 승객은 좌석 벨트를 매라는 신호가 켜 있는 동안에는 계속 좌석 벨트를 매고 있어야 한다.

나. 항공기에 탑승중인 어느 누구도 무모하거나 부주의한 행동을 해서는 안 되며, 그러한 행동으로 항공기 또는 승객과 재산을 위험에 처하게 해서는 아니 된다.

다. 항공기에 자기 자신이나 화물을 은닉하여서는 아니 된다.

라. 어느 누구도 금연 신호가 켜있는 동안에는 흡연을 하여서는 아니 된다.

마. 어느 누구도 항공기 화장실에서 흡연을 하여서는 아니 된다.

바. 어느 누구도 항공기 화장실에 설치된 연기 탐지기를 함부로 변경하거나 작동을 중지시키거나 훼손하여서는 아니 된다.

불법행위 대응 및 처리절차
(항공운송사업자의 항공기 내 보안 요원 운영지침 제8조)

① 항공기 내에서 불법행위가 발생하는 경우 항공기 내 보안 요원 및 일반 객실 승무원은 휴대전화 등을 활용하여 불법행위를 녹화(불가피한 제약이 있는 경우는 제외)해야 한다.

② 항공기 내 보안 요원 및 일반 객실 승무원은 폭행행위, 조종실 진입 기도행위, 출입문·탈출구·기기 등의 조작행위와 기내 안전을 위협하는 협박·위계행위, 승무원 업무 방해 행위, 음주 후 위해 행위 등 불법행위를 범한 승객에 대해서는 신속히 제압 및 구금 조치(구금 이후에도 고성·폭언 등 위해 행위를 지속하는 경우 추가 조치 포함)하여야 한다.

③ 항공기 내 보안 요원 및 일반 객실 승무원은 성적 수치심 유발 행위, 흡연 행위, 단순 소란 행위, 기장 등의 정당한 직무상 지시를 따르지 않은 행위 등 불법행위를 중단할 것을 경고할 수 있으며, 경고 이후에도 불법행위를 지속하는 승객에 대해서는 항공기 내 보안 요원의 판단에 따라 제2항과 같이 처리할 수 있다.

④ 기장 또는 항공기 내 보안 요원은 도착 공항 경찰관서에 사전협조를 요청하여 불가피한 경우를 제외하고는 항공기 출입문 앞에서 불법행위 승객을 인계하여야 한다.

⑤ 기장 또는 항공기 내 보안 요원은 제4항에 따라 불법행위 승객을 도착 공항 경찰관서에 인계하는 경우 제1항에 따른 불법행위 녹화자료와 별지 제3호 서식에 따라 피해·목격 경위 및 내용 등이 포함된 진술서를 작성하여 경찰관서에 제출하여야 한다. 또한 참고인의 진술이 있는 경우에도 이와 같으며, 항공기 내 보안 요원 또는 승무원은 도착 공항 경찰관이 피해·목격 내용에 대하여 추가 진술을 요구할 경우 경찰관서에 동행하여 조사에 협조하여야 한다.

⑥ 항공 운송 사업자는 매 홀수 월 첫 번째 금요일까지 이전 월 마지막 날 기준으로 불법행위 발생 현황 및 세부 내용 등 국토교통부에서 요청한 자료를 작성하여 국토교통부에 제출하여야 한다.

(3) 기내 불법행위 유형 및 대응 절차

기내에서 발생될 수 있는 불법행위는 다음과 같이 구분할 수 있다. 단계별 대응 절차를 잘 숙지하여 적절한 조치를 취할 수 있도록 객실 사무장은 벌어진 상황에 대해 신속한 상황 판단을 하고 즉시 단계별 대응 절차를 지시해야 한다.

기내 불법행위자 고지 사항

- 불법 방해 행위로 판단하여 경고(경찰 인계 예고), 피의 사실 고지(경찰 인계 및 처벌 고지), 체포 고지 시에는 서비스 응대가 아니므로, 단호한 음성과 강경한 태도로 고지한다.
- 경고 및 고지는 법에 근거한 일방 통보로서, 고지 이후에는 불법 방해 행위 승객과 불필요한 대화를 중단한다. 특히 촬영을 위하여 또는 진정시킬 목적으로 대화를 이어가는 것은 사태를 악화시킬 수 있다.
- 피의 사실 고지 후에도 상황이 악화될 경우에는 타 승객의 안전을 위해서 신속하게 '행위 악화'에 상응하는 대응 절차를 수행한다.

구분	불법행위 유형	대응 절차
1단계	■ 수상한 행동이나 구두로 위협하는 방해 행위 1. 성적 수치심 유발 행위 2. 흡연 행위 3. 단순 소란 행위 4. 기장 등의 정당한 직무상 지시를 따르지 않는 행위 5. 허가되지 않은 전자기기를 사용하는 행위 6. 항공기가 착륙한 후 항공기에서 내리지 아니하고 항공기를 점거하거나 항공기 내에서 농성하는 행위	1. 상황 저지를 위한 구두 조치 및 경고장 제시 2. 기장 보고 및 승무원 정보 공유 3. 다른 승객들의 행동 주시 4. 필요시 청정구역 발동 선포
2단계	■ 육체적으로 폭력적인 행위 1. '1단계' 행위가 악화되는 경우 2. 폭행 행위 3. 고의적으로 출입문, 탈출구, 기기 등을 조작하여 항공기의 보안이나 운항을 저해하는 행위 4. 기내 안전을 위협하는 협박, 위계 행위, 승무원 업무 방해 행위, 음주 후 위해 행위 등	1. 보안장비를 활용하여 신속히 제압 및 구금 조치(필요시 주변 승객에게 도움 요청) 2. 청정구역 발동 선포 후 해당 지역 차단 3. 기장 보고 및 승무원 정보 공유 4. 다른 승객들의 행동 주시
3단계	■ 목숨을 위협하는 행위 1. '2단계' 행위가 악화되는 경우 2. 무기 등을 사용하여 다른 사람의 목숨을 위협하는 행위 등	1. 보안 장비를 활용하여 신속히 제압 및 구금 조치(주변 승객에게 가용한 모든 도움을 요청하고, 범인 제압을 위해 물리력 사용) 2. 청정구역 발동 선포 후 해당 지역 차단 3. 기장 보고 및 승무원 정보 공유 4. 다른 승객들의 행동 주시 5. 필요시 폭발물 또는 생화학 의심물질 발견 시 처리 절차 이행
4단계	■ 조종실에 침범하거나 침범을 시도하는 행위 1. '3단계' 행위가 악화되는 경우 2. 항공기를 납치하거나 납치를 시도하는 행위 3. 항공기를 파손하거나 손상시키는 행위 4. 항공기에서 사람을 인질로 잡는 행위 등	1. 보안 장비를 활용하여 신속히 제압 및 구금 조치(주변 승객에게 가용한 모든 도움을 요청하고, 범인 제압 및 위협 제거를 위해 모든 가용 자원 및 물리력 사용) 2. 청정구역 발동 선포 후 해당 지역 차단(필요한 모든 물리력 사용하여 조종실 방어) 3. 기장 보고 및 승무원 정보 공유 4. 다른 승객들의 행동 주시 5. 필요시 폭발물 또는 생화학 의심 물질 발견 시 처리 절차 이행

▲ 기내 불법행위 유형 및 대응 절차

체포 시 고지 사항(Notice upon Arrest)
(형사소송법 제72조)

- 귀하를 ____________의 현행범으로 체포합니다.
- 귀하는 변호인을 선임할 수 있고, 변명할 권리가 있습니다.
- 변명의 기회 부여: 하고 싶은 말이 있습니까?
- 외국인의 경우: 도착 후 귀하가 체포된 사실을 귀국의 영사관원에게 통보해 줄 수 있으며, 해당 직원과 접촉하여 교통할 수 있습니다.

- You are under arrest in the act of committing ____________.
- You have the right to retain an attorney and defend yourself.
- Do you wish to say anything in answer to the charge?
- (For foreigners) At arrival, your arrest will be notified to the consulate of your country and you may be able to contact and communicate with the staff.

기내 불법 방해 행위 관련 서류

- 진술서: 불법 방해 행위 승객을 국내공항 경찰에 인계할 시 항공기 내 보안 요원이 피해 내용 및 피해 경위 등을 포함한 내용으로 작성한다. 목격자가 있는 경우 동일 양식(진술서)을 활용하여 작성한다.
- In-Flight Disturbance Report: 불법 방해 행위 승객을 해외 공항 경찰에 인계할 시 항공기 내 보안 요원이 작성하는 것으로서 진술서의 영문 Version이다.
- Witness Report: 불법 방해 행위 승객을 해외 공항 경찰에 인계할 시 목격자가 작성한다.
- 현행 범인 체포서: 방해 행위 승객을 체포 및 구금 조치 등의 물리적인 방법으로 속박한 경우 항공기 내 보안 요원이 작성한다. 이때 '체포 시 고지 사항 Sample'을 활용하여 피의 사실의 요지, 체포의 이유와 변호인을 선임할 수 있음을 고지하고, 변명의 기회를 준 후 피체포자로부터 '확인서'를 받아야 한다. 작성 후 SafeNet 보고서에 첨부해야 한다.
- 확인서: 불법 방해 행위 승객을 체포 및 구금 조치 등의 물리적인 방법으로 속박한 경우 불법 방해 행위 승객이 작성한다. 피체포자가 작성을 거부하거나 불가한 경우, 항공기 내 보안 요원이 대신 작성할 수 있다. 작성 후 SafeNet 보고서에 첨부해야 한다.

3) 불만 승객 응대 요령

(1) 승객 불만 사항 응대 요령

불만을 제기하는 승객에게는 승객의 불평, 건의, 항의 내용 등을 처음부터 끝까지 경청하고 이를 해결하도록 노력한다. 승객 불만 발생 시 담당 승무원이 일차적으로 해결한 후 객실 사무장에게 보고하며, 객실 사무장은 비행 종료 시까지 승객의 불만을 최대한 해결하려 노력하며 필요시 기장에게 상황을 전달하고 비행 종료 후 승객과 연관된 불만, 제언 및 비정상 상황을 회사에 보고한다.

(2) 승객 불만 처리 시 주의 사항

불만 승객은 승무원으로부터 불만을 야기하게 된 어떠한 이유나 변명을 듣고자 하기보다는 자신이 겪은 불편한 사항에 대해 사과 및 조치를 받기를 원한다. 객실 승무원은 승객의 불만을 처리하는 과정에서 승객의 말을 주의 깊게 경청하는 것이 우선시되어야 하며 적절한 해결 방안을 제시해야 한다. 이때 거만한 어조로 말하지 않도록 유의해야 하고, 아무리 사소한 불만이라 할지라도 아무것도 아니라는 식의 무성의한 태도를 취해서도 안 된다. 정황상 승객의 잘못이 어느 정도 확인된다 하더라도 승객을 탓하거나 협박하는 등의 태도를 취하면 안 될 뿐더러 무례하게 충고를 하거나 무책임한 말을 해서도 안 된다.

승객의 불만 사항을 경청할 때는 승객의 말에 주의를 집중하고, 관심을 나타내는 자세, 눈 맞춤, 적절한 신체적 움직임, 산만하지 않은 환경 등을 조성하여 승객에게 최대한 모든 주의를 기울인다는 표현을 함과 동시에 승객의 불만 원인을 정확하게 파악해야 한다. 또한 승객이 불만을 토로하는 과정에서 객실 승무원은 때로는 질문을 하거나 격려를 통해 이야기의 흐름을 이끌어나가고 때로는 승객이 말하는 것을 기다려 주면서 승객이 한 이야기를 요약하거나 적절한 감정을 표현해 주는 것도 경청의 좋은 자세이다. 혹여 승객의 의견이 다르더라도 성급하게 반박하거나 비판하기보다는 수용적인 태도로 충분히 들으면서 불만을 파악하는 것이 우선시되어야 한다.

(3) 유형에 따른 승객 불만 해결 방안

회사에 책임이 있는 경우의 불만 해결 방안

불만을 제기한 승객에게 우선 사과를 하고 승객의 불만 사항에 대해 경청한다. 불만이 제기된 원인에 대해 어떠한 변명도 하려 하지 말고 승객의 입장에서 겪었을 불만 사항에 대해 충분히 이해한다는 표현을 통해 공감대를 형성한다.

불만 승객을 응대할 때는 정면보다는 어깨를 마주하는 자세를 취하여 부드럽게 다가가도록 하고, 서비스 응대 시 표현했던 밝고 경쾌한 목소리가 아닌 침착하고 차분한 목소리로 진지하게 응대하는 모습을 나타내 줌으로써 승객에게 감정이입이 되었음을 간접적으로 표현한다. 필요시 관리자가 돕는 것도 하나의 방법이며, 장소를 달리하여 분위기를 전환시켜 보는 것도 좋은 방법이다.

승객의 불편 사항을 해결하기 위해 기내에서 제공할 수 있는 최대한의 편의를 강구하여 제시하고 승객과 협의한 대안에 대하여 충실히 이해하는 모습을 보인다.

승객에게 책임이 있는 경우의 불만 해결 방안

승객에게 책임이 있는 경우의 불만에 대해서도 선입관을 갖지 말고 승객이 충분히 말할 수 있는 시간과 기회를 주고 끝까지 승객의 불만 사항을 경청한다. 이때 승객의 말에 반박하거나 승객의 잘못을 간접적으로 지적하는 등의 행위는 삼가도록 하고 승객의 자존심이 상하지 않도록 최대한 배려하는 태도가 필요하다.

(4) 승객 불만 해결 시 절차 및 규정

승객 불만 해결의 기준 숙지

불만을 해결하는 과정에서 회사의 절차와 규정은 반드시 준수되어야 한다. 당장의 불만을 무마하고자 절차와 규정을 무시한 채 무리하게 승객의 요구를 들어 주는 방법은 문제해결에 적합한 절차가 될 수 없다. 불만이 발생한 해당 클래스에 적합한 서비스를 실시하되 불만 사항을 해결하려는 의도로 상위 클래스 용품이나 기내식이 일반석 승객에게 전달되지 않도록 유의한다.

안전 요인으로 인한 불만 해결 방안 숙지

출발 전 항공기 지연, 결항 등에 대한 정확한 사유 및 비행 시간 등을 고려하여 출발 지연 방송을 실시함으로써 승객에게 정확한 정보를 전달하고 불필요한 오해가 없도록 한다. 이 내용과 관련하여 승객 질문 시에도 정확히 안내한다.

출발 지연 사무장 방송 예시

손님 여러분, 우리 비행기는 지금 출발 준비가 끝났습니다만,
______________로 인해
출발이 늦어지고 있습니다.
잠시 후/약 _______분 후에 출발하겠습니다.
이 점 양해해 주시기 바랍니다.

(장시간 대기 시)

- 기다리시는 동안 영상물을 상영해 드리겠습니다.
- 기다리시는 동안 음료(혹은 식사)를 서비스해 드리겠습니다.

탑승 후 엔진 시동을 걸 경우에 날개 주위에서 기름 냄새가 유입된 경우 승객으로부터 불만 사항을 접수받을 수 있으므로 담당 승무원이나 사무장은 이러한 경우 해당 불만을 표출한 승객에게 직접 자세하게 설명해야 하고, 기내 설비나 정비 결함으로 출발이 지연되는 경우에는 정확한 방송을 실시하여 불만을 최소화한다.

인적 요인 및 서비스 Item 부족(미제공)으로 인한 불만 해결 방안 숙지

객실 승무원은 승객 탑승 시 밝은 표정과 음성으로 적극적으로 안내하여 승객에게 좋은 첫인상을 각인시키고 비행이 끝나는 순간까지 일관성 있는 서비스 자세를 유지해야 한다. 그럼에도 불구하고 만약 비행 중 승무원 실수로 인해 승객의 불만이 제기될 수 있는 상황에서 승무원의 좋은 첫인상은 승객의 불만 사항을 가감시키는 역할로 작용할 수 있다. 하지만 탑승 시점부터 승무원의 첫인상이 좋지 못했다면 승객의 불만을 가중시키는 요인으로 작용할 수 있기 때문에 탑승 시점의 승무원의 밝고 공손한 태도는 매우 중요하다.

비행 중 부족한 물품으로 인해 불만이 발생하지 않도록 대체품을 제공하고 지속적인 관심으로 불만을 해결할 수 있도록 한다.

예) 손님, 손님이 말씀하신 쿠션은 모두 소진되었습니다.(×)
손님, 죄송합니다만, 말씀하신 쿠션은 모두 서비스되어서 여분의 쿠션을 제공해 드리기 어려운 상황입니다만, 대신하여 담요를 한 장 더 제공해 드릴까요?(○)

(5) 불만 제기 승객에 대한 만족도 재확인

객실 서비스 품질 관리

불만 관련 승객에 대해서는 Galley(주방) 내 브리핑 시트를 활용하여 전 승무원과 정보를 공유하고 승객 불만 해결 후에도 만족도 확인을 위해 수시로 기내 순회를 하면서 승객의 다른 요청 사항은 없는지 확인한다. 승객 하기 전 비행 중 불편을 끼친 부분에 대해 재차 사과하고 같은 실수가 재발되지 않도록 철저히 주의할 것임을 승객에게 전달하고, 필요 시 지상 직원에게 인계한다.

객실 승무원의 서비스 품질 관리

용모·복장은 항상 단정하고 청결하게 유지하고, 승객의 얼굴을 보고 밝은 표정으로 눈을 맞추면서(Eye Contact) 환영의 인사말을 한다.

승객 응대 시에는 친근감을 주는 밝은 표정을 유지하며, 승객의 기분이나 상황에 맞추어 표정을 연출한다.

승객과 대화 시에는 표준어, 높임말, 정중한 어휘를 사용하여 공손하게 표현하는 화법을 숙지하고, 정확한 발음, 속도, 긍정적인 표현 등을 사용하여 승객에게 신뢰감 있는 이미지를 각인시킨다.

고객 응대 시 준수 사항을 숙지하여 승객의 물음에는 정확하게 답변할 수 있는 업무 지식 능력을 기르고, 비행 시간, 항로, 목적지 도착 예정 시간 등 해당 편 비행 정보를 숙지하여 승객과의 대화에 활용하도록 한다. 또한 담당 구역의 전 승객에게 관심을 갖고 간단한 대화를 시도하되 승객과의 토론은 지양하도록 유의한다.

호출 버튼(Call Button)이 켜질 경우 우선적으로 해당 승객의 요구 사항을 해결해야 하는데 이때 호출 버튼은 해당 승객의 요구 사항을 끝까지 경청한 다음에 Reset한다.

승객이 희망하는 물품이 없거나 제공이 불가능한 경우에는 사유를 정중히 설명하고 대체 물품을 권유한다.

4) 기내 응급 환자

비행 중 기내 응급 환자가 발생한 경우 모든 승무원은 팀워크를 바탕으로 동시다발적으로 대응해야 하며 그 절차는 항공사 업무 교범에 수록된 절차에 따라 수행한다.

- 객실 사무장은 환자가 호흡과 의식이 없는 경우 등 생명 위협 비상사태인지, 그렇지 않은 상황인지를 정확하게 판단하여 응급처치를 실시한다.
- 승무원의 즉각적인 응급처치가 가능한 외상 및 경미한 화상 같은 경우에는 환자를 편안하게 안정시키고 불필요한 주변 승객의 접근을 막는 등 주의를 기울이고 응급처치를 실시한다.
- 응급 환자가 발생하거나 기내에서 질병 및 부상이 발생되어 전문적인 진단 및 치료가 필요하다고 판단될 경우 객실 사무장은 즉시 기내 방송을 통해 Doctor Paging을 실시하고 기장에게 상황을 보고한다.
- 객실 사무장은 응급 상황에 효율적으로 대처하기 위해, 최초로 환자를 발견하여 환자의 상태를 파악해 응급조치를 실시하는 승무원과 기내 의료 장비를 지원해 주는 승무원, 응급 환자 외 다른 승객의 동요를 막고 질서 유지에 필요한 승무원, 진행 상황 기록 승무원 등을 구분하여 조직적으로 상호 협동할 수 있도록 지시한다.
- 승객 중 도움을 주기 위해 자신이 의사임을 밝힐 시 우선적으로 의사임을 입증할 수 있는 신분증명서와 명함 등을 요청하고 확인한 후 의료 행위를 허가할 수 있다. 하지만 기내 의료인이 없는 경우에는 객실 승무원 업무 교범에서 정해진 응급처치 기본 원칙에 따라 승무원이 응급처치를 실시한다. 의학적 자문을 얻기 위해 EMCS에 연락을 해야 하는 상황이라면 객실 사무장은 원활한 의사소통을 위해 환자의 인적 사항, 의식 상태, 현재 주 증상, 활력징후, 기저질환, 소지 약품, 최근 입원 또는 수술 경험, 기내 의료진 상황, 현 응급처치 내용 등을 작성하여 기장에게 전달한다. 정확한 소통을 위해 조종실 내 출입하여 Company Radio를 통해 객실 사무장이 직접 통화할 수 있도록 운항 승무원의 협조를 받을 수도 있다. 더불어 필요시 도착지 공항의 응급 의료진 및 휠체어 또는 구급차 준비를 요청한다.

- 객실 사무장은 비행 중 도움을 준 의료인의 인적 사항, 의사면허 번호, 이메일 등을 확보하고 도움에 대한 감사의 인사를 한다. 필요시 상황을 목격한 주변 승객에게 성명, 좌석 번호, 진술 내용이 포함된 진술서 작성을 요청한다.
- 사용된 기내 의료 장비에 내역에 대해 객실 일지(CL)에 기재하여 다음 편수 항공기 운항에 차질이 없도록 한다.
- 도착 후 도착지 공항의 응급 의료진이 해당 승객에게 신속히 접근할 수 있도록 객실 사무장은 나머지 승객들의 착석 요청에 대한 안내 방송을 실시할 수 있으며, 기내에서 긴박한 상황으로 인해 환자의 출혈이 있었다면 주변 승객에 감염 여부에 대한 검역 확인이 따로 진행될 수 있도록 목적지 도착 전 해당 당국에 통보하고 도착지 공항의 절차에 따른다.
- 객실 사무장은 응급 환자 발생 상황 및 조치 내용을 보고서에 상세히 보고한다.

응급 환자 발생 보고서 작성 시 필수 기록 사항

- 환자 승객 인적 사항
- 승객에게 조치를 취한 기내 의료인의 성명, 연락처, 직업, 업무 분야
- 비행 구간, 상황 발생 장소 및 시점
- 사용된 기내 의료 장비
- 시간대별 승무원 및 의료진 조치 사항
- 상황 전반에 대한 설명

TIP

EMCS

EMCS(Emergency Medical Call System. 응급 의료 콜 시스템)란 의료인이 탑승하고 있지 않거나 탑승했다 하더라도 추가적인 의료 자문이 필요한 경우, 비행 중 24시간 언제든지 유선을 통하여 회사의 지상 항공 전문 의료진으로부터 자문 받을 수 있는 시스템을 말한다.

TIP

Company Radio

비행 중 지상과 연락할 수 있는, Cockpit에 있는 위성통신 시스템이다.

응급 환자 발생

응급 환자 발생

▶최초 환자 발견 승무원

- 도움 요청
- 환자 상태 파악
- 의학 정보 수집(병력, 소지 의약품, Medical Alert Emblem)
- 응급처치 실시

▶도움 요청받은 승무원

- 기장 보고 및 Doctor Paging 실시
- 응급처치 장비 준비(EMK, FAK, AED, UPK, PO2, 자동 혈압계 등)
- 환자 발견 승무원을 도와 응급처치
- '승객 건강상태 체크리스트' 작성
- 시간대별 조치 사항 기록
- 응급처치, 기장 보고, 의료 장비 전달 역할을 구분하여 조직적으로 상호 협조
- 환자 주위에 승객 접근 제지
- 환자, 언론인, 주변 승객 앞에서 환자 상태 언급하지 않기
- 의료인 법적 범위: 의사, 한의사, 치과의사, 간호사, 조산사

의료인 탑승

YES

▶응급처치 협조

- 의료인임을 입증할 수 있는 신분증명서 또는 명함 확인(의사임을 입증할 수 없을 경우 기장 보고 후 지시 따름)
- 의료인에게 기내 탑재 의료 장비 및 약품 제공
- 응급처치 보조

의료인 탑승 시라도 EMCS 연락이 필요한 경우

- 응급 환자로 인한 비정상 상황(Diversion, Return, 기내 사망)이 예상되거나 발생되는 경우
- 환자의 상태가 호전되지 않는 경우
- 기타 추가적인 자문이 필요한 경우 EMCS에 연락
  - ⇨ 기내 의료진의 전공 분야가 달라 EMCS의 의사와 협진 요청 시
  - ⇨ 기내 의료진의 처치가 미미하다고 판단될 경우 추가 자문을 구할 때
  - ⇨ 기내 의료기기에 대해 추가 정보를 요청하는 경우

NO

▶EMCS(응급 의료 콜 시스템) 의학적 자문 요청

EMCS 통보 사항

- 승객 인적 사항(성별, 나이 포함)
- 주 호소 증상
- 승객 의식 상태 및 활력징후
- 산소 사용 여부
- 승객 과거 병력, 사용중인 약품명
- 도착 시 필요한 의료 지원 형태

⬆

경미한 증상이나 질병으로 승무원이 응급처치를 하는 경우에도 추가적인 의학적 자문 필요

* 대한항공 승무원 안전 교범 참고

응급 환자 대응 절차

5) 기내 질서 유지

객실 사무장은 쾌적하고 안전한 비행을 위해 회사에서 정한 방법에 따라 모든 승객에게 통일된 안내 및 조치를 취한다. 따라서 비행 중 발생할 수 있는 비정상 상황에 대한 대응 절차를 마련함으로써 비슷한 상황이 발생되었을 때 통일된 조치를 취해 승객에게 일관성 있는 서비스를 제공해야 한다.

(1) 무단 좌석/시설 점유 시 대응 절차

무단으로 상위 클래스의 좌석을 점유한 것으로 의심되는 승객을 발견 시 객실 승무원은 해당 승객의 탑승권을 확인하고 승객의 무단 좌석 점유 여부를 파악한다. 객실 승무원은 해당 승객에게 본인의 좌석으로 돌아갈 것을 안내한다. 만약 해당 승객이 복귀를 거부한다면 객실 승무원은 해당 승객에게 무단으로 좌석을 점유하고 있음을 인지시킨 후 복귀를 종용한다. 복귀 종용에도 불구하고 무단 좌석 점유 승객의 복귀가 이루어지지 않을 경우 객실 사무장은 승객에게 승무원의 정당한 직무 집행을 방해한 기내 불법 방해 행위임을 인지시키고 대응 절차에 따라 조치한다. 객실 사무장은 도착 전 Company Radio를 통해 무단 좌석 점유 승객 발생 사실을 통보하고 운송 직원에게 해당 승객 인계를 위한 조치를 요청한다. 관련 사항 기록하여 도착 후 보고한다.

무단 좌석/시설 점유 시 대응 절차

(2) 의복 오염/훼손 시 대응 절차

급격한 기류 변화 및 객실 승무원의 실수로 인해 승객의 의복이 오염 또는 훼손된 경우 해당 승무원의 진심 어린 사과가 우선시되어야 한다. 그리고 즉각적으로 치우는 등의 충분한 조치를 시행한다. 이후 상황에 대한 보고를 받은 객실 관리자가 해당 승객에게 Recovery 서비스를 실시한다. 객실 사무장은 승객의 의복 훼손 및 오염 정도에 따라 전자우대 할인권을 1만 원에서 최대 5만 원까지 발급할 수 있다. 승객 본인 또는 승객 간의 실수로 인해 승객의 의복이 오염 또는 훼손되었을 경우에도 우선 승객에게 도움을 제공하고 이후 승객의 요구가 있다면 전자우대 할인권을 제공할 수 있다.

객실 사무장은 비행 종료 후 편명, 날짜, 승객 성명, 좌석 번호, 이메일, 휴대전화(국내 거주자), 발급 금액, 사유에 대하여 Report로 작성하여 보고한다.

의복 오염/훼손 시 대응 절차

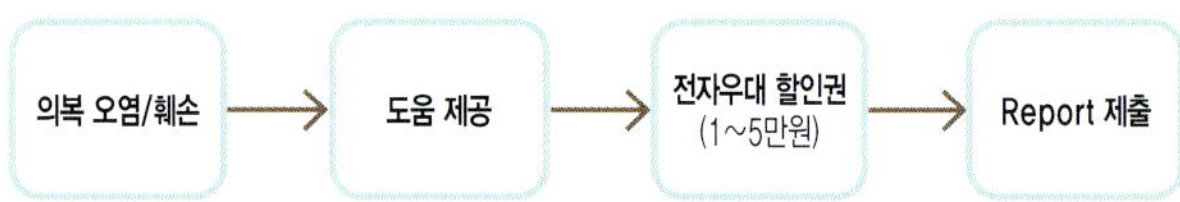

TIP

Sterile Cockpit

항공기 이착륙 시 Cockpit에서는 매우 많은 절차를 신중하게 수행해야 안전하게 이착륙할 수 있다. 이러한 시점에 객실에서 불필요하거나 위급하지 않은 사항들에 대한 보고가 인터폰을 통해 이루어지게 된다면, 항공기 안전에 매우 지대한 영향을 미치게 된다. 따라서 항공기 이착륙 시점에는 항공기 안전에 직결되는 위급 사항이 아닌 것에 대한 보고가 전면 금지되고 있다. 이러한 시점을 Sterile Cockpit이라 하며, Sterile Cockpit 시점에도 항공기 안전에 직결되는 위급한 보고는 긴급 신호로 알린다.

(3) 우는 아이 발생 시 대응 절차

유·소아 동반 승객 탑승 시 객실 승무원은 비행 중 수시로 불편한 점이 없는지 확인하며 요청 시 Trash Bag을 제공하며 수시로 발생하는 쓰레기를 담을 수 있도록 안내하고 필요한 경우 쓰레기를 치워 주는 등의 섬세한 관심을 갖고 응대한다. 비행 중 아기가 울 경우, 보호자가 아기 우는 상태를 파악하여 적절한 조치를 취할 수 있도록 협조한다. 수시로 보호자와 대화를 통해 아기와 보호자가 불편하지 않도록 배려해야 하며 더불어 주위 승객의 불편 사항을 확인한다. 아기가 울어 주변 승객들이 불편을 느끼는 상황이라면 양해를 구하고, 필요시 Earplug 제공도 가능함을 안내한다. 보호자가 우는 아이를 계속 방치하는 경우 승무원은 보호자가 적극적인 행동을 취하도록 설득하고 요구한다. 보호자가 달래도 아이가 지속적으로 울어 주변 승객의 휴식을 방해하는 경우, 주변 승객 좌석과 분리된 Galley, 기내 후방 등의 장소로 이동하여 유아를 달래도록 유도한다.

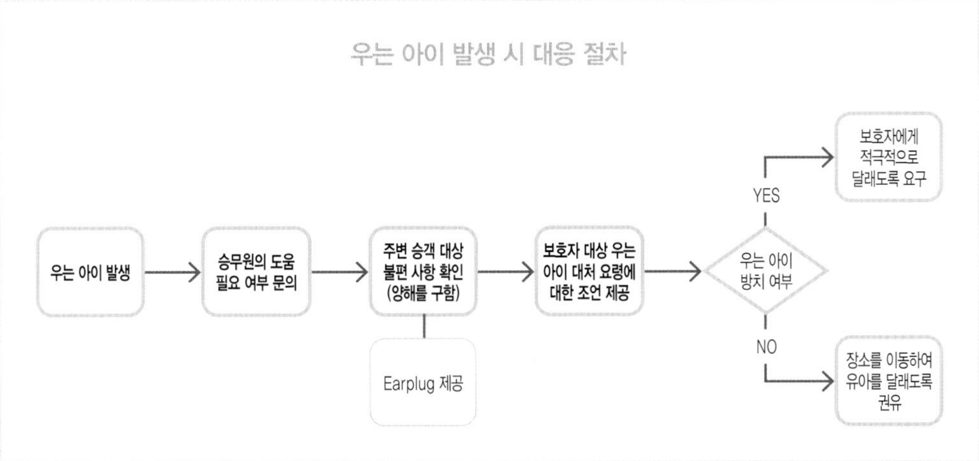

(4) 소란 피우는 아이 응대

기내에서 앞 좌석을 발로 차거나 뛰는 등 소란 행위 유발 아이가 발생한 경우 객실 사무장은 보호자에게 주변 승객 휴식에 방해가 되고 있다는 사실과 갑작스러운 기체 요동으로 기내 안전사고가 발생할 수 있음을 안내하고 소아를 통제해 줄 것을 요청한다. 이때 객실 승무원은 어린이 용품을 활용하거나 간식 및 음료를 제공하는 등의 방법을 통해 소아의 행동 변화를 유도한다. 소아에 대한 통제 요청에도 불구하고 보호자의 적극적인 행동이 없어 소아의 소란이 지속되는 경우, 안전사고 예방 및 주변 승객의 불편을 고려하여 소아를 좌석에 착석시키도록 강력하게 요구한다. 해당 상황에 대해 Cabin Report를 이용해 보고한다.

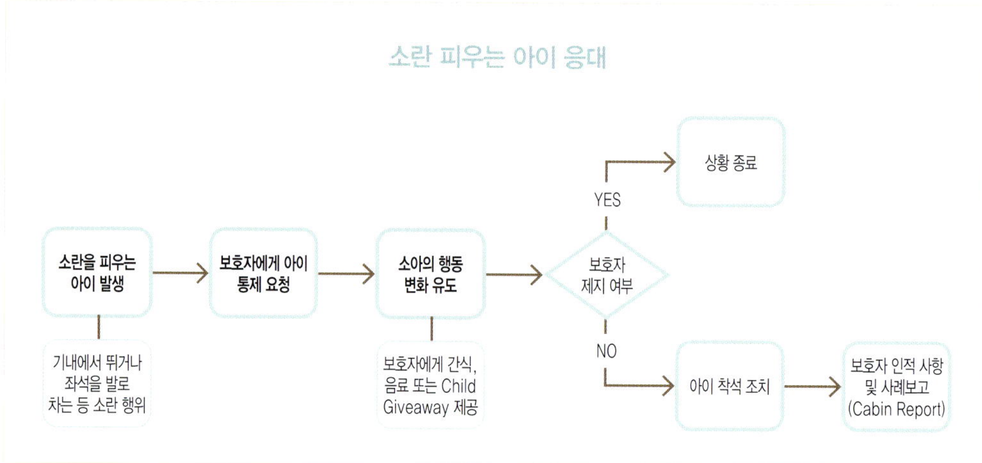

(5) 단체 승객 소란 발생 시 대응 절차

단체 승객은 주위 시선을 의식하지 않으며, 목소리가 커지고 소란스러운 분위기로 발전될 가능성이 높으므로 객실 사무장은 단체 승객이 소음을 일으키지 않도록 다음과 같은 사항을 확인한다.

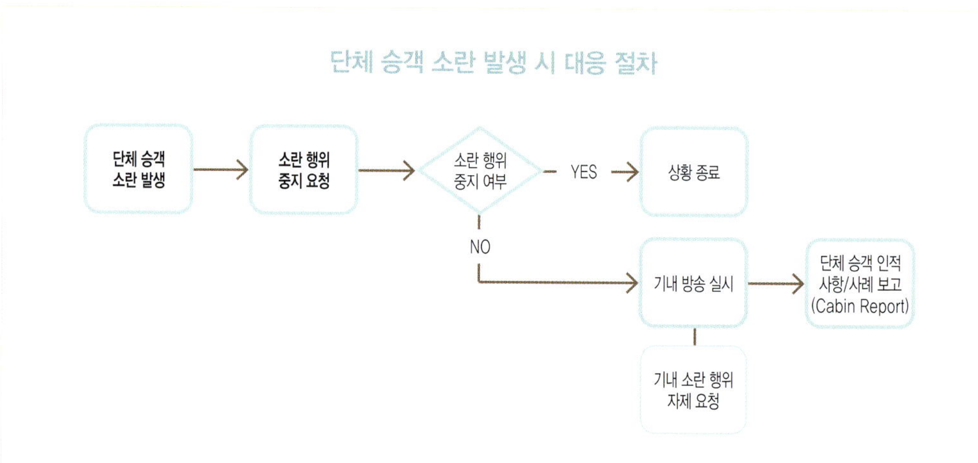

단체 승객의 소란이 발생한 경우 객실 사무장은 주변 승객의 휴식에 방해가 되고 있음을 안내하여 소란행위에 대한 중지를 요청한다. 지속적인 소란 행위 발생 시에는 자제 요청 방송을 실시하고 관련 내용을 Report한다.

주의 사항

- 단체 승객에게 주류 서비스를 할 경우 승무원들은 승객에 대한 정보를 공유하여 과다하게 주류를 제공하지 않도록 한다.
- 특히 비상구(Door) 주변에 서서 이야기하지 않도록 하고 벨트 착용 상태를 유지할 수 있도록 한다.
- 주기적으로 순회하면서 주변 승객들이 불편해하지 않도록 지속적인 관심을 가진다.

(6) 좌석 등받이로 인한 불편 발생 시 대응 절차

승객 휴식 시 앞 좌석 등받이로 인해 뒷좌석 승객이 불편함을 호소하는 경우에 뒷좌석 승객의 불편사항을 정중히 경청하고 상황을 파악한다. 좌석 등받이는 이착륙과 식사시간 이외에는 모든 승객이 자유롭게 조절하여 사용할 수 있음을 안내하고 우선적으로 뒷자리 승객의 등받이 조절을 권유하여 불편을 해소한다. 그럼에도 지속적으로 불편을 호소한다면 동일 클래스 내 여유 좌석이 있는 경우, 좌석 이동을 권유하고 협조한다.

승객 휴식 시 뒷자리 승객의 방해로 앞 좌석 승객이 등받이를 눕히지 못하는 경우 불편 승객의 말을 경청하여 상황을 파악한다. 뒷자리 승객에게 좌석 등받이 사용 기준에 대해 안내하고 앞 좌석 승객의 좌석 등받이 사용에 대해 협조를 요청한다. 동일 클래스 내 여유 좌석이 있다면 뒷자리 승객의 좌석 이동을 권유한다. 뒷좌석 승객이 협조하지 않고 앞 좌석 승객의 등받이 사용을 지속적으로 방해한다면 타 승객의 불안/불편/손해를 초래하는 행위는 운송약관에 따라 승무원에 의해 제한될 수 있음을 뒷좌석 승객에게 안내 후 앞 좌석 등받이 사용에 방해되는 행위를 중지하도록 요청한다.

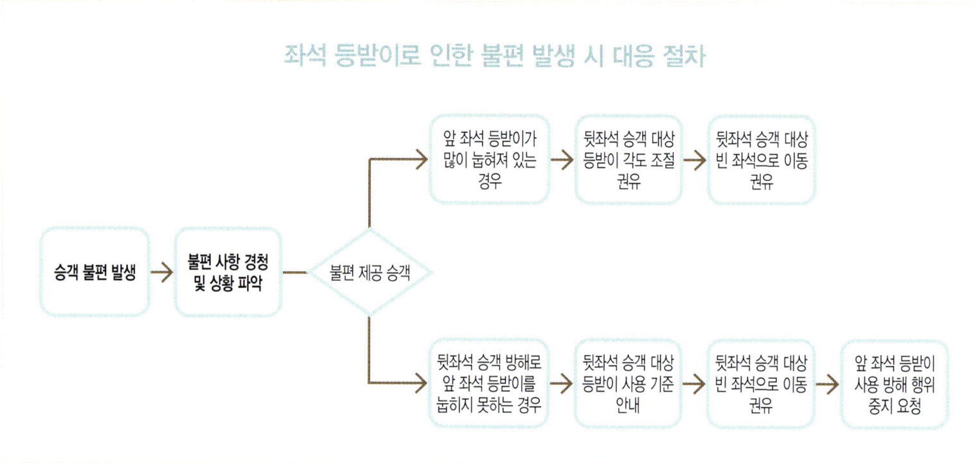

(7) 기내 유실물 발견 시 대응 절차

비행 중 승객의 유실물을 발견한 경우 객실 사무장은 유실물의 내용 및 형태를 개괄적으로 안내 방송하여 공지한다. 소유주가 나타난 경우 구체적 질문을 통해 해당 승객의 소유임을 확인하고, 소유주가 나타나지 않은 경우 하기 후 지상 직원에게 발견 장소, 시간, 내용 등을 인계한다. 승객 하기 후 발견 시에는 객실 사무장에게 보고하고 최대한 승객에게 인계될 수 있도록 한다. 승객에게 직접 전달이 불가한 경우에는 '습득물 인수인계서'를 작성한 후 운송 직원에게 유실물과 함께 전달한다.

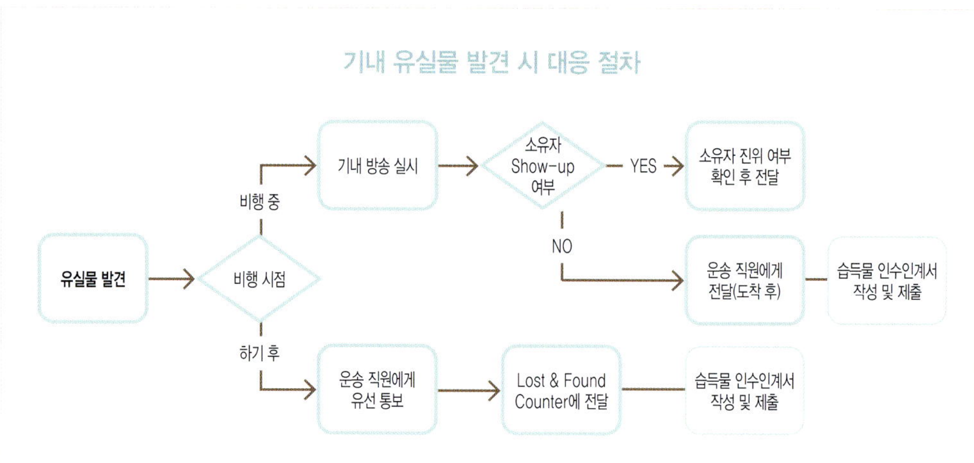

(8) 기내 낙수 발생 시 대응 절차

비행 전 객실 사무장은 기내 낙수 관련 사항이 Cabin Log에 기재되어 있는지 확인하고 낙수 현상 조치용 Kit 내용물이 충분한지 확인한다. Cabin Log 상 기내 낙수 사항이 기재된 경우에는 정비사와 함께 낙수 위치를 육안으로 직접 확인하고 만약의 경우를 대비하여 낙수 재발생 시 조치법에 대해 확인한다. 비행 중 기내 낙수 발생 시 담당 승무원이 불편 사항에 대해 주변 승객에게 양해를 구하고, 기내 낙수 현상은 항공기 안전과 무관한 사항으로 안심해도 됨을 안내한다. 그 후 신속히 Paper Towel 등을 이용하여 낙수된 곳의 물기를 제거한다. 낙수 위치에 전용 흡수지를 댄 후 방염 테이프를 부착하여 낙수를 차단하는 조치를 취한다. 보고를 받은 객실 사무장은 기내 낙수로 인한 불편에 대해 승객에게 재차 사과하고 동일 클래스 내 좌석이 있다면, 승객의 의사를 물어본 후 좌석을 교체한다. 동일 클래스 내 좌석이 없는 경우, 담당 승무원을 전담 배치하여 필요시 흡수지와 방염 테이프를 교체하고 승객의 불편 사항을 적극적으로 살피며 도움을 제공토록 지시한다. 낙수로 인한 의복의 오염이 있는 승객의 경우 전자우대 할인권은 1만 원에서 최대 5만 원까지 발급할 수 있다. 객실 사무장은 낙수 현상 및 조치용 Kit 사용 내역에 대해 Cabin Log에 자세히 기재하고 항공기 도착 후 정비사에게 관련 사실에 대해 전달한다.

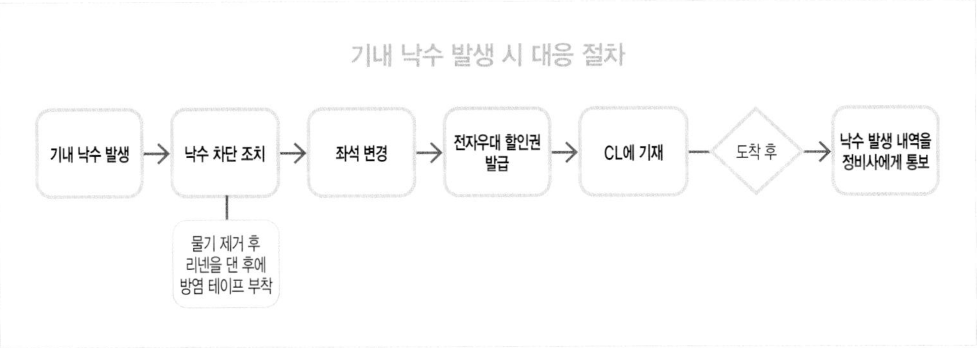

6) 쾌적한 환경 조성

(1) 객실 온도 점검

기내 적정 온도는 24±1℃로 비행 중에는 항상 이 온도를 유지한다. 온도 조절이 필요한 경우 객실 사무장은 Cabin Control Panel에서 온도를 조절한다. 객실에 온도 조절 패널이 있을 경우 객실 승무원이 온도를 조절할 수 있으며, 객실에 온도 조절 패널이 없을 경우에는 조종실에 연락하여 조절할 수 있다.

상대적으로 온도가 낮은 창 쪽, Door Side, 비상구 주변 승객에게는 추가로 담요와 Hot Beverage를 서비스하는 등 비행 중 온도 관련하여 불편이 없도록 배려해야 한다.

객실 온도 이상 시 대응 절차

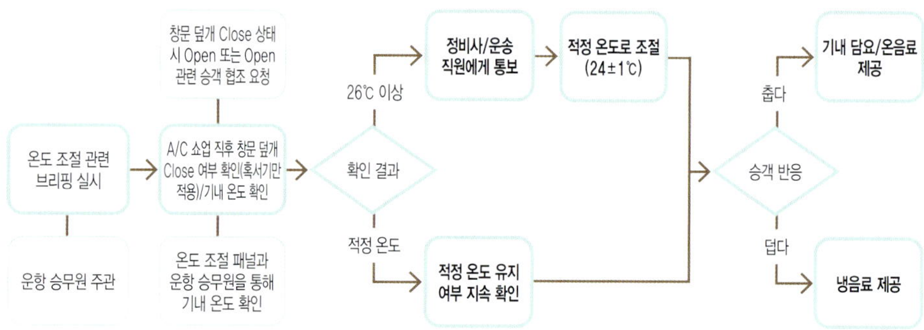

(2) 객실 조도 점검

객실 조명은 서비스 내용 및 서비스 시간대에 따라 사무장 판단하에 조절이 가능하다. 식사 서비스나 도착 전과 같이 객실 조명을 Full Bright로 조절할 시에는 승객의 조도 적응을 위하여 Dim 상태를 3~4분 정도 유지한 후, 단계적으로 약 20초 정도의 시간을 두고 밝기를 조절한다. 밝은 조도의 조명에서 어두운 조도의 조명으로 조절 시에도 단계적으로 시간차를 두고 조절한다. 단계적인 조명 조절 기능이 있는 기종에서는 Control Panel 내 해당 Menu를 적절히 활용할 수 있다.

식사 서비스 중 객실 조명은 Full Bright가 원칙이나 시간대를 고려하여 심야 출발 편과 같은 경우에는 Dim 또는 Medium으로 조절하여 운영할 수 있다. FR/CL에서는 On-Demand Meal SVC 방식으로 식사를 제공하는 경우, 다른 승객의 휴식을 고려하여 취식 승객에게 안내한 후 객실 조명을 어둡게 한 상태에서 개인 조명을 이용하여 서비스할 수 있다.

기내 판매 시에는 Light를 Medium으로 유지하고, 20시 이후 심야 출발 편은 Dim으로 유지한 후 기판 보조등(손전등)을 이용한다. 단, 단거리 노선의 경우 Full Bright로 운영 가능하다.

승객 휴식 시 Galley에서 서비스를 준비하는 경우 Galley Curtain을 닫고 Light를 Dim으로 유지하여 승객의 불편을 최소화한다. 불가피하게 Full Bright를 사용해야 할 경우에는 신속히 처리한 후 Dim으로 조절한다. 불빛이 커튼 틈새로 새어 나와 Galley 주변 승객의 취침을 방해하지 않도록 해야 한다.

객실 조명이 Off되어 있는 상태에서 Turbulence 발생 시, 좌석 벨트 착용 확인을 용이하게 하기 위하여 필요시 Dim으로 조절한다.

Threshold Light(비상구 주변 조명)와 Work Light는 이륙 전 Safety CHK(Check) 후 소등하고, 착륙 후 Safety CHK한 뒤 점등한다.

이처럼 객실 사무장은 기내 서비스 형태, 승객 휴식 등 객실 상황에 적합하게 객실 조명 상태가 유지되도록 조절해야 한다.

(3) 기내 청결

객실 승무원은 비행 중 화장실, Galley 주변, Aisle을 수시로 청소하여 청결 상태를 유지한다. 승객 좌석 앞 Seat Pocket 내 사용한 컵이나 불필요한 물건은 임의로 제거하지 않고 승객에게 의향을 묻고 치워야 하고, 승객이 Slipper를 착용한 경우는 제외하고 신발을 벗어 타 승객에게 후각적, 시각적으로 불편을 초래한다고 판단되는 경우에는 신발을 신도록 권유할 수 있다. 화장실에는 수시로 Air Freshener를 Spray하여 화장실 악취를 제거해야 하며, 비행 중 객실 내 심한 오염이 발생한 경우, 객실 사무장은 CL에 기재하여 도착 후 객실 정비사 또는 기내 청소 담당 조업 직원에게 해당 내용을 전달한다. Aisle은 Used Cup, Headphone Vinyl 등 기타 서비스 용품으로 인해 승객이 불필요한 상해를 입지 않도록 이착륙 시, 비행 중, 수시로 정돈하여 안전사고를 예방한다.

Aisle Cleaning

쾌적한 객실 분위기 조성을 위해 Aisle을 깨끗이 정리 정돈함을 뜻하며 회수하지 못한 Used Cup, 신문 등의 서비스 용품을 중심으로 승객 좌석 주변을 정돈한다. Aisle Cleaning 시에는 Apron은 탈의하고 비닐장갑을 사용한다.

- Aisle Cleaning 필요 시점: 1st 식사 서비스 종료 후, 2nd 식사 서비스 시작 전, 그 외 필요하다고 판단되는 시점
- Aisle Cleaning Duty: 각 Class/Zone별 Aisle Duty
- Aisle Cleaning 요령: 상위 클래스는 좌석 주변을 정리 정돈하며 객실 Carpet의 이물질은 Carpet 청소 전용 솔을 이용하여 Cleaning한다. EY/CL은 Plastic Bag과 Carpet 청소 전용 솔을 들고 나가 Used Cup이나 기타 Item은 Plastic Bag에 넣고, Carpet 위의 이물질은 Carpet 전용 솔로 제거한다.

Seat 점검 및 관리

승객 좌석 주변의 정돈 상태를 수시로 점검하고, 승객의 이석 시에는 좌석 주변의 신문, 담요 등을 가지런히 정돈한다. 상위 클래스 승객이 다른 좌석으로의 이동을 원할 경우, 서비스 용품은 새것으로 다시 제공하고, 다른 승객이 사용했던 좌석으로의 이동 시에는 Headphone, Slipper, 담요, 베개, Headrest Cover를 새것으로 교체하여 제공한다. 단,

Headrest Cover는 구김 및 오염 정도를 파악하여 담당 Zone 최선임 승무원이 교체 여부를 판단할 수 있다.

Coatroom

Coatroom의 Door는 사용하지 않는 경우나 이착륙 시에는 항상 Locking 상태를 확인한다. Coatroom의 내부는 항상 정돈된 상태를 유지하며, 이착륙 시 불균형한 보관 상태로 인해 소음이 발생하지 않도록 유의한다. B747 U/D의 후방 Coatroom 바닥에 수하물을 보관해야 할 경우에는 Safety Strap을 설치한 후 바닥 허용 중량을 준수하고 수하물을 쌓지 않는다. Safety Strap, 문이나 그물망 등이 설치되어 있지 않은 Coatroom에는 의류나 옷걸이에 거는 의류 운반용 가방만을 보관할 수 있으며 바닥에 수하물 보관은 불가하다.

Magazine Rack

Magazine Rack 내부의 청결 상태를 유지하며 불필요한 서비스 아이템이 들어 있지 않도록 관리한다.

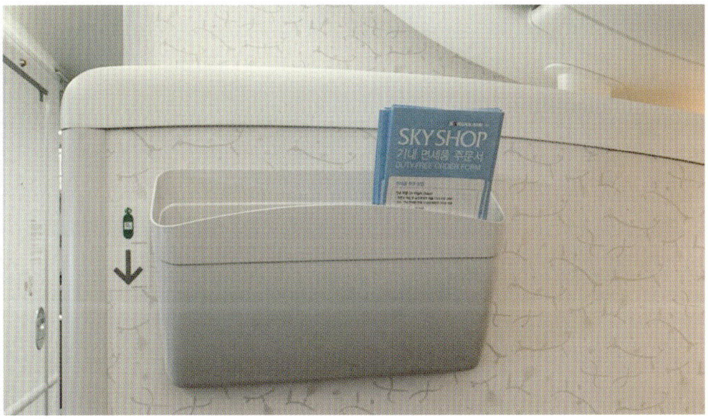

▲ 기내 Magazine Rack

(4) 기내 질서 유지

항공사는 기내 질서 유지를 위해 객실 내 기내 설비에 대한 조작법이나 사용에 대한 기준, SVC Standard Motion 등을 정하여 통일되고 일관성 있는 서비스 환경을 조성한다. 따라서 객실 승무원은 이러한 SVC Standard에 내용을 숙지하고 있어야 하며 객실 사무장은 이러한 사항이 잘 유지되고 있는지 비행 중 확인해야 한다.

Class Divider

Class Divider는 Curtain을 포함하여 각 클래스를 구분하는 모든 기내 설비로 이착륙 시 반드시 Open 및 고정되어 있어야 한다. 이륙 후 Fasten Seatbelt Sign Off로 되면 각 클래스를 구분하는 Curtain을 닫아 하위 클래스에서 상위 클래스로의 승객 이동을 제한한다. 특히, EY/CL 승객의 상위 클래스 출입을 제한하고, 일행 간 만남은 가급적 상위 클래스 승객이 하위 클래스를 방문하도록 안내한다. 도착 전 Landing Signal 후 Class Divider를 열어 원위치한다. 착륙 후 승객 하기 시 승객 하기 순서가 지켜지도록 하기 위해 Curtain을 사용할 수 있다.

Curtain 조작

Galley Curtain은 Galley 내에서 작업하는 경우를 제외하고는 이착륙 시점, 서비스 시점, 승객 휴식 시점에 반드시 Open 및 고정되어 있어야 한다. 승객 휴식 시점 또는 Turbulence가 발생한 경우, 필요시 Galley Curtain을 열어 두어 승객의 좌석 벨트를 확인한다. 식음료 서비스 시에는 반드시 Open 및 고정되어 있어야 한다. Galley에서의 작업 시에는 커튼을 닫아 승객의 시야로부터 가리고 소음에 유의하여 준비한다. Galley Curtain을 여닫을 때에는 눈높이 윗부분을 잡고 조용히 여닫아 펄럭임을 방지한다.

Lavatory Curtain은 이착륙, 식음료 서비스 시 반드시 Open 및 고정되어 있어야 한다. 그 외의 시점에는 닫아 놓아 화장실 이용 승객이 타 승객의 시야로부터 가려질 수 있도록 배려한다.

(5) 화장실 청결 유지

객실 사무장은 객실 브리핑 준비 시 다음 배정 기준에 의거하여 화장실별 담당자를 지정한다.

상위 클래스는 Aisle 직무 수행자를 중심으로 담당 구역별 화장실을 배정하며, 매 승객의 사용 직후 청결 유지 업무를 수행하도록 지시한다.

일반석의 경우 화장실 위치를 고려하여 화장실과 가장 근접한 Aisle 직무 수행자에게 화장실 1~2개씩을 배정한다. Aisle 직무 수행자가 부족한 경우에는 Galley 직무 수행자에게도 배정할 수 있다. 승객 3~5명 사용 후 1회 점검을 원칙으로 하되 객실 사무장이 운항

시간대와 당일 탑승객 수를 고려하여 점검 주기를 탄력적으로 조절한다. 특히, 화장실을 집중적으로 이용하는 시간대인 식사 Tray 회수 종료 직후와 두 번째 식사 서비스 전 각 30분간은 자주 화장실을 점검토록 하여 청결을 유지한다.

객실 승무원이 화장실 청결 업무 수행 시에는 화장실을 사용하기 위해 대기중인 승객에게 양해를 구한 후, 문을 연 상태로 1회용 비닐장갑을 착용하고 점검 및 청소를 실시한다. 이때 Disposal Toilet Seat Cover는 미리 깔지 않으며 로션과 같은 화장실 비치 용품은 지정 홀더에 가지런히 정돈하고 비행 중 청결하게 유지되도록 하고 승객 하기 후 회수한다. 모든 화장실 용품은 승객 하기 시까지 지속적으로 보충하여 고객의 불편 사항이 생기지 않도록 유의하고, 비행 중 고장 여부와 청결 상태를 계속 점검한다. 객실 사무장은 비행 중 수시로 화장실 청결 상태를 확인하며 화장실이 청결한 상태로 유지되고 있는지 관리 감독할 의무가 있다.

객실 승무원은 비행 중 화장실 점검 시마다 악취 발생 여부를 점검하고 방향제를 살포하여 악취가 잔존하지 않도록 조치해야 한다. 객실 승무원의 청결 업무 수행 후에도 악취가 개선되지 않거나 여타 화장실과 비교하여 악취의 정도가 심하다고 판단되면 객실 사무장은 해당 화장실을 폐쇄하고 해당 화장실 문에 Repair Tag 부착 후 동 사항을 Cabin Log 기재한다. 객실 사무장은 근무 종료 후 악취 발생 정도와 Cabin Log 기재 내역 및 비행단계별 조치 내역 등에 대해 Cabin Report를 작성 및 제출한다.

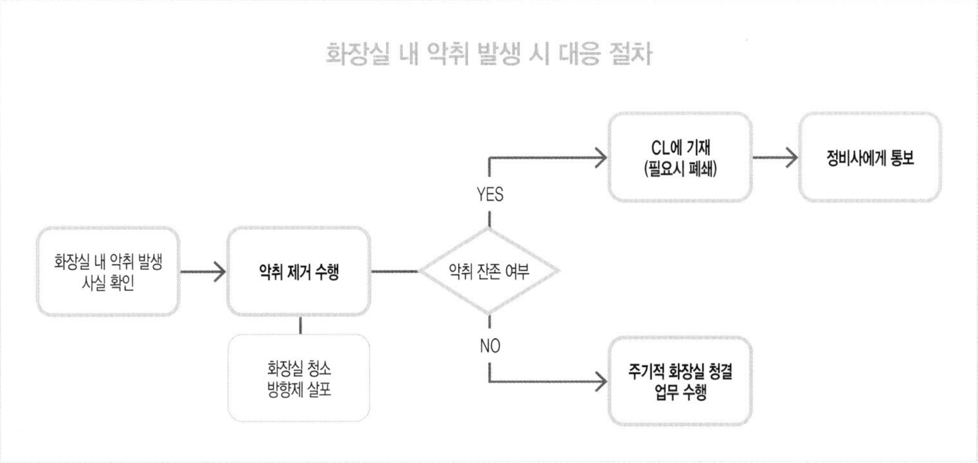

09 CHAPTER

착륙 준비 (착륙 40분 전)

09 착륙 준비(착륙 40분 전)

주요 업무	객실 사무장	객실 부사무장	팀원
• 착륙 전 갤리 디브리핑		• EY/CL 갤리 브리핑 주관	• 갤리 브리핑 참석 • 식사 미취식 승객 응대
• 입항 서류 준비	• GD, PM, CM 등 • 국가별 입항 서류 준비	• Liquor List 취합 및 확인(미국/영국 및 해당 지역) • Liquor류, 보세품 Red Sealing 최종 확인	• Liquor List 작성(미국/영국 및 해당 지역)
• SHR 정보 숙지	• SHR 내 승객 정보 공유	• SHR 내 EY 승객 정보 공유	• SHR 내 본인 담당 승객 정보 확인
• 기내 접수 서류 취합	• 기내 접수 서류 취합	• 기내 접수 서류 취합	• 기내 판매 귀국 편 사전 주문서 개수 보고
• SPCL PAX Care	• SPCL PAX 서류 확인	• UM, INAD/DEPO, FMLY, 장애인 승객 하기 담당자 지정	• SPCL 담당 승무원 하기 안내
• Farewell	• 상위 클래스 Farewell	• EY/CL Farewell 인사(대상 승객)	• 본인 담당 구역 Farewell
• Approaching	• Approaching 준비 완료 사항 확인	• Approaching 준비	• Approaching 준비(안전 활동)
• Landing	• Landing 준비 완료 사항 확인	• Landing 준비	• Landing 준비

- 객실 기장은 **착륙 40분 전** 기장 방송을 통해 승객에게 도착지까지 약 40분이 남았다는 것을 알린다. 이러한 기장 방송을 듣고 승무원은 착륙을 위한 준비를 실시하게 된다.(단, 심야 비행인 경우 기장 방송은 생략될 수 있고, 기장은 인터폰을 통해 도착 잔여 시간을 사무장에게 알릴 수 있다)
- 객실 승무원은 기장 방송이 나오면 **Approaching Signal**까지 약 20여 분간 객실 서비스를 마무리하는 시간을 갖는다.
- 객실 사무장은 비행을 마무리하는 단계인 이 시점, 전 객실을 순회하며 모든 서비스가 잘 마무리되었는지 확인하고 추가적인 인식 서비스가 필요한 승객에게 최종적으로 하기 인사를 하며 서비스에 대한 전반적인 만족도를 확인한다.
- 모든 서비스는 Approaching Signal 이전에 완료되어야 하며 Approaching Signal 이후에는 착륙을 위한 안전 활동만 가능하다.
- **Landing Signal**이 나온 후 Landing을 위한 조치를 하는 것이 아니라 그 이전 착륙을 위한 모든 조치를 완벽하게 마친 상태에서 Landing Signal이 나오면 모든 승무원은 본인의 Jumpseat에 즉시 착석한다.

CHAPTER 09

1. 착륙 전 갤리 디브리핑

객실 사무장은 착륙 준비 업무를 각 구역별 선임 승무원들로부터 보고를 받아 취합하고, 완료되지 못한 Irregular 상황에 대하여 최종 결정을 하여 객실 승무원들에게 지시하고 상황을 해결해야 한다.

착륙 전 각 클래스별 비행에 대한 전반적인 최종 점검의 의미로 갤리 디브리핑(Final Galley Debriefing)을 실시한다. 비행 중 발생했던 승객의 요청 및 특이 사항에 대한 내용을 취합하고 확인하는 과정을 통해 반드시 실시해야 하는 업무를 잊어버리는 등의 실수를 방지할 수 있다. 중장거리 노선에서는 기장의 도착 방송 직후(항공기 도착 약 40분 전), 단거리 노선에서는 Approaching Signal 직후(항공기 도착 약 20분 전)에 실시한다. 상위 클래스는 갤리 담당 또는 선임 승무원이, 일반석은 객실 부사무장 주관하에 최종적으로 착륙 전 갤리 디브리핑을 실시한다.

1) Meal(SPML 포함)을 비롯한 서비스 Irregular 해결 확인

갤리 디브리핑 시, 최종적으로 비행 중 식사를 취식하지 않은 승객을 취합한다. 이는 식사 서비스 직후 2차 브리핑을 통해 1차 취합된 미취식 승객이 이후 취식 의사를 밝혀 승무원이 식사 서비스를 한 경우와 취침이나 컨디션 난조 등의 이유로 식사를 하지 못한 경우로 나눠서 확인한다. 확인 절차가 끝나면 각 구역의 담당 승무원들은 미취식 승객에게 최종적으로 식사 취식 여부를 묻는다. 승객이 취식 의사를 밝히면 식사를 제공한다. 단, 상위 클래스의 경우에는 코스별 식사가 아닌 '한상차림'으로 제공한다.

TIP

한상차림

상위 클래스의 경우는 식사 서비스가 코스별 서비스로 진행된다. 하지만 식사 서비스를 진행할 충분한 시간적 여유가 없거나 승객이 간단히 드시기 원하면 코스별 준비가 아닌 '한상차림'으로 한꺼번에 제공하는 방식이다.

(1) Meal SVC 시 취침 승객에 대한 응대

일반석

Meal SVC 시점 취침으로 인해 식사를 제공받지 못하는 승객은 해당 승객 좌석 전면 Seat Back 혹은 Side 벽면에 SVC 스티커를 부착한다. 이후 승객이 식사를 요청하면 제공 시점에 따라 첫 번째 식사 서비스 후의 시간이 경과함을 감안하여 첫 번째 식사 또는 두 번째 식사 중 어느 것으로 취식할 것인지에 대한 여부를 승객에게 확인한 후 제공한다.

승객이 Approaching Signal 전에 깨어나 식사를 요청하는 경우에는 즉시 제공하나, 이후에 요청하는 승객에 대해서는 착륙 준비로 인하여 Meal SVC가 불가함을 안내하며 양해를 구하고 SVC 스티커를 제거한다.

상위 클래스

도착 전 기내식 제공 시점 또는 두 번째 식사 제공 시점에 취침으로 인해 취식하지 못한 승객 중 사전에 취식 의사를 밝힌 승객에 대해서는 미리 정해 놓은 시간에 깨우고, 정상 절차에 의한 Meal SVC를 제공한다. 그러나 사전에 취식 의사를 확인할 수 없었던 승객에 대해서는 Landing Signal 40분 전 승객을 깨워 취식 의향을 확인하고, 취식 희망 승객에 대해서는 양해를 구한 후 코스별 식사를 '한상차림'으로 제공한다. 취침 승객 수가 많아 서비스의 준비 시간이 더 필요한 경우에는 상황 설명 후 조금 더 일찍 서비스할 수 있다. 깨운 시점보다 더 늦은 시간에 식사를 희망하는 승객에 대해서는 착륙 준비로 식사 서비스가 불가함을 정중히 안내한다.

서비스 스티커

국제선 EY/CL 식사 서비스를 제공받지 못한 승객에게 사용한다. 특히 서비스 스티커를 부착한 경우, 해당 구역 승무원은 각별히 관심을 갖고 해당 승객에게 적절한 서비스가 제공될 수 있도록 한다.

▲ 서비스 스티커(K 항공사 예)

식사의 종류에 따라 Box Type의 간단한 식사나 Drawer를 이용하여 내용물만 제공하는 경우에는 부착하지 않는다. 일반 좌석의 경우 전체 접착 시트를 떼어 전면 Seatback에 부착하고, 벽면이 없는 비상구 좌석의 경우 전체 접착 시트를 떼어 전면 승무원 Jumpseat 등받침 윗부분에 부착한다. 벽면이 있는 비상구 좌석의 경우에는 아랫부분 접착 시트를 떼어 옆쪽 벽면에 부착하고 Bulkhead Seat의 경우 아랫부분 접착 시트를 떼어 앞쪽 벽면에 부착한다. 서비스 스티커는 손상 또는 오염의 우려가 있는 Decal, Tray-table, Armrest 부분에는 부착하지 않으며 접착 부분이 말리거나 떨어지지 않도록 부착해야 한다.

▲ 서비스 스티커 부착의 올바른 예

▲ 서비스 스티커 부착의 잘못된 예

2) SHR에 언급된 고객 관련 사항

각 클래스별 Mobile SHR(Special Handling Request)의 Summary를 참고하여 사전 요청한

고객 요청 사항(Special Care 승객/기내 면세품 사전 예약 승객 등)이 해결되었는지 최종 확인하고, 하기 시 도움이 필요하거나 지상 직원에게 인계가 필요한 승객을 구분하여 담당자를 각각 지정한다.

마지막으로 한 번 더 고객의 요구사항을 확인해야 하는 승객의 예

VIP 및 상용 고객, VOC 승객, 환승 승객, UM, 한가족 서비스 대상자, WCHR 요청 승객, Stretcher 승객, 애완동물 동반 승객, 영·유아 동반 승객, BSCT 요청 승객, 추방자, 장애승객

3) 승객 요청 사항 수행 및 보관 물품 반환 여부 확인

착륙 전 갤리 디브리핑을 통해 비행 중 승객이 도움을 요청했던 사항에 대해 최종적 확인이 필요하다. 특히 승객이 보관을 요청했던 의약품이나 보관 물품 관련하여 반환 여부를 확인한다.

(1) 승객 개인 휴대 음식 관련 지침

개인 휴대 음식물

승객 개인이 음식을 휴대하여 기내로 가져올 수는 있으며 기내에서 취식이 가능하다. 단, 개인이 소지한 음식이 냄새, 소음 등의 이유로 주변 승객에게 방해가 되는 경우에는 취식이 제한될 수 있다.

알코올성 음료

승무원이 제공하는 알코올성 음료 외 개인이 소지한 주류는 기내에 반입은 가능하나 음용이 불가하다. 만약 개인 소지의 알코올성 음료를 기내에서 음용한 것을 확인한 경우 승무원은 즉시 제지할 수 있으며, 상황에 따라 승객이 소지한 알코올성 음료를 비행 중 압수했다가 도착한 후 돌려줄 수 있다.

유아용 이유식

보호자가 유아를 위해 준비한 식사(이유식 등)나 액상 분유를 데우거나, 분유 제조용으로 뜨거운 물을 요청할 경우에는 제공이 가능하다.

(2) 승객 개인 음식 또는 약품을 냉장 보관 요청 시

승객 개인 소유의 음식이나 약품 등을 차갑게 보관해 달라고 요청하는 경우 원칙적으로 불가하나, 당뇨병 환자를 위해 특별히 제작된 Pen Type의 인슐린은 보관상 파손 위험이 없기 때문에 냉장고 및 Ice Drawer를 이용하여 보관이 가능하다. 그러나 상위 클래스의 경우에는 간단한 스낵 종류의 음식물 보관을 요청 시, 상황을 고려하여 도와줄 수 있다. 기타 경우에는 승객에게 직접 얼음을 제공하여 보관하도록 안내한다.

(3) 서비스 알림 스티커

담당 승무원들은 객실 전체를 순회하며 비행 중 미처 발견하지 못한 서비스 알림 스티커를 사용한 승객이 있는지 확인하고 적절한 응대가 이루어졌는지 확인한다.

휴식 방해 금지 요청 | 기내 판매 알림 요청 | 식사 알림 요청

▲ 서비스 알림 스티커 예

서비스 알림 스티커는 3종 1조로 구성되어 있으며, 승객 앞 좌석 Seat Pocket에 탑재되어 있다. 승객이 원하는 내용의 스티커를 본인 좌석 등 받침 윗부분에 해당 승객이 직접 부착하거나, 상황에 따라 관련 안내와 함께 해당 스티커를 객실 승무원이 부착할 수 있다. 스티커 부착 내용을 해당 승무원 간 계속 공유하고 정확히 응대하며 요청한 서비스를 완료한 경우에는 즉시 좌석에 부착된 스티커를 제거한다.

2. 착륙 전 업무

객실 승무원들은 승객의 입국 서류 작성 상태를 Aisle별로 재확인하고 미작성 승객에게는 서류를 비행기에서 미리 작성하도록 안내하고 서류 작성 시 도움을 필요로 하는 승객에게 적극적인 도움을 제공한다. Approaching Signal 전까지 제공되었던 서비스 용품(Meal Tray, Used Cup 등)을 회수하고 도착 후 지상 직원이나 복편(Inbound) 승무원에게 인계되어야 할 기내 인수인계 Item을 정리한다. 모든 인수인계 Item은 규정에 맞도록 처리하며 해외 Station의 경우 Red Seal 등 Sealing 상태를 확인한다. 객실 사무장은 위의 언급된 업무가 클래스별로 원활하게 진행되고 있는지 감독하며 총괄 책임을 갖는다.

1) 일반석 승무원

Approaching 시점 자진 반환하는 승객 대상으로 헤드폰/어린이용 헤드폰을 회수하며, IFE를 지속해서 사용하기를 원하는 승객에게는 도착 전까지 사용 가능함을 알리고, 사용 후 Seat Pocket에 보관하도록 안내한다. 헤드폰 회수 수량이 많은 경우에는 착륙 준비 안전 업무를 우선적으로 수행하고, 잔여 헤드폰은 모든 승객 하기 후에 일괄 회수한다. 중간 경유지에서 하기하는 승객의 헤드폰은 회수하나 다음 구간도 지속적으로 여행하는 승객의 헤드폰은 회수하지 않는다. 그러나 다음 구간 서비스용 헤드폰이나 이어폰이 별도로 탑재되는 경우에는 전량 회수한다.

2) 상위 클래스 승무원

보관했던 의류는 Approaching Signal 이후 돌려주는 것이 원칙이나 취침 승객의 경우

Landing Signal 전까지 돌려준다. 반환 전 의복의 상태를 확인한 후 반드시 좌석번호를 인지하여 해당 승객의 것임을 확인하고 돌려준다.

3) 객실 부사무장

착륙 준비 시점, 일반석의 SPCL Handling 승객 하기 협조 담당 승무원을 지정하고 승무원의 도움이 필요한 승객, 즉 휠체어, Family Care, UM 등에게는 하기 순서와 방법에 대해 안내하며 비행 중 불편한 사항은 없었는지 확인한다.

일반석에서 접수된 기내 면세품 사전 주문서를 취합하여 객실 사무장에게 전달하고, 입항 서류 및 기타 서류를 객실 사무장과 상호 확인하여 미비한 점을 보완한다.

4) 객실 사무장

비행 중 객실 설비에 이상이 발생한 경우 CL에 결함 내용과 위치를 구체적으로 기록하고 승객 하기 후 기장에게 CL 전체를 전달하여 기록 내용을 공유한다.

3. 입항 서류 최종 확인

객실 사무장은 입국에 필요한 입항 서류를 작성하고 최종 확인을 해야 한다. 출발 시 Door Close 전 지상 직원으로부터 인수받은 입항 서류를 확인한다. 객실 사무장은 입항 서류 내 비행 관련 정보를 기입하여 도착 후 지상 직원을 통해 각국 해당 기관에 전달될 수 있도록 해야 한다.

1) GD

GD(General Declaration)는 항공기 정보와 승무원 명단이 기록되어 있는 서류로 출발지·도착지에서의 탑승 승객 상황과 비행 중 발생한 병약 승객 및 검역 사항에 대해 객실 사무장이 기재하도록 되어 있다.

GENERAL DECLARATION
(OUTWARD/INWARD)

OPERATOR : KOREAN AIR
MARKS OF NATIONALITY AND REGISTRATION : HL7708
FLIGHT NUMBER : KE0628 DATE : 13NOV17
DEPARTURE FROM : SOEKARNO HATTA
ARRIVAL AT : INCHEON INTL

FLIGHT ROUTING

PLACE FROM : SOEKARNO HATTA
TO : INCHEON INTL

출 · 도착 정보

CREW LIST

1	CPT KIM EUNA	KR	2	FOR JANG MINHO	KR
3	PUR YANG JI WON	KR	4	CAB SHIM MISUN	KR
5	CAB CHOI MINJI	KR	6	CAB JUNG DONGWON	KR
7	CAB OH YOONJUNG	KR	8	CAB LEE SEHEE	
9	CAB LIM SUNGYOON	KR	10	CAB KWON JINYOUNG	KR

승무원 명단

▲ GD 상단 부분 예시

(1) GD 세부 항목

GD 상단 부분에는 해당 항공편에 대한 정보 출발·도착 정보(편명, 날짜, 항공기 등록 번호, 항공사, 출발지, 목적지) 및 운항, 객실, 정비사를 포함한 승무원 명단이 기재되어 있다.

(2) GD 작성법

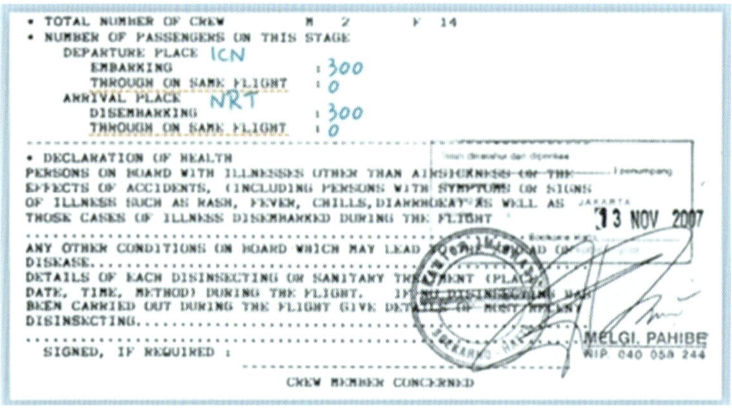

- TOTAL NUMBER OF CREW M 2 F 14
- NUMBER OF PASSENGERS ON THIS STAGE
  DEPARTURE PLACE ICN
  EMBARKING : 300
  THROUGH ON SAME FLIGHT : 0
  ARRIVAL PLACE NRT
  DISEMBARKING : 300
  THROUGH ON SAME FLIGHT : 0
- DECLARATION OF HEALTH
PERSONS ON BOARD WITH ILLNESSES OTHER THAN AIRSICKNESS OR THE EFFECTS OF ACCIDENTS, (INCLUDING PERSONS WITH SYMPTOMS OR SIGNS OF ILLNESS SUCH AS RASH, FEVER, CHILLS, DIARRHOEA) AS WELL AS THOSE CASES OF ILLNESS DISEMBARKED DURING THE FLIGHT
ANY OTHER CONDITIONS ON BOARD WHICH MAY LEAD TO THE SPREAD OF DISEASE.
DETAILS OF EACH DISINSECTING OR SANITARY TREATMENT (PLACE, DATE, TIME, METHOD) DURING THE FLIGHT. IF NO DISINSECTING HAS BEEN CARRIED OUT DURING THE FLIGHT GIVE DETAILS OF MOST RECENT DISINSECTING.
SIGNED, IF REQUIRED :
CREW MEMBER CONCERNED

▲ ICN-NRT 구간(탑승객 300명인 경우)

직항인 경우

NUMBER OF PASSENGERS ON THIS STAGE: 출발지·도착지와 탑승 하기 승객 수를 사무장이 직접 기입한다.

- DEPARTURE PLACE: 출발지 공항의 3 Letter Code
- EMBARKING: 탑승객 수
- THROUGH ON THE SAME FLIGHT: 직항인 경우 '0'을 기입
- ARRIVAL PLACE: 도착지 공항의 3 Letter Code
- DISEMBARKING: 탑승하여 하기하는 승객 수
- THROUGH ON THE SAME FLIGHT: 직항인 경우 '0'을 기입

경유인 경우

직항이 아닌 경유 편에 환승객이 있을 경우 도착 해당란에 해당 수를 기입한다.

- DISEMBARKING: 탑승하여 중간 기착지에 하기하는 승객 수 '200'
- THROUGH ON THE SAME FLIGHT: 같은 항공기에 재탑승하여 최종 목적지까지 가는 승객의 수 '100'을 기입

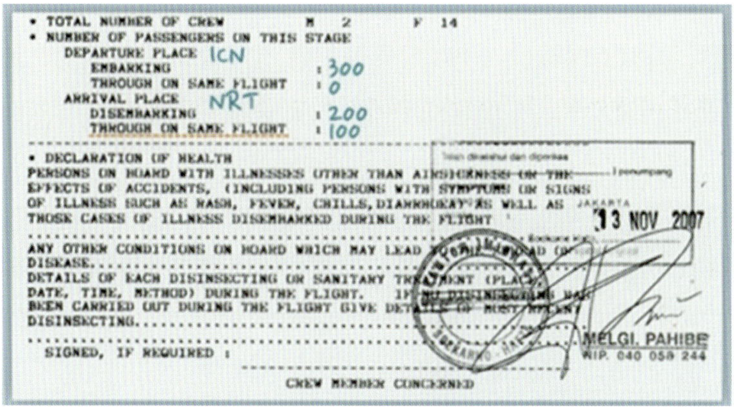

- TOTAL NUMBER OF CREW M 2 F 14
- NUMBER OF PASSENGERS ON THIS STAGE

DEPARTURE PLACE ICN
EMBARKING : 300
THROUGH ON SAME FLIGHT : 0
ARRIVAL PLACE NRT
DISEMBARKING : 200
THROUGH ON SAME FLIGHT : 100

- DECLARATION OF HEALTH

PERSONS ON BOARD WITH ILLNESSES OTHER THAN AIRSICKNESS OR THE EFFECTS OF ACCIDENTS, (INCLUDING PERSONS WITH SYMPTOMS OR SIGNS OF ILLNESS SUCH AS RASH, FEVER, CHILLS, DIARRHOEA) AS WELL AS THOSE CASES OF ILLNESS DISEMBARKED DURING THE FLIGHT

ANY OTHER CONDITIONS ON BOARD WHICH MAY LEAD TO THE SPREAD OF DISEASE.

DETAILS OF EACH DISINSECTING OR SANITARY TREATMENT (PLACE, DATE, TIME, METHOD) DURING THE FLIGHT. IF NO DISINSECTING HAS BEEN CARRIED OUT DURING THE FLIGHT GIVE DETAILS OF MOST RECENT DISINSECTING.

SIGNED, IF REQUIRED :

CREW MEMBER CONCERNED

JAKARTA 13 NOV 2007

MELGI. PAHIBE
NIP. 040 058 244

▲ ICN-NRT-LAX 구간(ICN 탑승: 300명, NRT 하기 200명인 경우)

검역란

Declaration of Health에 상단 순서대로 질병, 전염병, 기타 검역 관련 발생 승객에 대해 기입하고 사무장 서명한다. Station에 따라 GD에 기장의 서명이 필요하기도 하기 때문에 관련 내용에 대한 사전 숙지가 필요하다.

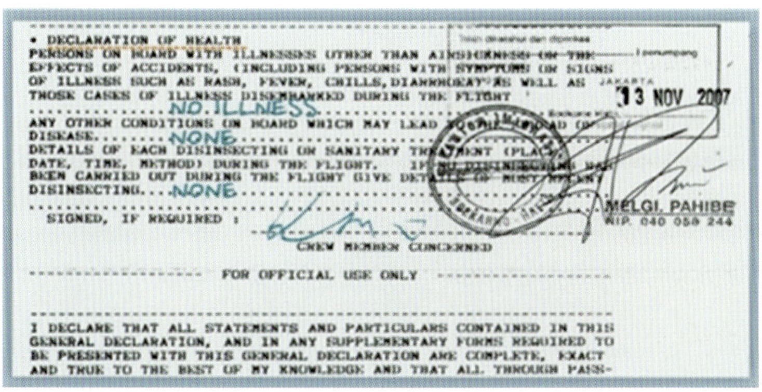

- DECLARATION OF HEALTH

PERSONS ON BOARD WITH ILLNESSES OTHER THAN AIRSICKNESS OR THE EFFECTS OF ACCIDENTS, (INCLUDING PERSONS WITH SYMPTOMS OR SIGNS OF ILLNESS SUCH AS RASH, FEVER, CHILLS, DIARRHOEA) AS WELL AS THOSE CASES OF ILLNESS DISEMBARKED DURING THE FLIGHT
NO ILLNESS

ANY OTHER CONDITIONS ON BOARD WHICH MAY LEAD TO THE SPREAD OF DISEASE. NONE

DETAILS OF EACH DISINSECTING OR SANITARY TREATMENT (PLACE, DATE, TIME, METHOD) DURING THE FLIGHT. IF NO DISINSECTING HAS BEEN CARRIED OUT DURING THE FLIGHT GIVE DETAILS OF MOST RECENT DISINSECTING. NONE

SIGNED, IF REQUIRED :

CREW MEMBER CONCERNED

JAKARTA 13 NOV 2007

MELGI. PAHIBE
NIP. 040 058 244

FOR OFFICIAL USE ONLY

I DECLARE THAT ALL STATEMENTS AND PARTICULARS CONTAINED IN THIS GENERAL DECLARATION, AND IN ANY SUPPLEMENTARY FORMS REQUIRED TO BE PRESENTED WITH THIS GENERAL DECLARATION ARE COMPLETE, EXACT AND TRUE TO THE BEST OF MY KNOWLEDGE AND THAT ALL THROUGH PASS-

▲ GD 하단 검역란

2) PM

승객 명단(Passenger List/Passenger Manifest. 이하 PM)은 출입국 관리법에 따라 입항 또는 출항하는 승객들의 정보를 정리한 문서로 탑승객의 영문 이름 알파벳 순서로 기록되어 있다. 이 서류에는 특별히 기재해야 할 사항은 없으나, 승객의 명단이 나와 있으므로 비행 중 필요시 참고할 수 있다. 또한 PM을 통해 비상사태 발생 시 탑승객 확인이 가능하다.

객실 사무장은 Door Close 전 PM 상의 탑승객 수와 실제 탑승객 수를 반드시 비교하여 일치하는지 확인해야 한다. 특히 GD 작성 시 PM 상에 표시된 전체 승객 수를 육안으로 확인 후, GD 'TTL PAX'란에 기재함으로써 PM과 GD에 표기된 승객 수가 반드시 일치하도록 해야 한다.

객실 사무장은 PM 상 TTL PAX를 확인하지 않고 기억하고 있던 승객의 수를 임의로 기재하거나 GD에 등재된 Extra Crew를 임의로 포함해서 기재하는 일이 없도록 각별히 유의해야 한다.

PASSENGER MANIFEST

KOREAN AIR
HL7494 KE682 08JUL
FROM HO CHI MINH CITY TO INCHEON KOREA

C/I	SURNAME INITIAL	SEC	S/N	C/I	SURNAME INITIAL	SEC	S/N
	AHN/HEEMIN	*122	KR-37D		BAEJIN	*167	KR-45E
	BAE/JIHYUN	*020	KR-19B		BAE/KYUN	*168	KR-45G
	CHAU/HAIMIN	*051	US-41K		CHO/ANNA	*144	KR-17B
	CHO/MINJUN	*008	KR-33C		CHO/SOOJI	*098	KR-43H
	CHOI/GURI	*081	KR-32H		CHOI/HYUNKYU	*173	KR-21H
	CHOI/KYUHYUN	*112	KR-36A		CHONG/HAMIN	*123	KR-37C
	CAO/MAOHQUANG	*048	VN-55A		CHUN/JUNGMIN	*134	KR-31D
	CHO/YOONHEE	*052	KR-17A		CHUN/SUKMIN	*150	KR-11D
	CHOI/MEONGSOO	*17-53J			DANG/CHIHUONG	*050	VN-38D
	DIHN/CHUVAN	*026	US-39H		DINH/STEPHAN	*054	US-46H

PM의 예(재구성)

3) CM

화물 적하 목록(Cargo Manifest: CM. 이하 CM)은 화물의 상세한 내역을 나타내는 화물 적하 목록으로 항공기 등록 번호, 항공기 번호, 출발지, 목적지, 화물의 개수, 중량, 품목 등이 기재되어 있다. 보통 CM은 지상에서 화물 탑재에 대한 최종 조업 후 지상 직원이 서류를 정리하여 관련 내용을 기장과 최종 확인 후 객실 사무장에게 전달한다. 객실 사무장은 전달된 서류 봉투 앞면의 해당 편명, 날짜를 확인하고 비행 중 보관했다가 도착 후 항공기 Door Open 시 다른 서류와 함께 지상 직원에게 전달한다. CM은 객실 사무장이 비행 중 사용할 일이 특별히 없으나 항공기 입항에는 반드시 필요한 서류이므로 Door Close 전 지상 직원에게 해당 편 CM 탑재 여부를 반드시 확인해야 한다.

CARGO MANIFEST

ICAO ANNEX9 APPENDIX3

OWNER OR OPERATOR KOREAN AIR LINS CO. LTD

MARKS OF NATIONALITY AND REGISTRATION HL7525 FLIGHT KE0679 DATE 23FEB 2011

POINT OF LANDING SEOUL KOREA POINT OF UNLANDING AS BELOW

AWB NO	PCS	NATURE OF GOODS		WEIGHT IN K/L	FOR USE BY OWNER OR OPERATOR ONLY	FOR OFFICIAL USER ONLY
		ICN - HAN				
LOCAL						
180-96001990	27	FRESH SALMON	PES	544.0	OSL/HAN KE0542/22FEB	
180-74388160	13	COMSOL		77.0	WEH/HAN KE0840/22FEB	
180-15929384	6	COMSOL		1159.0	SEL/HAN YCH	
180-15929406	1	COMSOL		81.0	SEL/HAN YCH	
180-10692091	63	COMSOL		444.0	TYO/HAN KE7366/23FEB	
180-12897315	1	COMSOL		1808.0	SEL/HAN WOO	
180-16173975	145	COMSOL		620.0	SEL/HAN WOO	
180-16126062	10	COMSOL		230.0	SEL/HAN CAC	

▲ CM의 예(재구성)

4) 기타 국가별 입항 서류 확인

각 국가별로 입국 시 요구되는 승무원 CIQ 관련 서류 요구 사항이 다소 상이하며 입국과 출국 시 요구되는 서류가 다른 경우도 있다. 객실 사무장은 도착지 국가에 따라 추가 입항 서류가 필요조건에 맞게 준비되었는지 최종적으로 확인한다.

국가별 추가로 필요한 서류의 예

- 중국(도시별 상이): Crew List
  승무원 세관 신고서
  검역 신고서
  총기 신고서
  취합된 전체 승무원 여권

- 미국: Liquor List
  Sales Report

4. 기내 접수 서류

비행 중 승객으로부터 요청된 각종 기내 서류는 담당 승무원이 접수한다. 서류를 접수한 객실 승무원은 분실 또는 훼손되는 일이 없도록 유의해야 하며, 객실 사무장은 기내 접수 서류에 대한 확인, 취합 및 관리 등의 책임이 있다.

1) 기내 판매 귀국 편 사전 주문서

기내 면세품 주문서는 승객 기준으로 출발 편이 아닌 귀국 편에서 품절의 우려 없이 원하는 기내 면세품을 구매할 수 있도록 예약하는 방식의 기내 접수 서류이다. 승객으로부터 전달받은 서류는 해당 승객이 탑승할 비행 편에 해당 요청 물품을 판매하겠다는 약속이

▲ 기내 판매 귀국 편 사전 주문서 양식

기 때문에 정확한 기재가 필요하며 서류를 분실해서도 안 된다. 기내 판매 담당 승무원은 판매 가능한 물품과 편수에 대해 승객에게 정확하게 안내 후 접수해야 하며, 도착 후 복편(Inbound) 승무원 또는 기내 판매 담당 부서에 직접 인계할 책임을 진다. 담당 승무원은 접수받은 사전 주문서의 총수량을 객실 사무장에게 보고해야 한다.

(1) 귀국 편 사전 주문서 접수 시 유의 사항

기내 면세품 주문서 접수 시 현지 출발일 기준 출발일자와 귀국 편명의 기재 여부를 정확히 확인한다. 외항사 항공기로 운항되는 공동 운항 편수에 대한 예약 주문 접수는 불가하다. 예를 들어 KE5924, KE5902, KE5682, KE5876 등 KE5○○○과 같이 5로 시작되는 편명은 외항사 항공기로 운항하기 때문에 예약 주문이 불가하다.

일부 고가품은 한국 출발 편에서만 사전 주문이 가능하며, 입국 편에서는 사전 주문이 불가하다. 해당 품목은 Skyshop 책자에 별도 표기된다.

▲ 국내 항공사 면세품 책자

▲ 한국 출발 편에서만 사전 주문 가능한 품목의 예시

승객이 예약한 물품이 해당 편수에 탑재되어야 하는 최소한의 시간이 필요하기 때문에 귀국 편 사전 주문서를 객실 승무원이 접수할 때에는 충분한 시간적 여유가 있는지 확인 후 접수해야 한다. 귀국 편 사전 주문서를 접수한 항공기가 현지에 도착하는 시점으로부터 72시간 이후 출발 편부터 예약 주문이 가능하나, 한일/한중(홍콩 제외) 노선 및 KE621/2편은 48시간 이후 가능하다.

예) KE901/현지 도착 시간 2020. 08. 20. 13:00 도착인 경우
2020. 08. 23. 13:00 이후 출발 편수부터 가능

기내 판매 담당 승무원은 모기지 도착 후, 객실 사무장으로부터 취합된 기내 면세품 주문서와 기내 접수 서류 리스트를 인계받아 수납 절차에 따라 해당 부서에 접수한다.

5. SPCL PAX 하기 안내

착륙 전 객실 디브리핑을 주관한 부팀장을 포함하여 각 클래스별 선임 승무원은 SPCL PAX 하기 협조 담당 승무원을 지정하고 승무원의 도움이 필요한 승객에게 하기 시점과 방법에 대해 안내하며 비행 중 불편한 사항은 없었는지 확인한다.

1) UM 하기 시

UM 담당 승무원은 UM이 비행 중 불편한 사항은 없었는지 확인하고 입국 서류 작성을 완료한다. 최종적으로 객실 사무장은 UM의 서류를 확인하고 5시간 이상의 중장거리 비행인 경우에는 보호자에게 전달될 하늘사랑 편지의 내용을 확인한다. UM은 일반석 승객보다 먼저 하기할 수 있으나 객실 사무장은 UM의 좌석 및 승무원 착석 Jumpseat의 위치를 고려하여 도착 후 인계 승무원을 변경하여 지정할 수 있다. 이때 착륙 후 하기 업무를 지시받은 객실 승무원은 UM의 개인 소지품의 개수 및 위치를 확인하고 담당 승무원이 하기 시 직접 와서 도움을 줄 예정이라는 것을 안내한다. 필요한 경우 착륙 업무에 필요한 짐 정리를 돕는다.

2) INAD/DEPO 하기 시

Deporting Station(INAD 또는 DEPO의 추방을 명령한 국가 Station)의 지점장은 아래의 서류를 해당 승객 탑승 항공편 객실 사무장에게 인계하고, DEPO 승객의 탑승 사실을 알려야 한다. 객실 사무장은 어떠한 경우에도 인수받은 서류를 항공기 내에서 DEPO 승객에게 반환해서는 안 되며, 관련 서류는 반드시 해당 승객과 함께 도착지 운송 직원에게 인계해야 한다.

INAD/DEPO 승객 서류

- DEPO 승객의 여권
- 입수 가능 시 추방 명령을 내린 관계 당국의 추방 명령서
- DEPO의 성명과 좌석번호가 명시된 SHR
- DEPO의 복편 항공권을 항공사가 지불했을 경우 Credit Agreement 및 Invoice Copy

3) Family Care PAX 하기 시

착륙 전 Family Care 서비스 인식표 패용 여부를 확인하고, 하기 시에는 탑승구에 대기하고 있는 운송 직원의 인솔하에 이동해야 함을 안내한다. 담당 승무원은 착륙 전 도착 시간, 날씨 등을 알려 주고 소지품을 확인하며 도움이 필요한 경우 짐을 들어 준다. 객실 사무장은 운송 직원에게 해당 승객 인계에 대한 책임을 진다.

4) 장애인 승객 하기 담당자 지정

몸이 불편하여 혼자서는 객실 내 이동이 불가능하거나 하기 시 도움이 필요한 승객에게는 승무원이 적극적인 도움을 제공해야 한다. 하지만 도움을 제공할 때에는 보호자가 아닌 해당 승객에게 직접 의사를 묻는다. 승객이 도움을 받고자 할 때에는 휠체어를 밀어주거나 손이나 팔을 내밀어 부축받을 수 있도록 한다. 필요한 경우 짐을 들어 주거나 On-Board Wheelchair를 사용할 수 있다.

5) 객실 사무장의 불만 승객 Handling, 조치 사항 최종 확인

비행 중 다양한 원인으로 고객의 불만이 발생한 경우, 객실 사무장은 발생 경위 및 조치

사항에 대해 정확하게 파악해야 한다. 객실 사무장은 불만 발생 경위에 따른 해당 승무원의 서비스 상황 및 조치 사항에 대해 기록하고 회사에 보고할 준비를 한다. 승객의 불만이 해결된 경우라도 해당 승객에게 최종적으로 사과 및 대체 서비스를 실시한다.

불만 발생 승객이나 환자 발생 시 도착 후 지상 직원에게 반드시 해당 승객을 인계해야 하기 때문에 담당 승무원을 지정한다.

CHAPTER 09

6. 항공기 지연

객실 사무장은 기상 악화, 공항 폐쇄, 정비 관계 등의 사유로 출발·도착 비정상 상황 발생 시 승객의 안전과 쾌적성을 최우선으로 생각하고 효율적인 대처를 통해 승객의 불안감, 동요, 불만 등을 사전에 예방해야 한다. 객실 사무장은 출발·도착 비정상 상황 발생 시 기장과 적극적으로 협의하여 관련 안내 방송문(In-Flight Announcement Ⅰ, Ⅱ)에 의거하여 적절한 안내 방송을 실시해야 한다.

1) 지연 발생 시 안내 방송 기준

이륙 전 지연 발생의 경우, 출발 예정 시간(STD) 대비 10분 경과 시, 출발 지연 안내 방송을 실시하고 이후 매 30분마다 지연 사유 및 예상 출발 시간에 대한 안내 방송을 실시해야 한다. 착륙 후 지연 발생 시에는 착륙 후 매 30분마다 예상 시간 및 지연 사유 안내 방송을 실시한다.

이륙 전 지연 안내 방송 예시문

안내 말씀 드리겠습니다. 우리 비행기는
ⓐ 일부 승객이 아직 탑승하지 않아,
ⓑ 기상 상태가 아직 좋아지지 않아,
ⓒ 공항이 혼잡해,
ⓓ 비행에 필요한 서류가 아직 도착하지 않아,

약 ________분 후에 출발하겠습니다.
이 점 양해해 주시기 바랍니다.

도착 후 지연 안내 방송 예시문

손님 여러분, 우리 비행기는 주기장에 도착했으나,
________로 인해 기다리고 있습니다.
잠시만 자리에 앉아 기다려 주시기 바랍니다.

2) Tarmac Delay

항공기 문이 닫힌 후 이륙 전까지 또는 항공기 착륙 후 하기를 위하여 항공기 문이 열릴 때까지의 과정에서 2시간 이상 지연이 예상되는 경우에는 음료와 음식물을 제공해야 하나, 기장이 이와 같은 서비스가 안전 또는 보안에 위협이 될 수 있다고 판단하는 경우에는 서비스하지 않는다. 음식물은 지연 1시간 30분 경과 시점에 기장에게 30분 이상 추가 지연 여부를 확인한 후 제공한다. 지연 상황이 발생하여 기내에 탑재된 스낵을 사용했을 경우 객실 사무장은 도착 후 운송 직원에게 설명하여 스낵이 다시 탑재될 수 있도록 요청한다. 승객이 화장실 사용에 관련하여 문의할 경우 기장에게 연락하여 기장의 지시에 따라 안전 운항에 영향을 미치지 않는 범위에서 승객의 화장실 사용이 가능하도록 조치한다. 객실 사무장은 비행 종료 후 시간대별 조치 사항 및 서비스 내역, 기타 특이 사항 등 지연 관련 사항에 대해 Cabin Report를 통해 보고한다.

TIP

Tarmac Delay(미국 기준)

활주로 및 포장도로(Tarmac)에서 지연된다고 해서 붙여진 표현으로 항공업계에서는 항공기에 승객을 태운 채, 장시간 지연되는 경우를 말한다.

2009년 회항한 항공기에 승객이 하기하지 못한 채 장시간 지연이 되었고 그 다음 날까지 승객이 하기하지 못하여 인권 문제로 논의되어 미국 교통부는 2010년 4월부터 미국 내 이착륙하는 모든 항공기의 기내 대기 시간을 승객을 태우고 3시간 이상 지연하지 못하도록 규정했으며, 국제선의 경우 4시간을 한계 시간으로 규정했다.
즉, 이착륙 시 지연 시간을 2시간 이상 초과할 경우, 승무원은 반드시 승객에게 음료와 간식을 제공해야 하고, 위 사항을 위반할 시 항공사는 승객 한 명당 27,500달러의 벌금을 지불해야 한다.

구분	한국	미국	중국	필리핀
관련 법규	항공 교통 이용자 보호 기준	US DOT Tarmac Delay Rule	중국 항공편 정상 관리 규정	필리핀 항공 여행객 권리 규정 (Air Passenger Bill or Rights)
적용 공항	국내 공항	미국 내 공항 (Guam 포함)	중국 국내 공항	필리핀 내 공항
기내 서비스 절차	• 매 30분 간격으로 지연 사유와 진행 상황 등의 정보 안내 방송 실시 • 2시간 이상 지연 시, 승객에게 스낵과 음료 제공 – 한국 출발 편: 땅콩 – 한국 도착 편: 브라우니(기장이 안전, 보안에 위협이 될 수 있다고 판단하는 경우에는 예외)	• 매 30분 간격으로 지연 사유 및 예상 시간에 대한 안내 방송 실시 • 2시간 내 기내 탑재 브라우니와 Water 제공 및 화장실 이용이 가능하도록 조치 • 3시간 이상 발생 시 시간대별 서비스 내역 보고(Cabin Report)	• 매 30분 간격으로 지연 사유 및 지연 예상 시간 관련 기내 안내 방송 실시 • 2시간 이상 지연 시 음식물 제공 • 기장에게 승객 화장실 이용 가능 여부 확인 후 기장의 지시에 따라 화장실 사용하도록 조치	• 기내 탑승 후 ETD 대비 2시간 이상 출발 지연 시 승객에게 식음료 제공
위반 시 과징금	500만 원 이하	승객 1인당 최고 USD 27,500	CNY 10,000~100,000(원화 170~1,700만 원)	Php1,000(원화 25,000원)

▲ 국가별 Tarmac Delay 적용 기준

CHAPTER 09

7. 착륙 공항 변경

기상 악화, 공항 폐쇄, 정비 관계 등으로 인해 대체 공항으로 Divert 시의 업무 절차는 다음과 같으며, 객실 사무장은 승객의 불안감이나 동요를 사전 예방하기 위해 최선의 조치를 취해야 한다.

1) 착륙 전 조치 사항

기장으로부터 착륙 공항이 변경된다는 연락을 받은 객실 사무장은 전 승무원에게 변경된 공항 및 기타 준비 사항을 통보하고 회항 결정 후 회항에 대한 안내 방송을 실시하여 승객에게 알린다.

회항 결정 안내 방송

안내 방송 드리겠습니다. 우리 비행기는 ________로 인해
ⓐ ________공항으로 되돌아갈 예정입니다.
ⓑ 목적지를 변경해 ________공항에 착륙할 예정입니다.
자세한 사항은 소식이 들어오는 대로 곧 알려드리겠습니다.

객실 승무원들은 승객 중 환자 및 기타 특수 승객을 파악하여 객실 사무장에게 보고한다. 면세품과 보세품은 Inventory 및 Seal & Lock을 해야 한다. 객실 사무장은 Diversion에 필요한 제반 서류(GD, PM, CM)를 확인한다.

2) 착륙 후 조치 사항

항공기 도착 후 객실 사무장은 변경된 목적지 공항(Divert Station)의 지점장에게 객실 내 상황 및 제반 상황에 대해 전달하고, 상황에 따라 항공기 재운항, 육로 수송 등 결정 사항에 대한 기내 방송을 실시한다. Divert 후 항공기 문이 열릴 때까지 지연 상황이 발생될 경우에는 지연 시 기내 응대 절차에 따른다. 이후 계획이 확정되어 승객의 하기, 이동 등이 진행될 때는 승객들에게 정확한 안내를 실시해서 혼란이 없도록 조치하고, 이를 위해 기장 및 도착 공항의 조업사와 긴밀히 협조한다. 필요한 경우 이동 중에 신체적 문제가 발생하지 않도록 승객에게 주의 사항을 사전 안내하고 지상 조업사 직원 및 승무원의 통제에 따르도록 안내한다.

(1) 기내 대기 시

회항 후 기내에서 지속적으로 대기가 필요한 경우에는 반드시 안내 방송(회항 후 기내 대기) 실시를 통해 승객에게 기내에서 대기할 것을 계속 안내한다.

회항 후 기내 대기 안내 방송 예시

손님 여러분, 우리 비행기는 지금 ________로 인해 기다리고 있습니다.
다시 안내해 드릴 때까지 자리에 기다려 주시기 바랍니다.
기다리시는 동안 간단한 음료(/식사)를 서비스해 드리겠습니다.
감사합니다.

객실 사무장은 해당 공항의 당사 지점장 또는 Offline Station인 경우 당국 관계자, 기장과 협의하여 다음 사항에 대해 확인한 후 승객의 하기 여부를 결정하고 규정에 따른 서비스를 실시한다.

회항 결정 후 기내 대기 시 확인해야 할 객실 상태

- 기내 제공 가능한 식음료 및 오물량 확인
- 서비스 물품 조달 가능 여부 확인
- 환자/하기 희망 승객 파악 후 공항의 WCHR, 의료 지원 및 입국 가능 여부 확인
- 승객 인원을 고려한 수용 가능 공간, 화장실 등 공항 내 제반 편의시설 확인

승객의 하기가 결정되면 객실 사무장은 해당 안내 방송(회항 후 승객 하기)을 실시하고 전 승무원은 승객의 하기에 적극 협조한다.

회항 후 승객 하기 안내 방송 예시

손님 여러분, 지금부터 내리셔서
ⓐ (통과 카드를 받으신 다음) 공항 대기 장소에서 기다려 주시기 바랍니다.
ⓑ 저희 지상 직원으로부터 안내를 받으시기 바랍니다.
내리실 때는 모든 짐을 가지고 내리시기 바랍니다.

(2) Lounge 대기 시

지상 조업사에게 승객이 대기할 Lounge 확보 가능 여부를 확인한다. 해당 항공사의 운송 직원이 없는 경우 Ramp Bus 이동 시 첫 출발 버스에 객실 승무원이 동승하여 승객을 Lounge까지 동반해서 안내해야 하는데 승객 이동 및 대기 시 정확하고 성의 있게 안내한다. 대체 공항에서의 승객 입국은 원칙적으로 불가능하나 CIQ 등 대체 공항에서의 입국에 필요한 제반 여건 사항이 충족되면 승객 본인의 책임하에 입국이 가능하다. VIP/CIP에 대한 Special Care를 실시한다. 승객 하기 후 기내 휴대 수하물의 분실을 방지하기 위한 적절한 조치를 취하고 기내 보안을 철저히 유지하며 재탑승 시 승객 수를 철저히 파악해야 한다.

(3) Hotel Layover 시

기내에서 승객 대기 중 숙박 결정이 난 경우 안내 방송(숙박 안내)을 통해 승객에게 Hotel Layover 예정임을 안내한다. 객실 승무원들은 지상 조업사를 통한 입국 수속에 협조한다.

숙박 안내 방송 예시

안내 말씀 드리겠습니다.
비행을 계속할 수 없게 됐으며, 오늘 이곳 ○○○(도시명)에서 머무르시게 됐습니다.
지금부터 모든 짐을 갖고 내려 주시고, 내리신 후에는 지상 직원의 숙박 안내를 받으시기 바랍니다.
감사합니다.

(4) 육로 수송 시

기내 대기 중 육로 수송으로 결정난 경우에는 안내 방송(목적지까지 육로 수송 결정 후 안내)을 통해 승객에게 해당 내용을 안내한다. 지상 조업사의 입국 수속에 협조하고 지상 교통편 안내 조치 사항을 안내한다. 해당 편의 Special Care가 요구되는 승객(VIP/CIP, 환자 승객, UM 등)은 버스 첫 편 및 마지막 편에 탑승토록 안내한다. 잔류 승무원은 승객 Handling 결과를 기장에게 보고한다.

목적지까지 육로 수송 결정 후 안내 예시

안내 말씀 드리겠습니다.
비행을 계속할 수 없게 됐으며, 버스(/열차)로 ○○○까지 모시고자 합니다.
지금부터 모든 짐을 갖고 내리셔서 저희 지상 직원의 안내를 받으시기 바랍니다.
감사합니다.

8. 응급 환자 발생으로 인한 비상 착륙

비행 중 긴급 환자 발생 또는 승객의 부상 등으로 인해 최인접 공항에 긴급 착륙할 경우 승무원의 조치 사항은 다음과 같다.

1) 항공사 지점이 있는 지역

객실 사무장은 응급 환자가 발생하여 긴급 착륙이 필요하다고 판단되면, 기장에게 해당 승객의 인적 사항(성명, 국적, 생년월일, 성별, 주소, 연락처, 동반인 여부, 의학적 증상, 탑승 전 사전 통보된 환자였는지 여부 확인 등)을 알려 도착지 공항 지점장에게 연락하도록 한다.

객실 사무장은 환자 발생 경위 및 조치 사항을 기록해 두어야 하며, 의사나 간호사의 치료 또는 간호를 받았을 경우에는 소견서 또는 진단서를 받아 두고 의사나 간호사의 인적 사항을 기록해 둔다. 객실 사무장은 도착 전 GD의 'Health'란에 환자 발생 내용을 기재한다.

환자 하기 후에는 환자의 휴대 수하물까지 하기가 완료되었는지 확인하고 해당 공항에서 작성한 GD, PM 상에 그 환자가 하기한 것으로 기재되어 있는지 확인한다. 객실 사무장은 비행 종료 후 이러한 상황에 대하여 관련 보고서를 작성하여 회사에 제출한다.

2) 항공사 지점이 없는 지역

기장의 지시에 따라 지상 조업 책임자와 해당 공항 당국의 협조하에 환자 승객 및 휴대 수하물을 Handling한다. 비행 중 환자 발생 시의 구체적인 상황을 지상 조업사 및 해당 공항 당국의 관계자에게 설명하여 환자 승객의 입국 수속을 돕는다. 더불어 해당 공항 당국 통보 및 협조 요청과 Ambulance 조치 및 후송이 원활하게 진행될 수 있도록 협조한다.

객실 사무장은 환자의 휴대 수하물이 승객과 함께 하기되었는지 확인하고 해당 공항에서 작성한 GD, PM 상에 환자가 하기한 것으로 기재되어 있는지 재확인한다.

객실 사무장은 기장과 협조하여 본사 종합통제부를 포함한 관련 부서 및 인근 지점에 연락하고, 비행 종료 후 상황에 대하여 관련 보고서를 작성하여 제출해야 한다.

CHAPTER 09

9. Approaching 시점

Approaching Signal이 'On'으로 되면, 객실 사무장은 착륙을 위한 준비 상태를 재확인한다. 객실 사무장은 좌석 등받이, Tray-table, Footrest의 원위치 상태를 최종적으로 확인해야 한다. 하지만 장애인, 응급 환자 등의 좌석 등받이는 통로나 비상구 접근에 방해되지 않는다면 반드시 세울 필요는 없다.

Approaching Signal이 켜진 후 경우에 따라 Approaching 준비 시간이 부족할 수 있는데, 그럴 때면 객실 사무장이 기장에게 보고해야 한다. 기장은 객실 사무장의 보고를 참고하여 접근 절차를 진행하고 필요할 경우 객실 사무장에게 필요한 사항을 전달한다.

Approaching 시점 점검 사항

- 승객의 휴대 수하물 보관 상태 점검
- 서비스 Item(유리잔 등) 회수
- Galley 내 보관 상태 점검(Cart, 서비스 Item, 쓰레기 등)
- 항공기 내 모든 유동 물질의 고정 상태

1) 일반 승무원 공통

방송 담당자는 Approaching 방송 및 기타 기내 안내 방송을 실시한다.

회수되지 못한 서비스 용품을 회수하고 헤드폰을 회수한다.(승객이 원할 경우 계속 사용할 수 있으며 사용 후 Seat Pocket에 보관토록 안내한다) 기내 판매 서비스가 종료되지 않았을 경우에는, '기내 판매 종료 안내 방송'을 실시하여 즉시 기내 판매를 중단하고 구입하지 못한 승객에게 양해를 구한다. Galley 내 유동물의 보관 상태를 점검하고 객실을 정리 정돈한다. 만약 일부 기종 Galley 내 Safety Strap이 있다면 장착되어 있는지 확인한다. 착륙 전 갤리 디브리핑 시 객실 부사무장으로부터 업무를 부여받은 SPCL PAX의 담당 승무원은 승객의 착륙 준비에 도움을 제공하며 하기 시 승무원의 도움이 필요한 승객에게는 하기 시점과 방법에 관하여 안내한다. Galley 담당 승무원은 기용품 정리, Liquor Item Inventory List 등의 서류를 최종 확인하고 Red 또는 Blue Seal이 필요한 Item의 Sealing 상태를 확인하며 하기 시 필요한 조치 사항들을 객실 부사무장에게 보고한다. Galley 담당 승무원은 교대 팀에게 전달이 필요한 내용을 기록하여 전달한다. 기내 판매 담당 승무원은 기내 면세품을 정리하고 Sealing 및 Locking한 후, 세관 제출용 각종 서류를 출력하여 객실 사무장에게 제출한다.

2) 객실 부사무장

객실 부사무장은 사무장과 협의 후 해당국 입국에 필요시 방역 스프레이(Insecticide Aerosol)를 살포한다. 각 구역별 Aisle 담당 승무원 또는 Galley 담당 승무원으로부터 하기 시 별도 보고가 필요한 사항 및 기내 설비 문제점 등을 취합하여 객실 사무장에게 최종 보고한다. 객실 부사무장은 Liquor, 기내 판매품 등에 대한 Seal 여부를 최종적으로 확인한다. 객실 부사무장은 하기 시 노약자, WCHR 승객, 한가족 서비스 승객, UM, 제한 승객 등 도움이 필요한 승객을 확인하고, 필요시 담당 승무원을 배정한다

3) 객실 사무장

FR/CL 전 승객을 대상으로 Farewell 인사 및 도착 안내를 실시한다. 몸이 불편한 승객이나 회사가 약속한 서비스를 제공받지 못한 승객 및 불만을 표시한 승객 등 특별한 배려와 안내가 필요하다고 판단되는 승객을 대상으로 한 번 더 개별 응대한다.

10. Landing 시점

Landing Signal이 'On' 되면, 객실 승무원들은 승객 착석 및 좌석 벨트 착용 상태, 개인용 Monitor의 원위치 등 객실 최종 Landing 준비 사항을 재확인한다. 기내 방송 담당자는 해당 방송을 실시한다. 더불어 전자기기가 적절한 위치에 보관되었는지, 화장실 내 잔류 승객의 유무를 확인해야 한다. Jumpseat 착석 전에는 주변 Galley 내 유동 물질 고정 상태를 추가 확인한다. 객실 사무장이 지정한 승무원은 모든 Overhead Bin의 닫힘 상태를 재확인한다. 일어서는 승객 발생 시 즉시 착석을 유도하고 필요시 객실 사무장에게 보고한다.

착륙을 위한 객실 내 모든 준비를 마치면 모든 객실 승무원은 지정된 Jumpseat에 착석 후 좌석 벨트 및 Shoulder Harness 착용하고 '30 Second Review'를 실시한다.

30 Second Review

- 비상 장비의 위치와 작동법
- 비상구 위치와 작동법
- 비상 탈출 순서
- 비상 탈출 시 도움을 줄 수 있는 승객
- 충격 방지 자세 Shouting
- 비상 시 도움을 필요로 하는 승객

객실 사무장은 야간 비행이나 필요한 경우라고 판단될 때 착륙에 적합하게 객실 조명을 조절한다. 더불어 최종 Landing 준비가 적절하게 완료할 수 없다고 판단되는 경우 '비행 중요 단계' 규정에 준수하여 기장에게 보고해야 한다. 이때 기장은 객실 사무장의 Landing 준비 시간 부족 보고를 참고해서 착륙 절차를 진행하고 필요할 경우 객실 사무장에게 필요 사항을 전달할 수 있다.

10 CHAPTER

착륙 후

10 착륙 후

주요 업무	객실 사무장	객실 부사무장	팀원
• BGM On	• BGM On(도착)	• BGM 음량 확인	• BGM 음량 확인
• Door Mode 변경	• Seatbelt Sign Off 확인 • Door Mode 변경 지시(PA) • Door Open	• L2 Door Open	
• 하기 안내	• 세관/검역 당국 허가 확인 • 인계 인수 • 하기 안내 PA	• 승객 Farewell	• 승객 Farewell
• 객실 확인	• CL 확인 • 잔류 승객 확인 PA • 유실물 확인 PA	• Crew Rest Area 확인	• 잔류 승객 확인 • 유실물 확인
• System Off	• In-Flight Entertainment Off • BGM Off		
• 디브리핑	• 추가 접수된 고객 서류, 서신 유무 확인 • 특이 사항 발생 관련 진행, 종결 사항 내용 확인 • 유실물 처리 방법, 담당자 지정	• 디브리핑 참여	• 디브리핑 참여
• 도착 후 보고	• 비행 종료 후 회사 보고 • 각종 서류 회사 제출 • 동승 근무자 평가		

- 항공기가 목적지 공항에 도착하여 완전히 멈추고 Seatbelt Sign이 꺼질 때까지 객실 승무원도 본인의 Jumpseat에 앉아 있는 상태를 유지해야 한다.
- 객실 사무장은 Seatbelt Sign이 꺼진 것을 확인하고 Bridge나 Step Car가 다가오는 것을 확인하고 사무장은 **Door Mode 변경**을 지시한다.
- 모든 승무원은 담당 Door의 Mode를 변경하고 확인하는 절차를 갖는다.
- 모든 승객이 하기할 때까지 객실 승무원은 본인의 담당 구역을 벗어나지 않는다.
- 승객 하기가 끝나면 객실 사무장은 PA를 통해 모든 승객의 하기 완료를 공유하고 전 객실을 순회하며 **잔류 승객** 여부와 객실의 상태를 점검한다.
- 모든 승무원은 본인의 담당 구역의 **유실물 여부**를 확인한 후 신속히 본인의 모든 짐을 가지고 하기한다.
- 객실 사무장은 모든 승무원이 항공기 밖으로 나오면 Ship Side에서 **디브리핑을 실시**한다.
- 객실 사무장은 비행 종료 후 **각종 서류는 회사에 제출**하고 특이 사항 발생 시 신속히 회사에 보고 형식에 맞춰 보고한다.

1. Door Mode 변경

1) Seatbelt Sign Off 확인

객실 사무장은 항공기가 완전히 정지한 후 Seatbelt Sign Off를 확인하면 Bridge나 Step Car가 항공기 쪽으로 다가오는 것을 확인한 후, 객실 승무원에게 Door Mode 변경을 지시할 준비를 해야 한다. 이때 객실 조명을 Full Bright로 조절해야 하는데, 사무장 착석 위치와 객실 조명 Control 패널 위치가 상이할 경우에는 해당 Station에 위치한 승무원에게 위임할 수 있다.

▲ B737 기종: 조명 조절 스위치

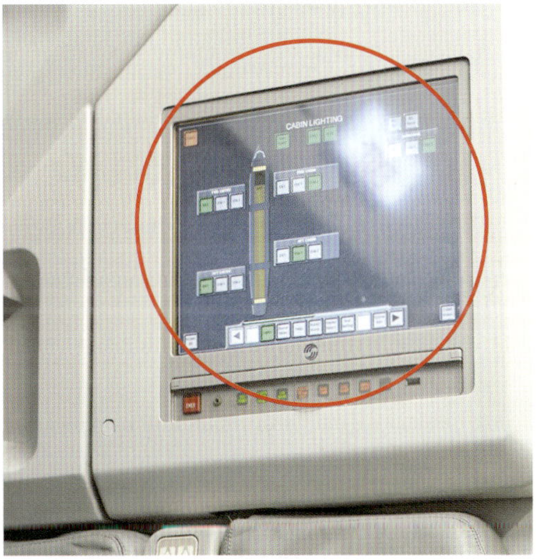

▲ A330E 기종: FAP 내 조명 조절

2) Door Mode 변경 지시

항공기가 완전히 정지하면 객실 사무장은 All Attendant Call을 이용하여 Door Mode 변경을 지시한다. 객실 승무원은 Door Mode를 'Normal Disarmed' 혹은 '정상'으로 변경한 후 상호 확인하는데 이때 Door 한 개에 두 명의 객실 승무원이 배정되어 있는 경우, 상위 직급 승무원이 Door Mode 변경에 일차적 책임을 갖는다. 또한 최소 탑승 인원으로 운영되는 경우에는 승무원이 배정되지 않은 Door의 경우 반대쪽 Door 담당 승무원이 책임을 갖는다.

객실 사무장은 다시 한 번 All Attendant Call을 이용하여 담당 구역 승무원들로부터 보고를 받게 되는데, 이때 본인 담당 Door뿐만 아니라 건너편 Door도 이상이 없음을 보고하면 된다.

도착 시 Door Mode 변경 요령

• 객실 사무장의 지시

객실 사무장은 항공기 정지 후, Seatbelt Sigh Off 및 Bridge(또는 Step Car)가 다가오면 "Cabin crew, door side stand by, disarm doors and cross check."이라고 PA로 지시한다. 이는 Door Mode의 선택 레버를 정상 위치(Normal/Disarmed)로 변경해야 함을 의미한다.

• Door Mode 변경 및 상호 확인

객실 승무원은 Door Mode의 선택 레버(B737인 경우 Girt Bar)를 정상 위치로 변경한 후 변경된 Arming Lever를 손으로 가리키며 "Disarmed check!"이라고 소리 내어 확인한 후 반대편 승무원과 함께 각자의 Arming Lever(B737의 경우 Girt Bar)를 가리키면서 "Cross check."이라고 소리 내며 상호 확인한다.["Cross check."이라고 소리 내어 상호 확인할 때 반대편 Door Mode(B737의 경우 Girt Bar)가 Disarmed 상태인지 반드시 육안으로 재확인한다.]

• All Attendant Call에 대한 응답

항공기 기종에 따라 L1의 패널 등을 통하여 항공기의 모든 Door Mode의 변경 상태를 확인할 수도 있으나 객실 사무장은 All Attendant Call을 발신하여 Door Mode 변경을 재확인한다. All Attendant Call이 울리면 객실 최후방 승무원부터 차례로 **"L4, Safety Check 했습니다!"**라고 답한다. 이것은 본인의 담당 Door를 포함한 양쪽 Door 모두 이상이 없다는 의미이다. 그러나 특이 사항 있는 경우에는 반드시 상황을 보고해야 한다. 보통 Wide Body 항공기의 경우, L-side 객실 승무원은 All Attendant Call에 응답하여 Safety Check을 보고해야 하고 R-side 객실 승무원은 All Attendant Call에 응답하지 않고 L-side 객실 승무원의 보고 절차가 완료될 때까지 담당 Door 앞에 대기한다. 또한 2층으로 구성된 항공기의 경우에는 Main-Deck 최후방 L-side에서부터 L2 Door까지 보고가 완료되면 이어서 Upper-Deck 최후방 승무원부터 응답한다.

3) Door Open

Door Open 시 Slide/Raft의 오작동이 발생할 가능성이 있기 때문에 상당히 주의해야 하며, Door를 Handling할 경우에 그에 따른 원칙과 절차를 반드시 준수해야 한다.

(1) 항공기 Door Open 원칙

기종	방법
B737-800/900	항공기 내부 Open
그 외 기종	항공기 외부 Open

▲ Thumb-up 수신호

탑승교, Step Car, 조업 장비 등이 접현하여 Door 외부에서 지상 직원이 Viewing Window를 두드리면 Door Open 준비 완료가 되었을 경우 'Thumb-up' 수신호를, Door Open 준비가 미완료되었을 경우 양손의 검지를 엇갈리게 하여 'X'자 표시의 수신호를 통해 Door Open 준비 여부를 전달한다.

(2) 항공기 내부에서 Door Open이 필요한 경우

원칙적으로 B737-800/900 기종을 제외한 다른 모든 기종은 내부에서 Door를 Open하지 않는다. 단, 항공기 외부에서 Door Open이 불가하여 항공기 내부에서 Door를 Open할 것을 요청하는 경우 객실 사무장은 거부 의사를 명확히 표시하고 기다려야 하나 불가피하게 객실 승무원이 직접 Open해야 하는 경우라고 판단되면, '항공기 내부의 Door Open 절차'를 적용하여 Open한다.

항공기 Door Open 시 외부 Open이 불가하여 내부 Open을 해야 하는 상황

- 비정상 상황이 발생하여 내부에서 Door를 반드시 Open해야 하거나 외부에 Door를 Open 할 수 있는 직원이 없는 경우
- 비정상 상황이 발생하여 내부에서 Door를 반드시 Open해야 하거나 외부에 Door를 Open 할 수 있는 직원이 있지만 Open 절차를 수행하지 못하는 경우
- B737 항공기로 운항될 경우

(3) 항공기 내부에서 Door Open 시 절차

Door Open이 필요할 경우 객실 승무원은 Interphone이나 PA를 이용하여 객실 사무장에게 보고하고, 객실 사무장은 다시 이를 기장에게 보고하여 허가를 받은 후, Slide Mode의 정상(Normal) 상태를 재확인한 후 Door Open을 지시한다. 단, B737의 경우 내부에서 Open하는 것이 원칙이므로 항공기가 정상적으로 도착하면 별도의 보고 및 허가 절차 없이 기장이 Fasten Seatbelt Sign을 Off하는 것을 Door Open 허가로 간주하여 절차대로 Open한다.

탑승교, Step Car, 조업 장비 등의 접현 후 Door 외부의 직원과 수신호를 통해 Door Open 준비 완료 상태를 전달하고, 해당 Door의 담당 승무원 혹은 객실 사무장이 지정한 승무원으로 2인 1조로 구성하여 Door를 Open한다. 만약 탑승교, Step Car, 조업 장비 등이 항공기로부터 분리된 상태에서 Door를 열거나 닫아야 할 경우에는 승무원 2인 1조로 Safety Belt를 착용 후 Door를 조작해야 한다.

2인의 승무원 중 선임 승무원이 Door를 직접 조작하고, 후임 승무원은 이를 관찰하게 되는데 이때 Door를 조작하는 선임 승무원은 각 단계별로 Door 관찰 객실 승무원이 들을 수 있도록 소리 내어 말하면서 해당 부분을 손가락으로 가리켜야 하며, 이때 관찰 승무원은 장비의 상태 및 조작 행동의 적절성 여부를 확인하고 이상이 있을 시 즉시 시정을 요청해야 한다.

1st Step	"Seatbelt Sign Off 확인."	
2nd Step	"외부 상황 정상 확인."	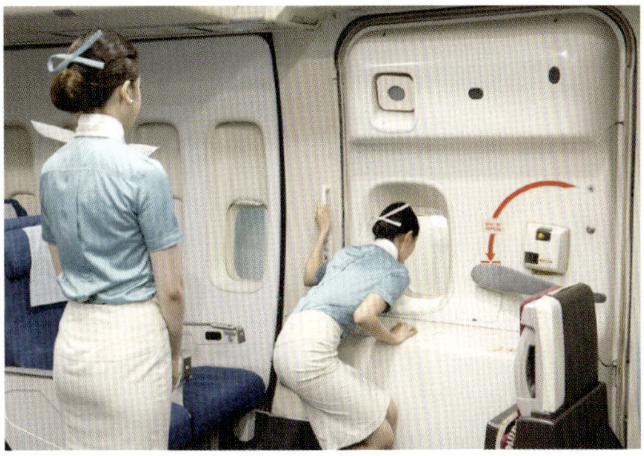
3rd Step	Door Open 전 조작 승무원은 관찰 승무원이 Door 앞으로 이동하도록 지시 [조작 승무원] "Door mode 확인, cross check." [관찰 승무원] "Cross check."	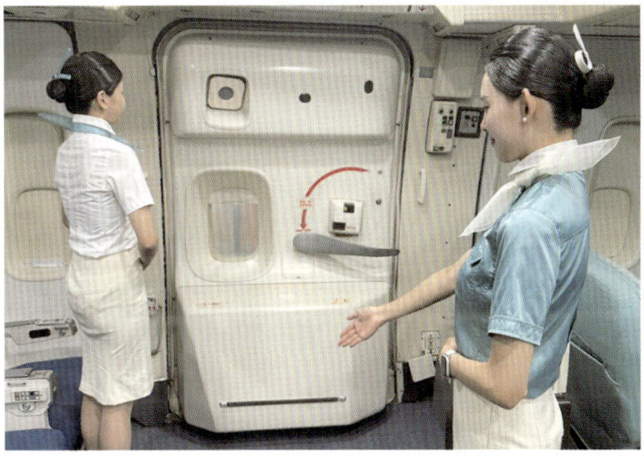
4th Step	조작 승무원은 관찰 승무원 후방에 위치하며 관찰 승무원의 'Door Open 준비 완료 상태' 확인 절차 수행 Cross Check 실시 [관찰 승무원] (B737인 경우) "Girt bar up, flag up, cross check." (B737 이외) "Door mode 정상, cross check." [조작 승무원] "Cross check."	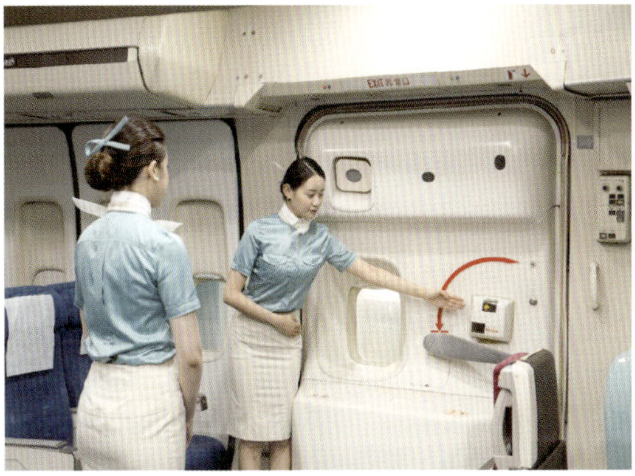

5th Step	"Door Open."	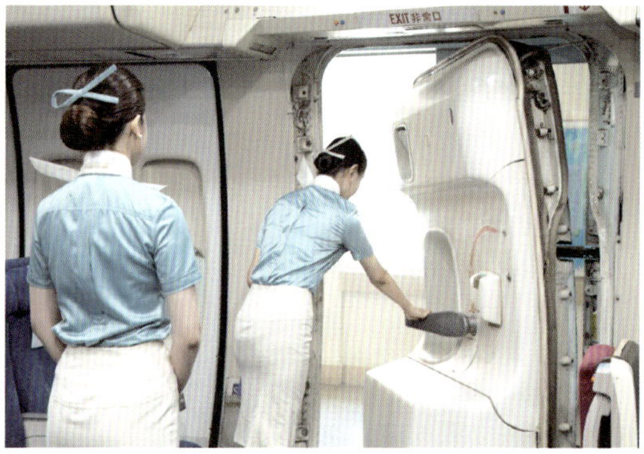

▲ 항공기 Door 내부에서 Open 시 조작 단계

2. 하기 안내

1) 세관/검역 당국 확인

(1) 환자 발생 시

비행 중 기내에서 환자가 발생한 경우 응급처치 기본 원칙에 의거하여 환자를 보살피고, 목적지의 검역법에 따라 당국에 연락을 취해야 하는 경우 기장을 통해 미리 통보한다. 필요하다고 판단할 시에 객실 사무장은 환자 승객을 목격한 주변 승객에게 요청하여, 목격자의 성명 및 좌석번호와 함께 진술 내용을 서술한 목격자 진술서를 지참한다. Gate에 도착 시 객실 사무장은 도착지 공항의 응급 의료진이 환자 승객에게 신속히 접근할 수 있도록 PA를 통해 다른 승객들은 착석해 줄 것을 요청하는 기내 방송을 실시할 수 있다.

응급 환자 우선 하기 협조 요청

손님 여러분,
비행기가 도착하면 응급 환자를 먼저 모시도록 하겠습니다.
다시 안내해 드릴 때까지 잠시만 자리에서 기다려 주시기 바랍니다.

Door Open 후 목적지 검역관에게 관련 정보 통보 후, 필요한 서류를 함께 제출한다.

환자 발생 시 행동 원칙

■ 상황 판단

- 환자에게 승무원임을 알리고 환자 승객을 안심시킨다.
- 환자가 의식이 있는 경우, 도움이 필요한지를 직접 확인하고, 의식이 없는 경우 도움이 필요하다는 동의를 받은 것으로 간주하여 도움을 제공한다. 단, 환자의 나이가 어리거나 정신적으로 혼란한 경우, 부모나 보호자를 통해 도움이 필요한지의 여부를 확인하도록 한다.
- 환자나 주변 승객들을 통해 질병 발생 당시의 상황을 다양한 질문을 통해 확인하고, 본인 소지의 의약품이 있는지, 기저 질환이 있었는지 등을 확인하여 환자에 대한 의학 정보를 수집한다. 의식이 없는 환자의 경우, 승무원은 승객과 다른 승무원이 볼 수 있는 공개적인 장소에서 승객의 소지품을 검사하여 환자의 신분증 및 의약품 소지 여부를 확인하여 정보를 획득한다.
- 승객의 목이나 손목 등의 신체 또는 승객의 소지품에 승객 질병에 관한 정보가 제공되는 '의사 소견서(Medical Alert Emblem)' 등이 있는지 확인한다.

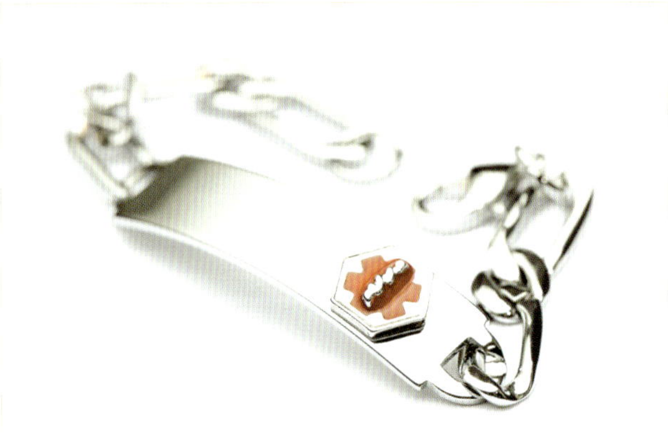

▲ Medical Alert Emblem

■ Communication

- 환자를 최초로 발견한 승무원이 구두나 비상 신호를 통해 다른 승무원들에게 도움을 요청한다.
- 객실 사무장은 즉시 기장에게 환자 발생 내용을 통보하여 환자 승객 처리 절차에 대한 제반 업무에 관해 협의한 후, 필요시 Doctor Paging을 실시하여 의료진의 도움을 요청

하거나 지상에 요청하여 전문가에게 의학적 자문을 구한다.

■ ABC Survey

- ABC Survey란 승무원이 실시하는 응급처치의 기본 단계로서, 이를 통해 질병의 위급성 여부를 파악하는 데 이용한다.
- Airway(A)는 기도가 잘 유지되는지를 파악하는 단계이며, Breathing(B)은 호흡을 하고 있는지를 파악하는 단계이고, Circulation(C)은 심장이 뛰고 있는지 혹은 출혈이 심각한지의 여부를 파악하는 단계이다. 즉, ABC Survey는 환자의 기도(A), 호흡(B), 심장(C) 운동을 확인하는 절차를 나타내는데, 이러한 의식 평가 결과에 따라 승무원은 필요한 응급처치를 시행할 수 있으며, 추가로 맥박 측정이 필요한 경우 기내에 비치된 자동혈압계를 이용할 수 있다.

■ Secondary Survey

- 환자의 상태가 위급하지 않은 경우, 심각한 상황으로 진행되지 않도록 질병이나 부상의 악화 가능성을 미연에 방지하기 위한 절차를 Secondary Survey라고 하며 절차에 따라 환자 승객을 응대한다.
- 먼저 환자 및 주변 승객과 면담을 통해 환자에 대한 의학 정보를 수집하고, 환자의 활력징후(맥박, 호흡, 체온, 혈압)를 반드시 관찰해야 하며, 정상 수치를 벗어난 경우 즉시 응급처치를 실시해야 한다.

활력징후	정상 상황	비정상 상황
맥박	60~100회/분	빠르거나 느리다. 약하거나 불규칙적이다.
호흡	12~20회/분	빠르거나 느리다. 얕거나 거칠고 힘들게 숨을 쉰다.
체온	36.5~37.2도	높거나 낮다.
혈압	90~140/60~90mmHg	높거나 낮다.

- 환자의 상처나 질병, 건강 상태를 계속해서 지속적으로 모니터링하여 확인하고, 시간에 따라 응급처치 내용을 순서별로 기록해야 한다.

(2) 감염병 의심 환자 발생 시

승객이나 객실 승무원 중 고열, 구토, 지속적 설사, 지속적 기침, 호흡곤란, 비정상적인 출혈, 피부 발진 중 한 가지 이상의 증세를 보일 경우 감염병을 의심하여 처리 절차에 의거하여 행동한다. 비행 중 위와 같은 증세의 감염병 의심 환자 발생 시 기장에게 우선 보고하고 Doctor Paging을 실시하거나 지상에 도움을 요청한다. 감염병 의심 환자는 좌석의 여유가 있는 경우, 다른 승객과 가능한 한 멀리 떨어지게 착석하도록 좌석을 재배정하고, 이후 운송 직원에게 원래 좌석과 재배정 좌석을 모두 알려 준다. 객실 사무장은 감염병 의심 환자를 돌보는 객실 승무원을 지정하여 전담하도록 하고, 감염병 의심 환자가 전용으로 사용할 수 있는 화장실을 지정하여 다른 승객이 사용하지 못하도록 하며, 그럴 수 없는 경우에는 환자 승객이 화장실 사용 후 수도꼭지나 화장실 손잡이 등을 비누를 이용하여 닦아내도록 한다.

mariyaermolaeva / Shutterstock.com

감염병 의심 환자에게는 마스크를 제공하여 기침 시 착용하도록 권유하지만, 마스크가 없거나 마스크로 호흡이 곤란한 승객의 경우, 티슈를 제공하여 코와 입을 가리도록 안내하고, 해당 승객이 사용한 티슈는 따로 모아 두도록 요청하여 추후 승무원이 수거할 수 있도록 한다.

동반 승객이 있을 시 비슷한 증상이 있는지 물어보고, 환자 승객의 앞뒤 3열 승객들의 연락처를 수집하고, 목적지 도착 후 객실 사무장은 해당 승객 관련 정보 지상 직원에게 통보 후, 목적지 검역법에 의거하여 처리되도록 한다.

(3) 사망 환자 발생 시

비행 중 사망자가 발생하면 객실 사무장은 즉시 기장에게 통보하고 GD(General Declaration) 'Health Declaration'란에 관련 내용을 최대한 자세히 작성한다. 환자 인원수, 성별, 나이, 증상, 출발지, 비행 중 환자가 취식한 음식의 내용 등을 기입하여 도착지 공중 보건기구에서 요청할 경우 제출한다. 객실 승무원은 공식적으로 사망을 인정할 자격이 없으며, 의료 인가권자인 의사, 치과의사, 한의사만이 승객에 대한 사망 선고를 내릴 수 있다. 만약 기내에서 사망 선고가 이루어지지 않으면 해당 승객은 의식이 없는 상태로 간주되므로 항공기가 목적지에 도착할 때까지 적절한 응급처치를 계속해야 한다. 반면 자격이 있는 의료 인가권자에 의해 기내에서 승객의 사망이 선고될 경우, 해당 의료 인가권자와 회사의 종합통제부의 합의에 의해 목적지까지 비행을 계속할 수 있으며, 다른 나라로 입국 시 가능한 한 빨리 현지 공중보건 기관에 사망 승객의 발생 여부를 통보해야 한다.

기내에서 사망자가 발생한 경우, 객실 승무원은 불필요하게 승객의 사망 사실을 다른 승객에게 알릴 필요는 없으며, 사망자는 좌석에 앉힌 상태에서 좌석 벨트를 묶고 담요로 덮어 두며, 주변에 착석한 주변 승객들은 가능한 한 다른 지역으로 이동시킨다. 사망자가 좌석 이외의 공간에서 사망한 경우를 제외하고는 그 승객을 다른 곳으로 옮겨서는 안 되며 도착 후 현지 의료 인가권자의 허락이 있을 때까지 사망자를 이동해서도 안 된다. 항공기가 목적지에 도착하면 객실 사무장은 사망 승객을 구급차를 이용하여 조치되도록 하고, 사망자의 개인 소지품을 도착지 공항 지점장에게 전달하도록 한다.

▲ 기내 사망 환자 처리 방법

2) 인수인계

Door Open 후 운송 직원에게 중요 승객이나 특별 승객의 정보를 알려 주고 동시에 검역이나 세관의 하기 절차가 필요한지도 확인한다.

3) 하기 안내 방송

객실 사무장은 Step Car가 연결되거나 기타 필요한 경우라고 판단될 경우 하기 시작 안내 방송을 실시할 수 있으며, 기내에 응급 환자가 발생했거나 연결 편 승객의 우선 하기가 필요한 경우 승객 협조 요청 방송을 실시할 수 있다.

연결 편 승객 우선 하기 협조 요청 방송

안내 말씀 드리겠습니다.
계속해서 ○○○(도시명)까지 가시는(/연결 편으로 갈아타시는) 손님들께서는 오늘 연결 편 탑승 시간이 촉박한 관계로 터미널에 도착하시면 먼저 내리셔서 저희 지상 직원의 안내를 받으시기 바랍니다.
다른 손님들께서는 별도의 안내가 있을 때까지 자리에서 잠시만 기다려 주시기 바랍니다.

(연결 편 승객 하기 후)
손님 여러분,
지금부터 내려 주시기 바랍니다.
기다려 주셔서 감사합니다. 안녕히 가십시오.

그 밖에 특정 Station에 한해서 사전 여권 검사에 대한 안내 방송, 엔진 정지 후 Gate로의 Towing 안내 방송, 지상 주행(Taxiing) 중 도착 및 이륙 지연 안내 방송, 공항 Bus 지연 도착 안내 방송 등을 사무장 판단하에 필요시 실시할 수 있다.

3. 객실 확인

1) CL

객실 사무장은 비행 중 CL(Cabin Log)에 작성한 객실 결함 사항에 대해 가능한 경우 객실 정비사에게 구두로 자세한 내용을 다시 한 번 브리핑한다. 정확한 결함 내용 및 Trouble Shooting 횟수와 방법 등에 대해 설명하고, 비행 중 해결되지 않았던 문제점에 대해 전달한다. 비행 중 객실 결함으로 인하여 특별히 고객에게 불편을 끼쳤거나, 결함 관련 고객의 불만 사항이 발생했던 경우에는 CL을 통해 객실 정비사에게 즉시 전달해 다음 비행 편 전까지 시정될 수 있도록 조치하고, 객실 사무장은 사안에 따라 Cabin Report나 General Report를 통해 회사에 보고한다.

2) 잔류 승객 확인

모든 승객의 하기가 끝나면 각 승무원은 담당 구역별로 기내 보안 점검을 실시한다. 이때 Lavatory, Coatroom, Overhead Bin을 모두 Open한 상태로 잔류 승객 유무 등을 확인하고, 이상 유무를 객실 사무장에게 보고한다.

Crew Rest Area 담당 승무원은 Crew Rest Area 내의 잔류 승객 여부를 꼼꼼히 점검한 후 객실 사무장에게 보고한다.

객실 사무장은 기내를 순시하면서 최종적으로 이상 유무를 확인한다.

3) 유실물 확인

승객 하기 완료 후 제일 먼저 유실물 점검을 실시해야 하며, 특별히 상위 클래스의 경우에는 지상 조업이 시작되기 전에 유실물 점검이 완료되어야 한다.

유실물 점검 시 좌석 주변과 Seat Pocket을 먼저 점검하고, Overhead Bin, Coatroom 등을 모두 Open하여 내부를 육안으로 확인한다.

4. 디브리핑

비행을 마친 모든 객실 승무원은 정해진 시점 및 장소에서 객실 사무장이 주관하는 디브리핑(Debriefing)에 참석해야 한다. 원칙적으로는 매 비행 종료 시마다 객실 전방 혹은 Shipside에서 실시한다. 단, 2개 구간 이상의 근무를 같은 날짜에 실시할 경우에는 당일 최종 근무 FLT(Flight), 국제선의 경우에는 Inbound FLT에 한해서 실시 가능하다. 객실 승무원은 디브리핑에 참석 시 비행 중 특이 사항 위주로 객실 사무장에게 보고한다.

객실 사무장은 비행 중 발생한 특이 사항 관련하여 객실 승무원과 정보를 공유해야 하는데 각 클래스별로 특이 사항 여부를 확인하고 공통적인 내용에 대해서는 함께 확인한다. 가령 Skypass 신청서나 기내 판매 사전 주문서 등과 같은 기내 접수 서류의 총개수 확인, Cabin Squawk 사항에 대한 CL 기재 여부, 전자우대 할인권 발급 여부, 기내 환자 및 부상 승객 발생 여부 및 처리 내역, 불만 승객 발생 여부 및 처리 내역, 기내 난동 승객 발생 내역, Meal을 비롯한 SVC Item 관련 특이 사항, 승객 좌석 배정 관련 특이 사항, 기내 분실물 발생 여부 및 처리 내역, VIP/CIP 등 주요 승객 서비스 내역 등의 특이 사항에 대해 정보를 공유하고 처리 내역을 확인한다.

또한, PIC는 비행 종료 후, 운항/객실 승무원 간 객실 전방 또는 Gate 입구에서 합동 디브리핑을 실시한다. 특이 사항이 없는 경우에는 PIC의 판단하에 사무장과의 디브리핑으로 대체할 수 있다.

합동 디브리핑의 내용은 비행 중 발생한 안전 및 보안 관련, 상호 확인이 필요한 사항(항공기 결함 관련 사항, 기내 불법 행위, 기내 응급 환자 발생 또는 비행 중 난기류에 의한 부상자 관련 사항), 그리고 기타 운항/객실 승무원 간 상호 확인이 필요한 사항(국내외 관계기관으로부터 안전/보안 수검 시, 항공기 운항 관련 고객불만 사항 등)이다.

1) 기내식 이물질

기내식 이물질 발견 시 우선 해당 승객에게 불편 사항에 대해 즉시 사과하고, 새로운 Item 및 기내식으로 교체하여 제공한 후 취식 만족도를 체크하여 적절한 Recovery SVC가 이루어지도록 한다. 이물질을 발견했거나 기내식의 상태가 불량하여 회수된 식사 Tray는 다른 동료가 구분할 수 있도록 명확하게 분리하여 보관하도록 하며, 관련 내용을 객실 사무장에게 보고하고 이후 해당 승객에게 식음료 제공 시, 서비스 제공에 특별히 주의하여 추가적인 불만이 발생하지 않도록 한다.

객실 사무장은 필요시 해당 승객에게 추가로 사과하고, 다른 승객의 기내식에는 같은 이물질이 발견된 사례가 없는지 해당 구역 담당 승무원을 통해 확인한다. 회수된 기내식은 모기지에 도착하여 Catering 담당 부서에 전달하고, Cabin Report를 통해 해당 사진을 첨부하여 회사에 보고한다.

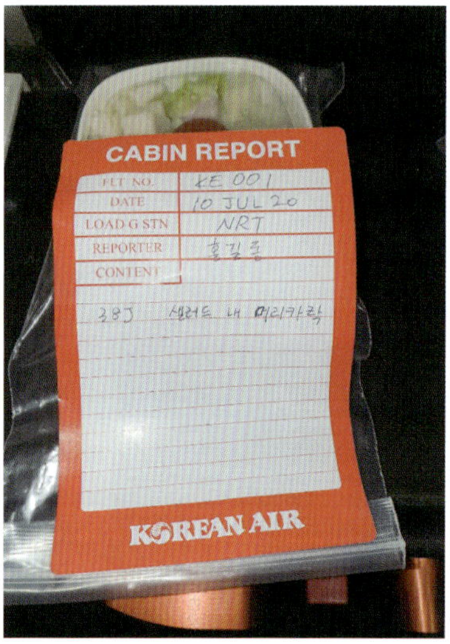

▲ 이물질 발견 시 처리 예

5. 도착 후 보고

객실 승무원은 근무 중 발생하는 비정상 상황이나 사고와 같은 비상사태를 포함하여 항공기 운항에 영향을 미칠 수 있는 사항, 잠재적 안전 저해 요소, 기타 절차 개선, 재발 방지, 현장 시정, 승객 관리 등 일련의 사후 조치가 필요한 사항에 대하여 보고해야 한다.

비행 중 비상 탈출, 테러 위협, 화재, 기내 사망을 포함한 응급 환자 발생 등 모든 긴급 상황과 관련된 상황은 즉시 기장에게 보고되어야 하며, 객실 사무장은 항공기 사고, 항공기 준사고 등 중요하고 긴급한 안전 관련 보고 사항에 관하여 종합통제부와 객실안전팀 등의 유관 부서에 가능한 경우 유선으로 보고하고, 비행 종료 후에 최대한 빨리 관련 보고서를 작성하여 제출해야 한다. 보고는 Cabin Report, General Report, SafeNet, 기내 불법 방해 보고서 등을 이용하되 해당 보고서의 지침에 따라 자세히 보고한다.

1) Cabin Report

승객과 연관된 불만, 제언 및 비정상 상황, 혹은 승객과 연관되지는 않지만 유관 부서의 참고 및 후속 조치가 필요한 사항에 대해 객실 사무장이 작성하는 보고서이다.

2) General Report

Cabin Report의 보고 사안을 제외한 모든 필수 보고 사항으로 스케줄 변경이나, CD (Compensation Day-off. 보상 휴무일) 신청, 승무원 해외 진료 등과 관련된 승무 지원 내용 혹은 Cleaning Coupon 지급 내역에 관해 작성하는 보고서다.

3) SafeNet

SafeNet에 보관해야 하는 객실안전보고서(Cabin Safety Report: CSR)의 항목은 법적 의무 보고 항목과 법적 의무 보고 항목 외 주요 보고 항목으로 크게 두 가지로 구분되며, 이 중 법적 의무 보고 항목은 반드시 빠른 시간 내에 제출해야 한다. 특히 항공기 사고와 준사고에 해당하는 경우는 즉시 보고해야 하며 항공 안전 장애의 경우 발생 시점으로부터 72시간 내에 보고해야 한다. 객실 사무장은 SafeNet을 작성할 때, 비행 정보나 관련자 정보 등의 필수 입력 사항을 정확히 입력하고, 만약 SafeNet 접속이 용이하지 않거나 보고서 제출 전 선 보고가 필요할 경우에는 회사 담당자에게 유선으로 먼저 보고해도 무방하다. 보고서는 제출 후 신뢰성 유지 차원에서 수정이 불가하므로 제출 전 반드시 내용을 철저히 확인한 후 제출하도록 한다.

TIP

SafeNet

항공 관련 비정상 상황(사고 포함)에 대해 법적으로, 의무적으로 보고해야 하는 웹사이트이다.

(1) 항공기 사고

사람이 비행을 목적으로 항공기에 탑승했을 때부터 탑승한 모든 사람이 항공기에서 내릴 때까지 항공기의 운항과 관련하여 사람의 사망, 중상 또는 행방불명, 항공기의 파손 또는 구조적 손상, 항공기 위치가 파악되지 않거나 항공기 접근이 불가능한 경우 등이 발생한 경우로서 국토교통부령으로 정하는 것을 일컫는데(항공안전법 제2조), 승객 또는 승무원의 골절, 2도 혹은 3도 화상, 찢어진 상처로 인한 심한 출혈, 전염 물질이나 유해 방사선에 노출된 경우, 신경/근육/힘줄/내장의 손상 등의 경우 항공안전법상 중상에 해당되므로 '항공기 사고'로 분류된다.

사고 보고(Reporting of Accident)

(운항기술기준 8.1.8.16)

가. 항공운송사업자, 항공기사용사업자 또는 항공기의 소유자 등은 소속 운항승무원 등이 항공법 제2조 제13호에 따른 항공기 사고를 발생시키거나 발생한 것을 알게 된 때에는 다음 각 목의 구분에 따라 즉시 보고하여야 한다.

1) 국제항공운송사업자: 국토교통부장관

2) 국제항공운송사업자 이외의 항공운송사업자, 항공기사용사업자 또는 항공기의 소유자 등: 지방항공청장

나. 기장은 자신이 책임을 지고 있는 비행중에 발생한 사고에 대하여 국토교통부장관에게 이를 보고하여야 한다.

다. 기장은 조난상태에 있는 항공기, 선박 등(이하 '조난항공기 등'이라 한다)을 발견한 경우에는 특별한 사유가 없는 한, 다음 각 호의 조치를 취하여야 한다. 다만, 이러한 조치가 불합리하거나 불필요하다고 판단되는 경우에는 그러하지 아니하다.

1) 조난항공기 등의 사고지점을 지속적으로 관찰(다만, 수색구조팀 등에 의하여 조난 항공기 등의 구조가 개시되는 등 더 이상 잔류 필요성이 없는 경우는 제외한다)

2) 조난 항공기등의 위치 확인

3) 다음의 각 목의 정보를 구조조정본부 또는 항공교통업무기관에 통보

가) 조난 항공기 등의 종류, 식별부호 및 상태

나) 지리적 좌표로 표현된 위치 또는 지상 참조물이나 항행안전시설로부터의 거리와 진방위로 표시된 위치

다) 목격된 국제표준시각(UTC)

라) 목격된 사람의 수

마) 탑승객의 조난 항공기 등 포기(이탈) 여부

바) 현장 기상상태

사) 생존자의 외관상 신체적 상태

아) 조난위치로의 최상의 접근경로

4) 구조조정센터 또는 항공교통업무기관의 지시에 의한 조치

(2) 항공기 준사고

항공기 사고로 발전할 수 있는 경우로서 비행 중 비상용 산소를 사용해야 하는 감압 등의 상황이나 객실이나 화물칸에서 화재 혹은 연기가 발생한 경우 등을 일컫는다.

준사고 등 보고(Reporting of Serious Incidents)
(운항기술기준 8.1.8.15)

가. 항공운송사업자, 항공기사용사업자 또는 항공기의 소유자 등은 소속 운항승무원 등이 항공법 제49조의 3 및 시행규칙 제144조에 따라 시행규칙 별표 5의 항공기준사고를 발생시키거나 발생한 것을 알게 된 때에는 다음 각 목의 구분에 따라 즉시 보고하여야 한다.
  1) 국제항공운송사업자: 국토교통부장관
  2) 국제항공운송사업자 이외의 항공운송사업자, 항공기사용사업자 또는 항공기의 소유자 등: 지방항공청장

나. 기장은 항공기에 탑재된 위험물을 포함한 비행 중 비상상황이 발생하였을 때에는 상황이 허용할 경우 해당 항공교통관제기관에 이를 알려야 한다.

다. 항공기 내에서 운항승무원 및 객실승무원에 대한 불법방해 행위가 발생하였을 때에는 이를 지체 없이 해당 국가 및 국토교통부장관에게 보고하여야 한다.

(3) 항공안전장애

항공기 운항 및 항해 안전 시설과 관련하여 항공 안전에 영향을 미치거나 미칠 우려가 있었던 것으로서 운항 중 임무 중인 객실 승무원이 부상을 당한 경우, 운항 중 화재 경보 시스템이 작동한 경우, 운항 중 화재 경보 시스템이 오작동한 경우, 운항 중 비정상적으로 항공기의 문이 열린 경우, 객실 조리기구 및 설비 또는 휴대전화기 등 탑승자의 물품에서 경미한 화재나 연기가 발생한 경우, 비상탈출을 위한 시스템이나 구성품 혹은 탈출용 장비가 고장 및 결함 혹은 기능 장애 및 비정상적으로 전개한 경우, 운항 중 항공기의 구성품 또는 부품의 고장으로 조종실 또는 객실에 연기나 증기 및 중독성 유해가스가 축적되거나 퍼지는 현상이 발생한 경우, 운항 중 비상 시스템 구성품 또는 탈출용 장비가 고장 및 결함 혹은 기능 장애 및 비정상적으로 전개한 경우, 항공기 운항 관련 직무를 수행하는

객실 승무원의 신체 및 정신 건강 혹은 심리 상태 등의 이유로 출발지 공항으로 회항하거나 목적지 공항이 아닌 공항에 착륙하여 해당 객실 승무원의 교체 또는 하기를 수행하는 경우 등이 이에 해당한다. 이 밖에 항공 안전을 해칠 우려가 있는 절차나 제도 등이 발견된 경우는 '경미한 항공 안전 장애'로 구분하기도 한다.

항공안전장애 보고(Reporting of Incidents)
(운항기술기준 8.1.8.13)

항공운송사업자, 항공기사용사업자 또는 항공기의 소유자 등은 소속 운항승무원 등이 항공기를 운영하는 과정 중 항공법 제49조의 3 및 시행규칙 제144조에 따라 시행규칙 별표 6의 항공안전장애를 발생시키거나 발생한 것을 알게 된 때부터 72시간 이내(시행규칙 별표 6 제43호 및 제44호의 경우에는 즉시 보고하여야 한다)에 다음 각 호의 구분에 따라 보고하여야 한다.

가. 국제항공운송사업자: 국토교통부장관

나. 국제항공운송사업자 이외의 항공운송사업자, 항공기사용사업자 또는 항공기의 소유자 등: 지방항공청장

4) 보고에 관한 법률

보고에 관련된 법률은 다음과 같은 사항에 따른다.(항공안전법 제59조/제61조, 시행규칙 제134조/135조, 운항기술기준 8.1.8.13/8.1.8.15/8.1.8.16)

항공안전 의무 보고
(항공안전법 제59조)

① 항공기사고, 항공기준사고 또는 항공안전장애 중 국토교통부령으로 정하는 사항(이하 '의무보고 대상 항공안전장애'라 한다)을 발생시켰거나 항공기사고, 항공기준사고 또는 의무보고 대상 항공안전장애가 발생한 것을 알게 된 항공종사자 등 관계인은 국토교통부장관에게 그 사실을 보고하여야 한다. 다만, 제33조에 따라 고장, 결함 또는 기능장애가 발생한 사실을 국토교통부장관에게 보고한 경우에는 이 조에 따른 보고를 한 것으로 본다. <개정 2019. 8. 27.>

② 국토교통부장관은 제1항에 따른 보고(이하 '항공안전 의무보고'라 한다)를 통하여 접수한 내용을 이 법에 따른 경우를 제외하고는 제3자에게 제공하거나 일반에게 공개해서는 아니 된다. <신설 2019. 8. 27.>

③ 누구든지 항공안전 의무보고를 한 사람에 대하여 이를 이유로 해고·전보·징계·부당한 대우 또는 그 밖에 신분이나 처우와 관련하여 불이익한 조치를 취해서는 아니 된다. <신설 2019. 8. 27.>

④ 제1항에 따른 항공종사자 등 관계인의 범위, 보고에 포함되어야 할 사항, 시기, 보고 방법 및 절차 등은 국토교통부령으로 정한다. <개정 2019. 8. 27.>

항공안전 의무보고의 절차
(항공안전법 시행규칙 제134조)

① 법 제59조 제1항 본문에서 '항공안전장애 중 국토교통부령으로 정하는 사항'이란 별표 20의 2에 따른 사항을 말한다. <신설 2020. 2. 28.>

② 법 제59조 제1항 및 법 제62조 제5항에 따라 다음 각 호의 어느 하나에 해당하는 사람은 별지 제65호 서식에 따른 항공안전 의무보고서 또는 국토교통부장관이 정하여 고시하는 전자적인 보고방법에 따라 국토교통부장관 또는 지방항공청장에게 보고해야 한다. <개정 2020. 2. 28.>

1. 항공기사고를 발생시켰거나 항공기사고가 발생한 것을 알게 된 항공종사자 등 관계인
2. 항공기준사고를 발생시켰거나 항공기준사고가 발생한 것을 알게 된 항공종사자 등 관계인
3. 법 제59조 제1항 본문에 따른 의무보고 대상 항공안전장애(이하 '의무보고 대상 항공안전장애'라 한다)를 발생시켰거나 의무보고 대상 항공안전장애가 발생한 것을 알게 된 항공종사자 등 관계인(법 제33조에 따른 보고 의무자는 제외한다)

③ 법 제59조 제1항에 따른 항공종사자 등 관계인의 범위는 다음 각 호와 같다. <개정 2020. 2. 28.>

1. 항공기 기장(항공기 기장이 보고할 수 없는 경우에는 그 항공기의 소유자 등을 말한다)
2. 항공정비사(항공정비사가 보고할 수 없는 경우에는 그 항공정비사가 소속된 기관·법인 등의 대표자를 말한다)
3. 항공교통관제사(항공교통관제사가 보고할 수 없는 경우 그 관제사가 소속된 항공교통관제기관의 장을 말한다)

4.「공항시설법」에 따라 공항시설을 관리·유지하는 자

5.「공항시설법」에 따라 항행안전시설을 설치·관리하는 자

6. 법 제70조 제3항에 따른 위험물취급자

7.「항공사업법」 제2조 제20호에 따른 항공기 취급업자 중 다음 각 호의 업무를 수행하는 자

가. 항공기 중량 및 균형관리를 위한 화물 등의 탑재관리, 지상에서 항공기에 대한 동력지원

나. 지상에서 항공기의 안전한 이동을 위한 항공기 유도

④ 제2항에 따른 보고서의 제출 시기는 다음 각 호와 같다. <개정 2020. 2. 28.>

1. 항공기사고 및 항공기준사고: 즉시

2. 항공안전장애:

가. 별표 20의 2 제1호부터 제4호까지, 제6호 및 제7호에 해당하는 의무보고 대상 항공안전장애의 경우 다음의 구분에 따른 때부터 72시간 이내(해당 기간에 포함된 토요일 및 법정공휴일에 해당하는 시간은 제외한다). 다만, 제6호 가목, 나목 및 마목에 해당하는 사항은 즉시 보고해야 한다.

1) 의무보고 대상 항공안전장애를 발생시킨 자: 해당 의무보고 대상 항공안전장애가 발생한 때

2) 의무보고 대상 항공안전장애가 발생한 것을 알게 된 자: 해당 의무보고 대상 항공안전장애가 발생한 사실을 안 때

나. 별표 20의 2 제5호에 해당하는 의무보고 대상 항공안전장애의 경우 다음의 구분에 따른 때부터 96시간 이내. 다만, 해당 기간에 포함된 토요일 및 법정공휴일에 해당하는 시간은 제외한다.

1) 의무보고 대상 항공안전장애를 발생시킨 자: 해당 의무보고 대상 항공안전장애가 발생한 때

2) 의무보고 대상 항공안전장애가 발생한 것을 알게 된 자: 해당 의무보고 대상 항공안전장애가 발생한 사실을 안 때

다. 가목 및 나목에도 불구하고, 의무보고 대상 항공안전장애를 발생시켰거나 의무보고 대상 항공안전장애가 발생한 것을 알게 된 자가 부상, 통신 불능, 그 밖의 부득이한 사유로 기한 내 보고를 할 수 없는 경우에는 그 사유가 해소된 시점부터 72시간 이내

항공안전 자율보고

(항공안전법 제61조)

① 누구든지 제59조 제1항에 따른 의무보고 대상 항공안전장애 외의 항공안전장애(이하 '자율보고대상 항공안전장애'라 한다)를 발생시켰거나 발생한 것을 알게 된 경우 또는 항공안전위해요인이 발생한 것을 알게 되거나 발생이 의심되는 경우에는 국토교통부령으로 정하는 바에 따라 그 사실을 국토교통부장관에게 보고할 수 있다. <개정 2019. 8. 27.>

② 국토교통부장관은 제1항에 따른 보고(이하 '항공안전 자율보고'라 한다)를 통하여 접수한 내용을 이 법에 따른 경우를 제외하고는 제3자에게 제공하거나 일반에게 공개해서는 아니 된다. <개정 2019. 8. 27.>

③ 누구든지 항공안전 자율보고를 한 사람에 대하여 이를 이유로 해고·전보·징계·부당한 대우 또는 그 밖에 신분이나 처우와 관련하여 불이익한 조치를 해서는 아니 된다.

④ 국토교통부장관은 자율보고대상 항공안전장애 또는 항공안전위해요인을 발생시킨 사람이 그 발생일부터 10일 이내에 항공안전 자율보고를 한 경우에는 고의 또는 중대한 과실로 발생시킨 경우에 해당하지 아니하면 이 법 및 「공항시설법」에 따른 처분을 하여서는 아니 된다. <개정 2019. 8. 27., 2020. 6. 9.>

⑤ 제1항부터 제4항까지에서 규정한 사항 외에 항공안전 자율보고에 포함되어야 할 사항, 보고 방법 및 절차 등은 국토교통부령으로 정한다.

APPENDIX

부록

객실 안전브리핑

비상구 위치와 비상장비 사용법에 대해 안내해 드리겠습니다.

비행기의 비상구는 좌우에 각각 있으며, 비상 시에는 승무원이 안내하는 비상구로 이동하여 승무원의 지시에 따라 탈출하시기 바랍니다.

난기류 관련 Chime이 울리거나 승무원 안내방송 시에는 반드시 좌석벨트를 매주십시오.

벨트는 버클을 끼워 허리 아래로 내려서 조여 주시고 풀 때는 덮개를 들어올리면 됩니다.

산소 마스크는 선반 속에 있으며 산소 공급이 필요한 비상시에 저절로 내려옵니다.

마스크가 내려오면 앞으로 잡아당겨 코와 입에 대시고 끈으로 머리에 고정해 주십시오.

여러분의 좌석(또는 팔걸이)아래에 있는 구명복은 비행기가 바다에 내렸을 경우 사용하시게 됩니다.

■ 객실 안전 브리핑(앞면)

착용하실 때는 머리 위에서부터 입으시고, 끈을 몸에 맞도록 조절해 주십시오.

구명복은 기내에서 부풀지 않도록 유의해 주시고, 부풀릴 때는 탈출 직전 비상구 앞에서 구명복 아래에 있는 손잡이를 당기시면 됩니다.

충분히 부풀지 않을 때는 구명복 위쪽에 있는 고무관을 힘껏 불어 주십시오.

비행기가 바다에 내렸을 경우 비상구에 장착된 탈출 미끄럼대를 구명 보트 또는 부유물로 사용하실 수 있으니, 비상탈출 시에는 승무원의 안내에 따라 사용해 주시기 바랍니다.

아울러 비행기내에서의 흡연은 엄격히 금지돼 있음을 알려드립니다.

감사합니다.

■ 객실 안전 브리핑(뒷면)

경 고 !

귀하는 승무원의 정당한 업무를
방해하고 있습니다.
이는 항공 안전 및 보안에 관한 법률에서 명시한
위법행위이며, 동법에 의거하여
법적 처벌을 받을 수 있습니다.
승무원의 지시에 따라 즉시 중단하여
주십시오.

- 항공 안전 및 보안에 관한 법률이 금지하고 있는 기내업무 방해행위는 다음과 같습니다.
  (항공 안전 및 보안에 관한 법률 제23호)

  1. 폭언, 고성방가등 소란행위
  2. 기내 흡연
  3. 주류나 약물을 음, 복용하고 타인에게 위해를 초래하는 행위
  4. 성적 수치심을 유발하는 행위
  5. 기내 사용 금지 전자기기를 사용하는 행위
  6. 당사의 허락없이 조종실 출입을 기도 하는 행위
  7. 항공기내에서 폭행, 협박 또는 위계행위로 승무원의 정당한 직무 집행을 방해하여 항공기와 탑승객의 안전 운항이나 여행에 위협을 유발한 경우

- 경고후 기내업무 방해행위가 지속될 경우 저희 승무원에 의해 공항 경찰에 인계 될 수 있으며 법적 처벌을 받게 됩니다. (징역 및 벌금형)

- 손님의 행위와 관련하여 당사가 취한 일련의 조치에 의해 당사에 손해가 발생하였을 경우 그 일체의 배상을 손님에게 청구합니다.

NOTICE !

Interference on board an aircraft
will not be tolerated.
Your behavior may be in violation
of the Aircraft Safety & Security Act.
Please follow the instructions
of the cabin crew.

- **Examples of interference**
  (Aircraft Safety & Security Act 23)

  1. Verbal abuse / Physical Assault
  2. Disregard of smoking regulations
  3. Intoxicated and disorderly conduct
  4. Sexual harassment
  5. Operation of an electronic device when prohibited
  6. Attempt to enter cockpit without the permission of KAL
  7. Threatening, Intimidating, or interference with flight crews or any other individuals.

- If you do not refrain from these activities, you will be prosecuted.
  Aircraft Safety & Security Act.
  penalties for interfering such as the above (those stated above), to include substantial fines, imprisonment or both.

- If any damages are incurred by KAL as a result of measures taken in relation to your behaviour, such as returning to the port of embarkation, compensation will be demanded in full.

■ 경고장(한국어, 영어)

警告！

あなたは、乗務員の正当な業務を
妨害しています。
これは 航空機の安全及び
保安に関する法律に
明示されている違反行為であり、
法による処罰を受けることが
あります。
乗務員の指示に従い、直ちに
妨害行為をおやめください。

● 航空機の安全及び保安に関するにより
禁じられている妨害行為は、次のとおりです。
(航空機の安全及び保安仁関する法律 第23條)

1. 暴言、大声で騒いだり、歌を歌ったりする騒乱行為
2. 機内での喫煙
3. アルコール類又は薬物を飲用、服用して他人に危害を及ぼす行為
4. 性的いやがらせ
5. 機内で使用が禁止されている電子機器の使用
6. 当社の許可なく操縦室に入ろうとする行為
7. 航空機内における、暴力、脅迫または、危険な行為により、乗務員の正常な業務遂行を妨害し、航空機と乗客の安全を脅かす行為

● 警告後も機内業務妨害が続く場合、当社乗務員により司法当局に引き渡され、法的処罰を受けることがあります。（禁固刑、罰金刑）

● お客様の行為に関連して当社が取った措置によって、当社に損害が発生した場合、その一切の賠償をお客様に請求いたします。

警告！

您正在妨碍乘务员的正常业务！

这是航空安全及安保法所明示的违法行为。

应根据此法律给予处罚。

听从乘务员的指示，立刻停止您的非法行为！

● 航空安全及安保法禁止如下妨碍机内业务的行为
（航空安全及安保法第 23 条）

1. 粗暴言行、高声放歌等喧闹行为。
2. 机内吸烟。
3. 饮用酒类或药物，给他人造成危害。
4. 流氓行为（ 性丑行 ）
5. 不经本公司许可，机内使用手机、收音机、电子游戏机等电子产品。
6. 不经机长许可企图出入操纵室。
7. 在运航中的机内以暴力、威胁等违戒行为妨碍乘务员正常工作，给飞机的安全运航及乘客的旅行造成危险。

● 警告之后仍妨碍机内业务时，由我们乘务员移交给司法当局接受处罚。（禁固刑，罚金刑）

● 本公司因您的行为而采取的措施给本公司造成了损失时，将请您全部赔偿。

■ 경고장(일어, 중국어)

SEAL 번호 인계인수서

편명: KE 011 A/C type: 744L HL#: 7460 날짜: 2020. 6. 25.

※ 체크한 Seal 번호는 동그라미를 쳐서 체크 여부를 표시한다.

기내식			소모품		기물
			LIQ(Red Seal)	BEV, Dry Item	
5387021	5387031	5387041	1003317	3103105	7023896
5387022	5387032	5387042	1003318	3103106	7023897
5387023	5387033	5387043	1003319	3103107	7023898
5387024	5387034	5387044	1003320	3103108	7023899
5387025	5387035	5387045	1003321	3103109	7023900
5387026	5387036	5387046	1003322	3103110	7023901
5387027	5387037	5387047	1003323	3103111	7023902
5387028	5387038	5387048	1003324	3103112	7023903
5387029	5387039	5387049	1003325	3103113	7023904
5387030	5387040	5387050	1003326	3103114	7023905

추가 사용 Seal #	작업장	담당자	비고

※ Alert 3,2: 기내 탑재품의 Seal 번호가 리스트에 있는지 20% Random CHK(단, Alert 1에는 100% CHK)

확인 KE SPVR: ____________________ 사무장: ____________________

Seal 총수량: 113개 점검한 Seal 수량 ____________ 개

■ 국제선 Seal 체크리스트 양식

(제출용)

- 아래의 주문방식 중 한가지를 선택하여 작성 후 승무원에게 제출 하시기 바랍니다.
  Please check the one of the boxes, fill out the information below and submit it to the Cabin Crew.

☑ **기내 주문** (In-Flight Order)

좌석번호 Seat No	

☑ **예약 주문** (Pre-Order)

- 예약 주문에 체크하시는 분은 아래 사항을 기입해 주시기 바랍니다.
  If you would like to pre-order, please fill out the form below.

☐ 필수기입 Mandatory

성명 Name	국문 (Korean)			스카이패스 회원 번호 SKYPASS No.			
	영문 (English)						
생년월일 Date of Birth				연락처 Telephone No.			
탑승일 (현지 출발일 기준) Return Date	년 (Year)	월 (Month)	일 (Day)	탑승편명 Flight No.	KE	전달 희망 구간 Portion	→

- 기내 면세품을 예약 주문하신 대한항공 스카이패스 회원께는 기내 면세품 포인트를 적립하여 드립니다. 기내 면세품 포인트는 스카이패스 회원 가입 신청서 접수일 이후부터 적립됩니다. 고객님의 개인정보는 기내 면세품 포인트 적립 및 기내 면세품 판매 서비스를 제공하기 위한 용도로만 사용됩니다. (동의 여부를 체크해 주시기 바랍니다.) 예 ☐ 아니오 ☐
- In-flight shopping points will only be offered to SKYPASS members who used pre-order services. Points will only be accumulated after your application of SKYPASS membership is accepted. Your personal data will not be used for any other purposes besides accumulating your in-flight shopping points and managing customer relationships by Korean Air. Please check for agreement. Yes ☐ No ☐

- 탑승일정은 변경시 48시간 전에 연락 주시기 바랍니다.
  If you change your flight schedule, please let us know 48 hours prior to the departure time.
- 기내판매 품목 및 가격은 상품을 전달 받으시는 시점 기준으로 적용됨을 참고 하시기 바랍니다.
  The price of the items will be applicable at the time of delivery.
- 만 19세 미만은 주류를 구매하실 수 없습니다.
  Liquor is not available to passengers under the age of 19 for entering Korea.

품목 번호 Item No.	품 명 Item Description	주문수량 Order Quantity

☞ 도착지 공항에서 다른 비행 편으로 환승하십니까? (국내선으로 환승하는 경우 포함) 예 ☐ 아니오 ☐
Are you going to transfer to another flight? (Including domestic flight) Yes ☐ No ☐

접수자(Receiver)	편명/접수일자(FLT No./Date)

- 세관 신고 필요시간 부족으로 주문 상품이 탑재되지 않을 수도 있음을 안내해 드림 ☐
  Informed that pre-ordered item may not be loaded due to lack of time for customs declaration. ☐
- 기내 판매 품목 및 가격은 상품을 전달 받으시는 시점 기준으로 적용됨을 안내해 드림 ☐
  Informed that product price may be adjusted at the time of purchase. ☐

■ 기내 판매 귀국 편 사전 주문서 양식

WITNESS REPORT(목격자 진술서)

Flight No. ______________ Date(YYMMDD) _____/_____/_____ From/To __________/__________

1. 목격자 승객 정보(witness Information)

Name ______________ Seat No. ____________________

Email ______________ Cell Phone __________________

Address ____ Signature ______________________

2. 발생 시점 및 장소(Time & Location of incident)

Time Approx ______________:______________(Korean Standard Time)

Location ☐ Aisle ☐ Seat ☐ Door Side ☐ Galley ☐ Lavatory ☐ Others(____________________)

3. 업무 방해 행위 유형(Specific Outcome)

☐ 고성/분노(Violent Yelling/Rage Expression)
☐ 욕설/폭언(Verbal Abuse/Violent Language)
☐ 성희롱(Sexual Harassment/Assault)
☐ 항공기 점거 농성(Aircraft Illegal Occupation)
☐ 항공기 파손(Damage to Aircraft)
☐ 제반 규정 위반 행위(Violation of General Regulations)
☐ 승객 간 싸움(A Fight with Other Passengers)
☐ 기타(Others)
☐ 자해(Self Injury)
☐ 협박(Threatening)
☐ 폭행(Physical Assault)
☐ 흡연(Smoking)
☐ 무기 사용(Use of Weapon)
☐ Door 작동(Door Operation)
☐ 만취 난동(Alcohol-related Disturbances)

____

4. 발행 주요 원인(Specific Cause)

☐ 정신적 불안감(Sense of Uneasiness)
☐ 서비스 불만(Dissatisfaction with Service)
☐ 전자기기(Electronic Devices)
☐ 탑승권 확인(Boarding Pass)
☐ 기타(Others)
☐ 음주(Alcohol)
☐ 좌석 배정(Seating)
☐ 약물중독(Drug Related)
☐ 알 수 없음(Unknown)

____

5. 목격 상세 내용(Additional Comments)

____

____

____

____

____

■ 목격자 진술서 양식

Form Approved OMB No.1651-0021

DEPARTMENT OF HOMELAND SECURITY
U.S. Customs and Border Protection

1. Crew Member's Article No.

CREW MEMBER'S DECLARATION

19 CFR 4.7, 4.7a, 4.81, 122.83, 122.84, 148.61-67

Nr T 6969124

2. Carrier (Vessel Flag, Name)		3. Date of Arrival	4. Port of Arrival
5.Crew Member's Name	6. Rank	7. Date of Birth	
8. Address			

9. Answer Each Question:

A. Are you carrying any fruits, plants, meats, other plant or animal products, birds, snails, or other live organisms of any kind? ☐ Yes ☐ No

B. Have you been on a farm or ranch outside the U.S.A. in the last 30 days? ☐ Yes ☐ No

C. Are you carrying over $10,000 in monetary instruments, such as coin, currency, traveler's checks, money orders, or negotiable instruments in bearer form? (If yes, you must file a report on FinCen 105.) ☐ Yes ☐ No

INSTRUCTIONS
List all articles obtained abroad and prices paid or fair value if not purchased. Include serial number with all articles subject to registration such as cameras, radios, etc.

List articles to remain on board separately from those articles to be landed in the United States.

List separately articles intended for sale, barter, exchange, or carried by you as an accommodation for someone else.

See additional instructions and information on reverse.

I. To be filled in by Crew Member		**II. For CBP Officer's Use**			
Quantity and Description of Goods	Cost or Value of Gifts, etc.	Tariff Description	Value	Rate	Duty

I certify that the above statement is a just, true and complete account of all articles of foreign origin for which written declaration and entry are required when landed in the United States (defined on reverse side) and I also certify that this statement is a just, true, and complete declaration of all such articles which I am landing in the United States.		**TOTAL**	
10. CBP Officer Accepting Entry	11. Signature of Crew Member	12. Date	

RECEIPT FOR DUTY AND RELEASE SLIP **To be filled in by Crew Member**	Port	Crew Member's Article No.	
Name	Carrier	**Nr T** 6969124	
Repeat List of Articles to Be Landed (include serial numbers when appropriate)		**For CBP Officer's Use**	
		Date	Duty $
		Articles listed at left have been examined and passed	
		Pieces of Baggage Released:	
		of U.S. Customs and Border Protection	

The CBP officer accepting the declaration and entry shall draw lines through unused spaces on receipt with ink.
Notice: Liquidation of amount of duties and taxes, if any, due on this entry is effective on date of payment of this amount (Section 159.10, C.R.)
For importer's right to protest or Government's right to re-determine this amount, see section 514 Tariff Act of 1930 as amended.

CBP Form 5129 (02/01)

■ 승무원용 세관 신고서 양식(미국)

항공기 탑승 후 하기시 관련절차 안내	Guidelines for disembarking the aircraft after boarding	航空機搭乗後、降機する際のご案内	有关乘坐飞机后下机的程序指南
귀하는 항공기 탑승 후 자발적 의사로 하기할 경우 아래와 같은 절차를 따라야 함을 안내드립니다.	In case of voluntarily disembarking the aircraft after boarding, passengers are required to follow procedures as below:	航空機への搭乗後、ご自身の意思で降機される場合、次の手順に従って頂きます様、ご案内致します。	旅客乘坐飞机后自愿下飞机时，要跟随以下程序。
◦ 귀하는 『항공보안법 시행규칙』 제3조의5 및 『국가항공보안계획』 7.6.12호에 따라 다른 승객의 안전 및 하기 사유 확인을 위하여 보안 관계기관이 실시하는 조사를 받으셔야 합니다. (평균 30분 내외 소요)	◦ According to the Section 5, Article 3 of *Aviation Security Act* and Clause 12, Section 6, Article 7 of *National Aviation Security Plan*, passengers are required to participate in the investigation conducted by relevant authorities for the safety of other passengers and to confirm the reason of disembarkation (the investigation may take approximately 30 minutes).	○「航空保安法の施行規則」第3条5及び「国家航空保安計画」7.6.12号に基づき、他の乗客の安全及び降機理由確認のため、保安関係機関が実施する調査を受けなければなりません。 （所要時間 約30分）	o 根据《航空安保法施行规则》第3条第5行以及《国家航空安保计划》7.6.12号条例，为了确保其他乘客的安全以及确认下飞机的原因，您需要接受安保机关实施的调查。 (平均30分钟)
◦ 귀하의 하기에 따라 기내 재검색, 승객 전원 하기 등이 실시될 수 있으며, 이로 인해 해당 항공기의 출발 시간이 지연됩니다. (평균 60분 지연)	◦ Your disembarkation of the aircraft may lead to deplaning of the entire passenger crew and another cabin security check, which will result in delay of take-off (the delay may be approximately 60 minutes).	○お客様の降機により、機内再検査及び全乗客の降機などが実施される可能性もあり、それによって、当該航空機の出発が遅れることになります。 （平均60分遅延）	o 您的下机行为将导致机内重检，全体乘客下机的现象，因而造成航班延误。 (平均延迟60分钟)
◦ 또한, 하기시 재탑승이 불가능할 수 있습니다.	◦ Moreover, once having disembarked the aircraft, passengers may not be allowed to re-board the plane.	○また、降機した場合は再搭乗が出来なくなることもあります。	o 并且，下机后将会被拒绝重新乘坐飞机。
공항테러보안대책협의회	Airport Terrorism Security Council	空港テロ保安対策協議会	机场反恐安全对策委员会

■ 자발적 하기 안내문 예시

IN-FLT SERVICE LIQUOR LIST

(FR ☐, PR ☐, EY ☐, BAR ☐)

ARV FLT/DATE : HL NO : DEP FLT/DATE :

MERCHANDISE		FULL BOTTLE	PARTIALLY FILLED BOTTLE	TOTAL	SEAL NO
WHISKEY	J/WALKER BLUE - 750ml				
	GLENFIDDICH CASK COLLECTION 1000ml				
	JACK DANIEL - 375ml				
	CHIVAS REGAL 18YEARS - 750ml				
	J/WALKER GOLD - 1000ml				
	CHIVAS REGAL 12YEARS - 50ml				
	GLENLIVET 12YEARS - 50ml				
	JACK DANIEL BLACK - 50ml				
	GRANTS - 50ml				
RUM	BACARDI - 50ml				
GIN	BEEFEATER - 50ml				
VODKA	ABSOLUT - 1000ml				
	ABSOLUT - 50ml				
LIQUEUR	BAILEY'S IRISH CRÈME - 375ml				
	CAMPARI - 500ml				
	COINTREAU - 350ml				
	CRÈME DE CASSIS - 350ml				
	CRÈME DE MENTHE - 500ml				
	PORT WINE SANDEMAN - 750ml				
	TIO PEPE SHERY - 375ml				
	VERMOUTH DRY - 375ml				
	COGNAC REMY MARTIN - 350ml				
	COGNAC VSOP - 50ml				
	CHOYA - 50ml				
CHAMPAGNE	750ml				
WINE	750ml				
	375ml				
	187ml				
BEER	355ml				
OTHERS					

WRITTEN BY : DUTY PURSER :

CUSTOMS INSPECTOR :

■ 주류 신고서 양식(미국)

항공안전감독관 신분증

(앞쪽)

대한민국(Republic of Korea) 국토교통부(Ministry of Land, Infrastructure and Transport)	항공안전감독관증 (CIVIL AVIATION SAFETY INSPECTOR CERTIFICATE)
사 진 3㎝ × 4㎝	성명(Name): 성별(Sex): 생년월일(Date of Birth): 년(y) 월(m) 일(d) 소속(Employed by): 직무(Occupation): 증명서 번호(Certi. No.): CNS - 000호 유효기간(Date of Expire): 년(y) 월(m) 일(d) 서명(Signature of Holder):

(뒤쪽)

대한민국(Republic of Korea)

이 사람은 「항공안전법」 제132조에 의거 사무소, 항공시설, 비행장, 항공기 등에 제한없이 출입하여 항공기, 항공시설, 장부, 서류 기타의 물건을 검사하거나 관계인에게 질문할 수 있고, 또한 같은 법 제90조에 따라 항공기의 운항 또는 항공종사자의 업무를 일시정지하게 할 수 있는 권한을 가진 항공안전감독관임을 증명함

This is to certify that this person is delegated to exercise the power under the Article 132 of Aviation Safetv Act to free uninterrupted access to offices, aeronautical facilities, aerodromes, aircrafts, etc., to perform inspections of aircraft, aeronautical facilities, documents, records, data, etc., and to ask questions to concerned personnel, and is also delegated to exercise the power under the Article 90 of Aviation Safetv Act to detain aircraft and to prohibit any person from exercising the privileges of any aviation licence, certificate or document for just cause.

발행일자(Issued date): 발행장소(Issued at):	국토교통부장관 또는 지방항공청장 또는 항공교통본부장 (인) (Minister of Ministry of Land, Infrastructure and Transport or OO Administrator of the Regional Aviation Administration or Officer of Air Traffic Management Office)

■ 항공안전감독관 신분증

항공교통이용자 피해구제신청서

Damage Redress Application for Air Transportation Users

접수번호 Application No.		접수일자 Date	20 . . . (Year. Month. Day)	접수직원 성명 Person in Charge	

신청인 Applicant	성명 Name		성별 Sex	남 Male ☐ 여 Female ☐
	주소 Address			
	연락처 Contact No.		이메일 Email	
	편명 / 탑승일자 Flight No. / Date		탑승구간 / 좌석번호 Airline Segment / Seat No.	
피해유형 (√표시) Type of damage (check one)	☐ 운송불이행 및 지연 Failure or delay of transport ☐ 항공권 초과 판매 Oversold flight tickets ☐ 탑승장, 항공편 등 관련정보 미제공으로 인한 탑승불가 Unable to board flight due to lack of information about boarding gate, flight number, etc. ☐ 사전고지 없이 소멸된 항공마일리지 Mileage expired without airline's prior notice		☐ 위탁수하물의 분실·파손 Loss and/or damage to checked baggage ☐ 취소 항공권의 대금환급 지연 Delayed payment of refund for cancelled flight tickets ☐ 항공사 과실로 인한 항공마일리지 누락 Missing mileage due to airline's negligence ☐ 이동편의시설 미설치로 인한 항공기 탑승장애 Impediments to boarding due to failure to install mobility facilities	
피해액/근거 Basis for calculation of requested amount				
회신방법 Preferred method of communication	☐ 전화 Phone	☐ 문자메시지 Text	☐ 이메일 Email	☐ 우편 Mail

피해 내용 (가급적 6하 원칙에 따라 작성) Details of damage (who, what, where, when, why, how?)

* 단, 기상악화, 안전운항을 위한 예견하지 못한 정비, 천재지변, 항공기 접속관계 또는 이에 준하는 부득이한 사유로 발생한 불가항력적 피해는 구제대상에서 제외 However, redress is not provided if the damage is due to uncontrollable circumstances, such as bad weather conditions, unforeseen maintenance required for safe flight operations, natural disasters, issues with flight connections, etc.

항공사업법 제61조 및 항공사업법 시행규칙 제64조에 의거 위와 같이 피해구제를 신청합니다.

I hereby apply for damage redress based on Aviation Business Act §61 and Aviation Business Act Enforcement Regulations §64

2 0 년(Year) 월(Month) 일(Day) 신청인 Applicant's Name/Signature ____________ (서명 또는 인)

항공교통이용자 피해구제 접수증 Damage Redress Receipt for Air Transportation Users

항공사업법 제61조 및 항공사업법 시행규칙 제64조에 의거 피해구제신청을 접수했음을 확인합니다.

I hereby confirm that this application for damage redress has been received based on Aviation Business Act §61 and Aviation Business Act Enforcement Regulations §64

○ 접수번호 Application No. : ○ 접수일자 Date : 2 0 년(Year) 월(Month) 일(Day)

○ 접수직원 : (소속)____________ (성명) ____________ (서명) ____________

Person in Charge Department Name Signature

출처: 대한항공 홈페이지(koreanair.com)

■ 항공교통이용자 피해구제 신청서

국토교통부
Ministry of Land, Infrastructure and Transport
Republic of Korea

항공기출입요구서
REQUEST FOR ACCESS TO AIRCRAFT

발급번호 제OP-　　　호

이 항공기출입요구서를 소지한 자는 항공안전법 제77조 및 제132조와 운항기술기준 8.1.8.11의 규정에 의하여 항공기의 조종실출입 공무수행자임을 증명합니다.
Pursuant to the Aviation Act and Flight Safety Regulations, access to aircraft is requested for the person herein named

☐ 항공기탑승 ☐ on a must fly / ☐ 관찰·점검좌석제공 ☐ space available basis from

검사관 성명 Inspector's name		검사관 소속·직급 Inspector's Title		증명서번호 Credential No.	
항공사명 Name of Operator					
검사일자 Date		시간 Time		비행편명 flight No.	

점 검 노 선 THE ROUTE(S) TO BE FLOWN		
From	To	검사관 서명 Inspector's Signature ________
From	To	
목적 PURPOSE		

년　　월　　일

국토교통부장관 또는 지방항공청장 (직인)

■ 항공기 출입 요구서

COCKPIT AUTH

1. NAME

구분	DATE	PTN	탑승자	AUTH NBR
KE647(A330) KE644(B777)	2017-06-01 2017-06-03	ICN/SIN SIN/ICN	홍길동 Hong Gil-Dong	2017-SEL00- 05-115

2. REASON: 전문 교관 관숙비행

OSI) PLZ ATTEND CREW BRIEFING

- PLEASE HAVE THE COCKPIT AUTH WITH YOU WHEN YOU BOARD THE FLIGHT -

■ Cockpit Auth 양식

체포 시 고지 사항(Notice upon Arrest)

형사소송법 제72조

- 귀하를 ____________의 현행범으로 체포합니다.
- 귀하는 변호인을 선임할 수 있고, 변명할 권리가 있습니다.
- (변명의 기회 부여) 하고 싶은 말이 있습니까?
- (외국인의 경우) 도착 후 귀하가 체포된 사실을 귀국의 영사관원에게 통보해 줄 수 있으며, 해당 직원과 접촉하여 교통할 수 있습니다.

- You are under arrest in the act of committing ____________.
- You have the right to retain an attorney and defend yourself.
- Do you wish to say anything in answer to the charge?
- (For foreigners) At arrival, your arrest will be notified to the consulate of your country and you may be able to contact and communicate with the staff.

■ 항공사 현행 범인 체포서 예문

확 인 서

성　　명 :　　　　　(　　　　)

생년월일 :　　.　　.　　.(　　세)

주　　거 :

본인은 20　.　.　.　:　경　　　에서 체포·긴급체포·현행범인체포·구속되면서 피의사실의 요지, 체포·긴급체포·현행범인체포·구속의 이유와 변호인을 선임할 수 있으며, 체포·구속적부심을 청구할 수 있음을 고지받고 변명의 기회가 주어졌음을 확인합니다.

20　.　.　.

위 확인인 ㊞

위 피의자를 체포·긴급체포·현행범인체포·구속하면서 위와 같이 고지하고 변명의 기회를 주었음(변명의 기회를 주었으나 정당한 이유 없이 기명날인 또는 서명을 거부함).

20　.　.　.

항공운송사업자(　항공)

항공기내보안요원 ㊞

■ 현행범 체포 확인서 양식

GALLEY BRIEFING (ZONE:)

▪ MEAL LOADING STATUS

DESC.	NORMAL MEAL	SPECIAL MEAL	TOTAL
ZONE			

▪ PASSENGER SERVICE STATUS

No. of PAX	L SIDE	R SIDE	L SIDE	R SIDE
SPML				
SPML BBML				
VIP				
BSCT UM/FMLY WCHR				
KEEPING ITEM				
OTHERS				

▪ SQUAWKS

ITEM(LOCATION)	DETAILS

▪ IN-FLIGHT SERVICE FLOW

SNACK SVC TIME:			2ND MEAL SVC TIME: LANDING TIME:
CREW REST PLAN	A	~	(TP/TA)
	B	~	(TP/TA)

■ Galley Briefing Information Sheet

안 내 문

주식회사 ○○항공(이하 '○○항공')은 고객님께 다음와 같이 안내 말씀드립니다.

\- 다 음 -

1. 고객님은 ○○항공 항공편에 대해 운송 거절되었으며, 현재 동 기간 중에 있습니다.

2. 그러나 고객님은 이를 어기고 본 ○○항공 항공편에 탑승하였고, 당사는 이를 인지하고 있음에도 운항 지연을 막고 다른 승객분들께 불편을 끼치지 않기 위해 하기 등의 특별 조치를 취하지 않았습니다.

3. 이에 따라 기내에서의 폭언이나 폭행 등 안전을 저해하거나 서비스 현장의 질서를 해치는 등의 행위를 하지 않도록 당부드리며, 이를 위반할 경우 항공보안법 등 관련 법령과 ○○항공 약관에 의거하여 엄중한 책임을 지게 될 수 있음을 유의해 주시기 바랍니다.

○○항공

■ NO-FLY 안내문 예시

참고문헌

- 김득중, 『인성실천생활예절』, 중화서원, 2015
- 김민수, 『항공사객실 승무원업무론』, 새로미, 2013
- 대한항공, 『대한항공 객실승무교범』
- 문소윤, 『서비스 파워』, 백산출판사, 2015
- 민승기, 『인성이 경쟁력이다』, 나비의 활주로, 2016
- 박시사, 『Airline Management』, 백산출판사, 2018
- 안소영, 『항공사 객실승무원 관련 법률』, 석학당, 2012
- 유경인, 『항공업무와 객실구조』, 기문사, 2013
- 유문주 · 김보희, 『기내 응급환자 대처법』, 센게이지러닝, 2020
- 정익준, 『항공사 경영론』, 학현사, 2018
- 최성수 · 서승혜 · 진철웅 · 라미진 · 표경아, 『항공객실 업무론』, 한올, 2020
- 허희영, 『항공운송산업론』, 북넷, 2018

인터넷 자료

- 구글 포털사이트 www.google.com
- 국가법령정보센터 http://www.law.go.kr
- 국가직무능력표준 http://ncs.go.kr
- 대한항공 홈페이지 www.koreanair.com
- 아시아나항공 홈페이지 www.flyasiana.com
- 인천국제공항 www.airport.kr